漫畫 comics

昭和史 2

コミック昭和史：

水木しげる

水木茂

酒呑童子——訳

Mizuki Shigeru
Showa: A History of Japan

1939——→1944

Mizuki Shigeru
Showa: A History of Japan

目次 Contents

●中日全面戰爭～太平洋戰爭開始

コミック昭和史 2

● 太平洋戰爭前半

昭和十六年（一九四一）
十二月八日——
昭和史
中日全面戰爭～太平洋戰爭開始

56102
日軍突然
偷襲珍珠港！
決定了日本
的命運——

島田坦克隊在
馬來半島上
突進！
山下將軍
佔領了新加坡！
日軍一路
勢如破竹。

也終於輪到我接到召集令了！
（一切都要完蛋了……）
我這麼心想。
祝 應徵磯野
祝入營

祝
歓送
小山
祝入
祝
應徴

哥哥在海軍擔任少尉，
我則在陸軍擔任二等兵。
太平洋戰爭終於
要揭開序幕了——

第1章 東亞新秩序

日本在明治維新開國、近代化之後，為了進軍亞洲而主張一項大義名分……
那就是「亞洲連帶解放」。
藉此防堵歐美列國自十九世紀中期以來不斷進軍亞洲的勢力，

※「岡倉天心」（一八六三～一九一三）……美術指導者。思想家。明治時代，創立東京美術學校、日本美術院，培育出眾多畫家。著有《東洋的理想》、《茶之書》等，成為西方認識日本與東方思想文化的重要著作。

並推動
亞洲諸國
的近代化。

從明治
時期的
思想家
※岡倉天心和
※宮崎滔天
的思想、
行動中，
可以窺得
其原型⋯⋯

※「宮崎滔天」（一八七一～一九二二）……思想家。在日本結識孫文，開始於幕後支持中國同盟會，協助推動辛亥革命。

但就如許多堂而皇之的大義名分一樣，在美麗理想的背後，其實暗藏著慾望橫流的現實。

就算被認為是日本欲以盟主身份統治亞洲的藉口，那也怪不了別人……
尤其對整個遠東地區來說更是如此。

※「汪兆銘」（一八八三～一九四四）……號精衛。中國政治家。為國民黨左派的領導人物之一。中日戰爭時，主張「和平救國」，昭和十五年（一九四〇）與日本聯手，建立南京國民政府。

許多人都曾被大義名分
在理想和現實間的落差
所玩弄，而※汪兆銘
也是其中的代表性
人物之一。
昭和十三年
（一九三八），
※近衛首相
發表了「建設
東亞新秩序」
的聲明。
意思是——
當今戰爭之目的
是為了「建設
能夠確保東亞
永久安定的
新秩序」，
並呼籲
中國人民
共同協力，
這也是
日後
「大東亞
共榮圈構想」
之先驅。

※「近衛文麿」（一八九一～一九四五）……政治家。一共三度出任內閣總理大臣。大政翼贊會的創始人之一。敗戰後自殺身亡。

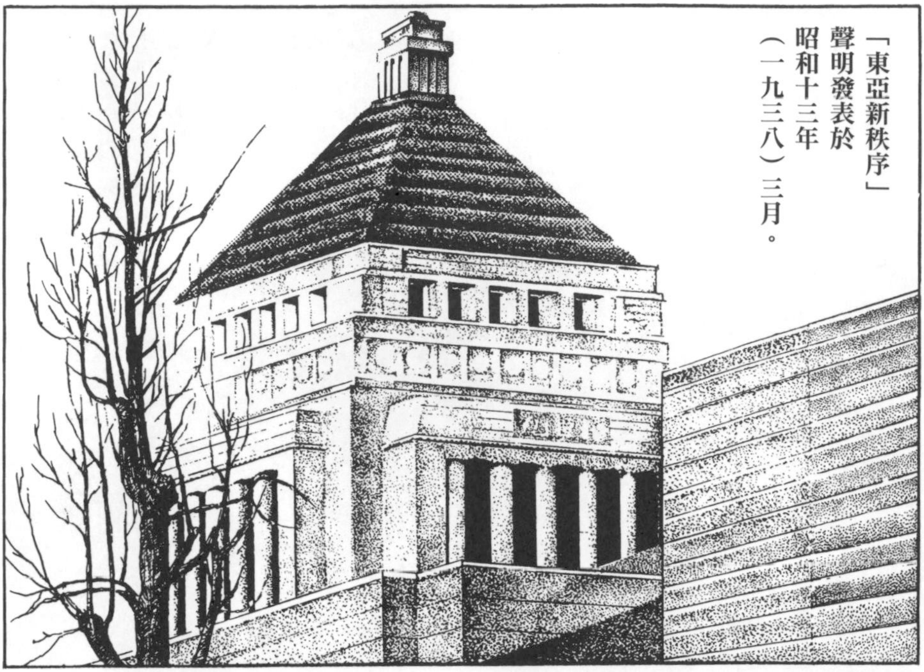
「東亞新秩序」
聲明發表於
昭和十三年
（一九三八）三月。

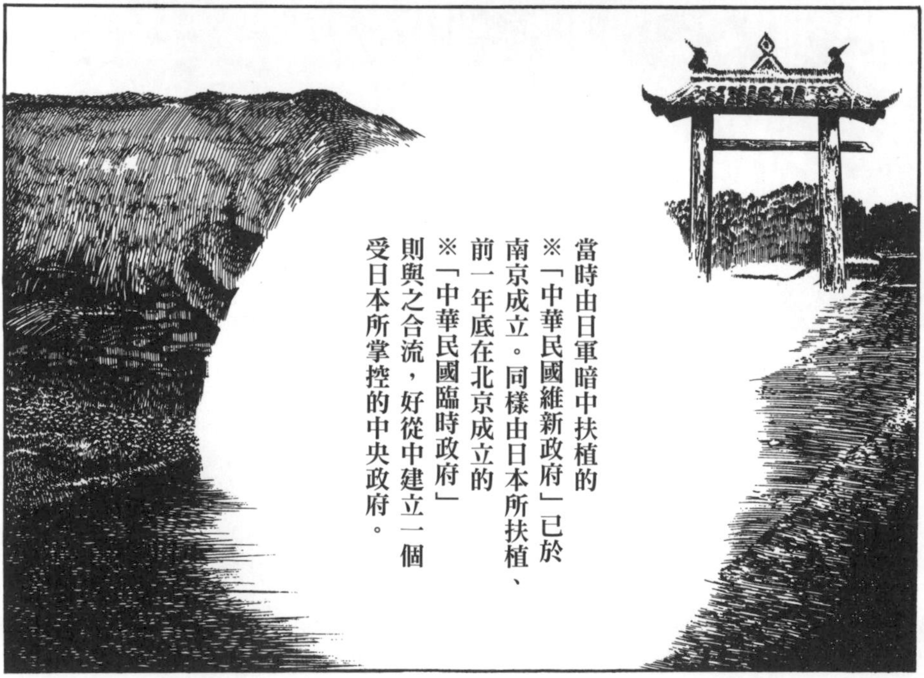
當時由日軍暗中扶植的
※「中華民國維新政府」已於
南京成立。同樣由日本所扶植、
前一年底在北京成立的
※「中華民國臨時政府」
則與之合流，好從中建立一個
受日本所掌控的中央政府。

※「中華民國臨時政府」、「中華民國維新政府」……兩者都是由日軍在幕後操控的傀儡政權。各成立於昭和十二年、十三年（一九三七、三八），統轄中國華北、華中地區。於昭和十五年（一九四〇），併入汪兆銘的南京國民政府。

在這項計劃中，被選為中國方面核心人物的，則是國民黨副總裁汪兆銘（汪精衛）。
關於汪兆銘的真實面貌，至今仍有許多不明之處。還沒等到終戰，他就客死於名古屋的醫院。戰後，無論國民黨或共產黨都視他為「漢奸」，而加以論罪。
從苦戰熬過抗日戰爭的中國看來，這自然是情理中事。
而從汪兆銘的角度來看，他希望與日本再三妥協，儘量減少百姓的犧牲，
推動雙方握手言和的這點，也無法全盤否定。

然而他的妥協路線，
卻沒有想像中那麼順利。
總而言之，他也是被歷史
玩弄於股掌間的其中一人⋯

在發表了
東亞
新秩序
聲明後，
日本和
人在重慶
的汪兆銘
取得連繫，
準備救他
脫困。

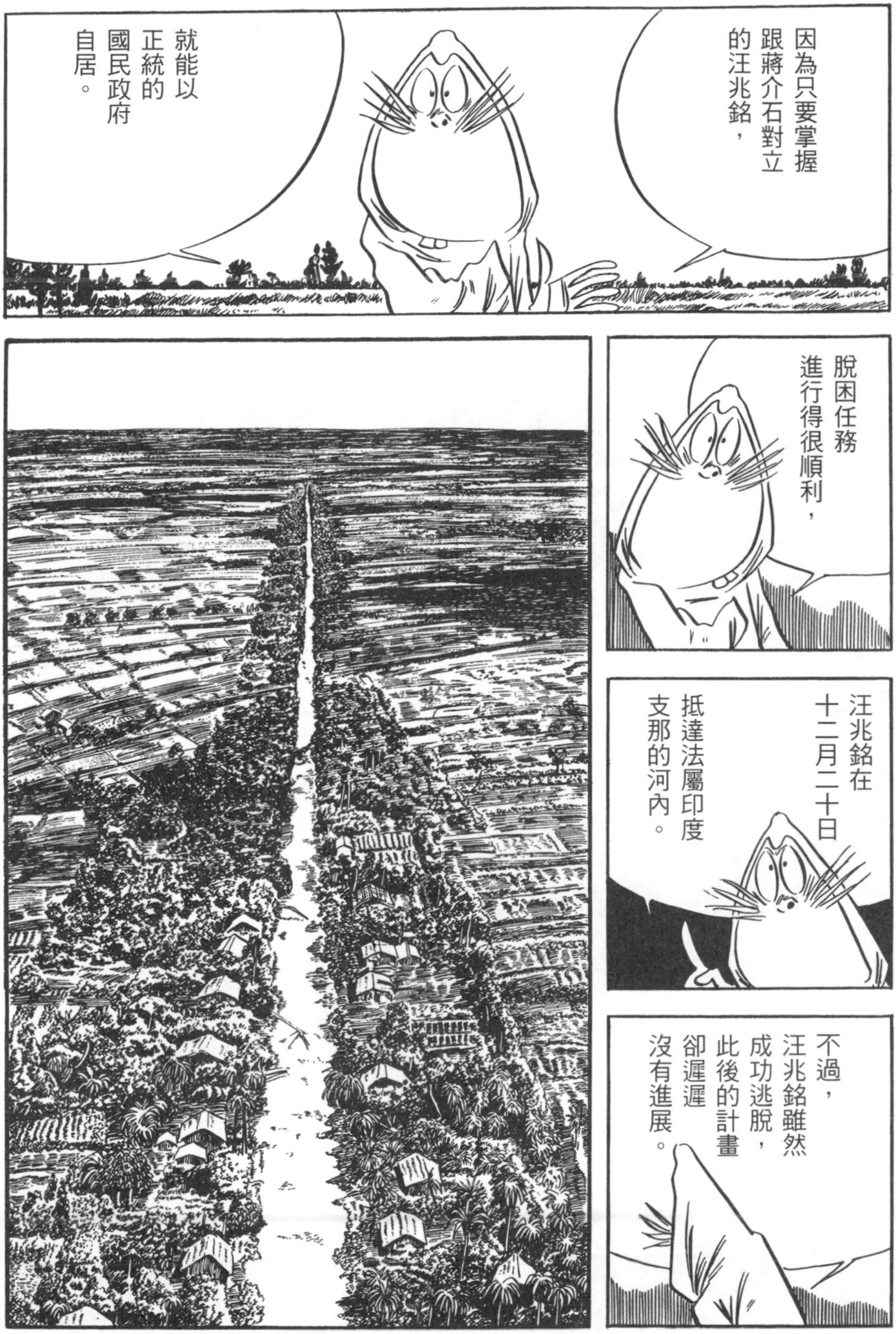
因為只要掌握跟蔣介石對立的汪兆銘，
就能以正統的國民政府自居。
脫困任務進行得很順利，
汪兆銘在十二月二十日
抵達法屬印度支那的河內。
不過，汪兆銘雖然成功逃脫，此後的計畫卻遲遲沒有進展。

汪兆銘呼籲國民黨發起反蔣運動，卻沒引起任何回應，
反倒被貼上漢奸的標籤……別提要反攻大陸，
就連河內的寓所都遭到國民黨刺客的襲擊，差點保不住自己的小命。
日軍這次改帶汪兆銘從河內逃往日本，於是汪兆銘在五月抵日。

不過，當日本察覺
汪兆銘的勢力沒有
想像中那麼強大時，
便對他冷淡了起來。
等到將近年底，
才終於出現試圖
扶植汪政權的跡象。

作為建立政府的交換條件，
日方所提出的作法
與汪兆銘的天真看法
差了十萬八千里。
中日合作與善鄰友好
不過只是表面上的藉口，
無論就政治面
還是軍事面，
日本都壓在
中國的頭上。

無論如何，歷史的齒輪都已經開始轉動。
昭和十五年（一九四〇）三月三十日，在南京的國民政府大禮堂宣告中華民國國民政府「遷都」南京。
傀儡政府就此成立。
バンザーイ
バンザーイ

＊萬歲、萬歲

第2章 當上派報生

ゴトッ
ゴトッ
ゴトン
究竟持續
到何時
這泥沼呀
……是嗎。
配送
配送
報紙
報紙
固給8-7万・年齢不
初心者親切指導・各
昇賞年二・寮完備・
日祝休・水木週休
固給3万年齢不問
アルバイト可・各保
寮完備・若干販促
出来る方・大阪
固給4万・高給
年齢不問・女子
寮完備・各保
若干販促出来
固給5万
嗯——
怎麼都是
派報的
徵人廣告。
就是
它了!
母朝新聞
パン
配達募集
大阪塚本
車站前就有
一間派報社。
那裡有個雙頰
泛紅的男人
微笑著,我也
微笑以對,
於是就被錄取了。

那就請你立刻開始上班吧。
薪水是十三元。
是。
派報範圍大得誇張，還距離遙遠。慌忙中我不小心把報紙丟到了剛鋪好的水泥上，這可要倒大楣了。
咻
水泥未乾
混帳傢伙
……
……
……
去撿會留下腳印……
你打算怎麼收拾善後？

知道了，等我送完報以後……
喂！別想跑！
站住
因為跟水泥匠大叔鬧得僵持不下，晚報遲遲沒有送完。
對了，抄捷徑吧，啊！
ツル
啊
屋漏偏逢連夜雨，我掉進一口野井，報紙也沾滿了泥巴。沒想到在這種大都市裡居然有野井。
嗚哇
大笨蛋！
你在搞什麼鬼！
每朝

*一滑——

電話一直響個不停，問今天晚報是不是休刊！
啊，晚報都弄髒了！
我要殺了你！
啊，老闆。
大叔，別鬧出人命啊。
你是瞧不起我嗎？
我要殺了你！
把事情原委說給我聽聽吧。
每朝新聞

＊呼—

差點就要丟掉派報的工作了，但當下還是逃過了一劫。
ふー
每朝新
過沒多久，我看到日本工業學校登報招收候補學生，於是我就入學了。
我就讀的是採礦科，整天講怎麼在礦山挖洞。
因為清晨四點就要起床，我實在睏得受不了。
噗嚕
那是什麼聲音——

＊鼾—鼾—

這裡可不是廁所。
給我去走廊罰站！
是。
最後被罰站到課堂結束為止——
啊，肚子好餓……
都已經四點了，那傢伙在搞什麼鬼？
再這樣拖下去，就要輸給朝日新聞了。

真是個※大陸型的傢伙。
不，與其說是大陸型，
倒不如說他是心臟很大。
或者該說他根本就沒有心臟吧——
*喀啦
ガラッ
你跑去哪裡了？
啊，已經要送晚報啦。
什麼已經要送晚報……只剩下你一個了。
送完晚報之後，要是讀點書就好了，但我卻沒有這麼做，而是跟朋友們在淀川河堤上吃著零食，放聲高歌。
アーリラン
アリランアラリヨ
ノーモカンダ

※「大陸型」……日本當時的流行語。指不拘小節、悠悠哉哉的性格。

*阿—里郎／阿—拉里喲—／翻—山又越嶺

怎麼樣，要不要去吃※土手燒？
走吧，走吧。
當時一串只要兩錢，所以可能是狗肉、貓肉也說不定，反正大吃一頓就睡了。
喂！送早報了！
啊，又只剩我一人啦。
就過著這樣的生活……

※「土手燒」……將牛筋用味噌長時間燉煮出的料理。

※「日本號」……由東京日日新聞社和大阪每日新聞社聯合主辦，計劃環繞世界一周的飛機。昭和十四年（一九三九）八月從羽田機場出發。達成日本首次橫跨四大洲、二大洋的連續航程。

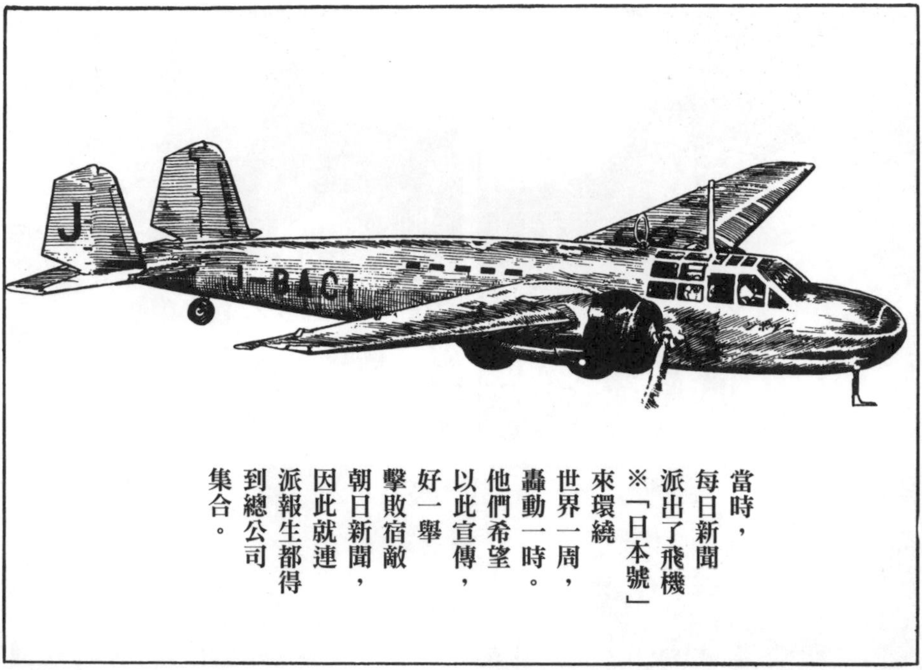
J
J-BACI
當時，每日新聞派出了飛機※「日本號」來環繞世界一周，轟動一時。
他們希望以此宣傳，好一舉擊敗宿敵朝日新聞，因此就連派報生都得到總公司集合。

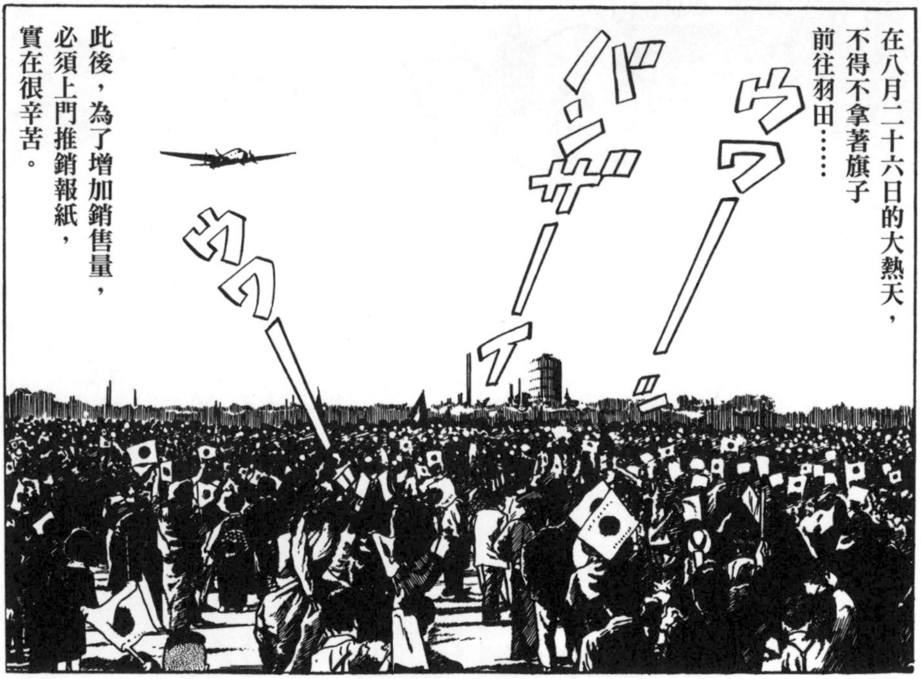
在八月二十六日的大熱天，不得不拿著旗子前往羽田……
ウワーッ
バンザーイ
ウワー
此後，為了增加銷售量，必須上門推銷報紙，實在很辛苦。

*哇—／萬歲—／哇—

因為過著這樣子的生活，所以就算到了學校也都在打瞌睡。
喂，你們兩個。
待會來辦公室報到！
怎麼回事？
誰知道……
自從入學以來，你們兩個的英文一直考零分，到底想不想唸書呀？
啊——嗚……

幹嘛發出像海狗一樣的聲音？
有什麼不滿的話，就說來聽聽。
是。
怎麼了，說說看呀！
日本現在正推動南進政策，
聽說就要大軍進攻南方了。
乾脆別教什麼英語了，何不改成馬來語之類的…
混、混帳傢伙！

這麼一來，我的職位不就⋯⋯
不，這種事應該由上面的人來決定。
總之，如果再這麼散漫下去，
就準備被當吧！
別怪我醜話說在前頭。
是。
被當啊⋯⋯
不，還沒拍板定案呢。
不過，是不是該先為下一步作好準備呢？
這麼說也對。
要不要去喝一杯？

我跟那位同學不禁意氣相投，等到我們喝完回家，老闆已經把晚報送完了。
めし
広瀬
你何不試著去找別的工作，反正你身體也好好的……
就這樣，兩邊都落空了……
這下真的不妙了。
……究竟持續到何時這泥沼呀……
啊，肚子好餓，先去吃頓大餐吧……

但人也不會永遠都走楣運，在南方爪哇的老爸則是——
哈哈哈哈哈

亮一，這間公司也說每個人都要買壽險。
在爺爺的介紹下，在南方當起了保險推銷員。

因為當時正好戰雲密布，
身處南方的日本人幾乎全都保了壽險。
亮一，你賺了多少⋯⋯
大概五千元（相當於現在的一億日圓）吧，哈哈哈哈。
別笑得這麼開心，當心錢會逃走喔。
至於辰治爺爺，則是把自己開的印刷公司賣給了華僑，打算跟彥一回日本，他動作總是這麼快⋯⋯

＊叮鈴、噹啷、叮鈴鈴、鏘鋃鋃

老爸立刻在甲子園口買了間新家。
カチン
チン
チン
チャン
我終於變成有錢人了。
老公，你都老大不小了，別拿碗玩。
我只是在表現心中的喜悅。
瞧，這年頭很罕見的砂糖跟咖啡，全是從爪哇來的。

＊咕嘟 咕嘟 咕嘟—

謝天謝地，謝天謝地。呼——咕嘟咕嘟咕嘟——
阿茂現在怎麼樣了？
派報那邊不幹了，現在在睡覺。
什麼，又不幹了？怎麼做什麼都不行。
宗平進了大阪高等工學（現在的大阪工大），
弟弟幸夫也進了松山高商（現在的松山商大）。
好不容易鬆口氣了……
卻只有阿茂一個不成器………

第3章 日德義三國同盟

＊砰砰砰砰砰

一九三九年
（昭和十四年）
九月一日
凌晨四點——
停靠在波蘭
格但斯克港的
德國巡洋艦，
開始朝港口的
軍事設施開砲。
而在此同時，
空陸一體的
德軍新銳部隊⋯

※「希特勒」（一八八九～一九四五）……德國政治家。納粹黨領袖，一九三四年至一九四五年身兼總理和元首二職，躍升為納粹德國的獨裁者。德國最後在二戰中敗北，希特勒為避免被蘇聯紅軍俘獲，在投降之前自殺。

則突破了
波蘭西部國境，
爆發第二次
世界大戰。
始於昭和六年
（一九三一）
的中日十五年
戰爭也隨之擴大，
與世界大戰
交匯合流。

第一次世界大戰
敗北之後，
疲弊不堪的德國
出現了※希特勒
這位救世主，

他煽動著極端的民族主義，
贏得民眾狂熱支持。
自一九三四年就任元首以來，
他便一手掌握獨裁大權，
直到敗戰為止，都無人
能撼動他的地位。
至於
在義大利，
※墨索里尼
自一九二二年
開始獨攬大權。
而從一九二五年以降，

※「墨索里尼」（一八八三～一九四五）……義大利政治家。法西斯黨領袖。自一九二二年贏得義大利政權，於一九二五年建立法西斯黨的一黨獨裁制。二戰中以敗戰收場，遭到槍斃。

直到一九四三年為止，他所率領的法西斯黨都維持著獨裁政權。期間，一九三五年向衣索比亞開戰，翌年加以併吞。
以衣索比亞戰爭為契機，德義之間的關係也逐漸拉近。而在西班牙，

※佛朗哥將軍則對共和國政府發動叛變，在德義兩國的支持之下，順利擊垮了人民戰線。
在第一次世界大戰後的歐洲，這兩個法西斯國家化身成颱風眼。

※「佛朗哥」（一八九二～一九七五）……西班牙軍人。政治家。一九三六年對西班牙人民戰線政府發動叛變，歷經三年內戰，於一九三九年成立獨裁政權。

而在位於遠東的亞洲地區，日本則與其遙相呼應。
昭和十年（一九三五）十月，納粹外交部長里賓特洛甫向駐德武官大島浩少將
提議成立「對蘇防禦同盟」。據此，以參謀本部為中心，在昭和十一年十一月於柏林簽署「日德防共協定」。
表面上是為了阻止※共產國際的破壞活動，私底下
卻已經談得更進一步，約定組成「對蘇防禦同盟」。

※「共產國際」……又稱第三國際。由各國共產黨所組成的國際聯合組織。一九一九年在列寧領導下創立，總部設於蘇聯莫斯科。

為避免
刺激蘇聯，
或讓人覺得
正在組成國際
法西斯同盟，
一切都是
在秘密中進行。
但是——

其實
不難看出
雙方早有
約定。

昭和十二年（一九三七），義大利也加入協定，籌組三國同盟的意圖也越來越明顯了。

到了昭和十三年，
為了強化防共協定，開始朝「三國同盟」邁進。

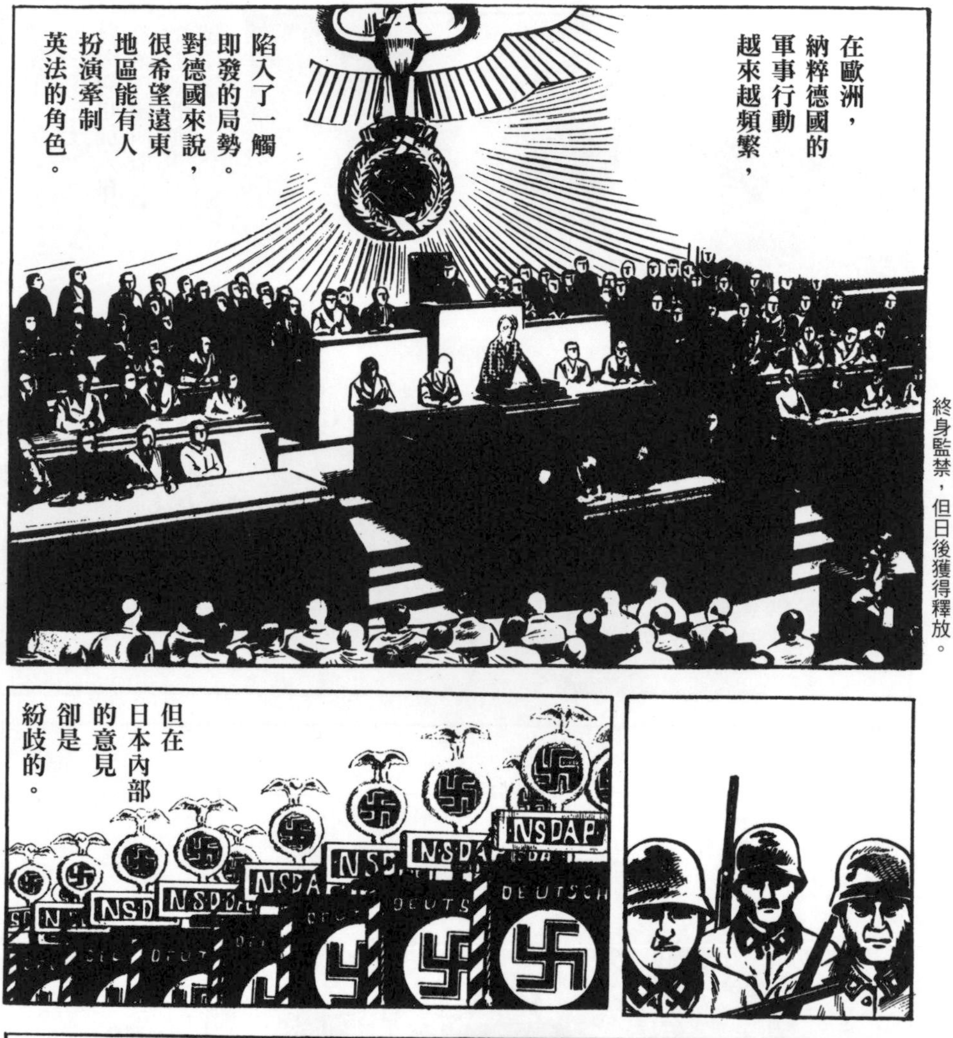
在歐洲，納粹德國的軍事行動越來越頻繁，
陷入了一觸即發的局勢。對德國來說，很希望遠東地區能有人扮演牽制英法的角色。
但在日本內部的意見卻是紛歧的。
NSDAP
以外務省為中心的勢力認為，日德義之所以合作是為了對抗蘇聯，
不過比起蘇聯，德國對英法兩國更加敵視。

※「大島浩」（一八八六～一九七五）……陸軍中將。外交官。於戰前及二戰期間擔任駐德大使，推動德義三國同盟。戰後雖被定為甲級戰犯而被判處終身監禁，但日後獲得釋放。

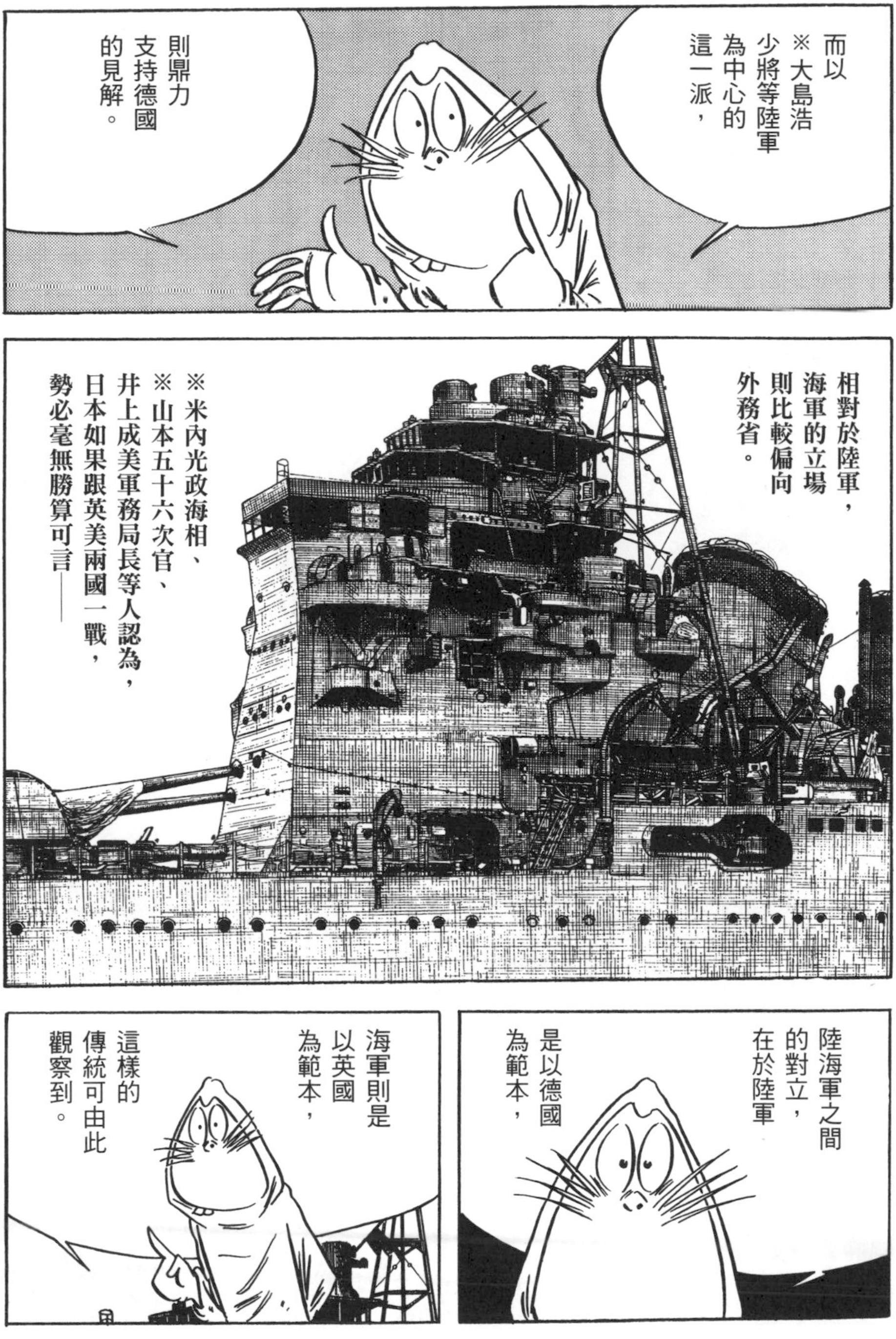
而以※大島浩少將等陸軍為中心的這一派，
則鼎力支持德國的見解。
相對於陸軍，海軍的立場則比較偏向外務省。
※米內光政海相、※山本五十六次官、井上成美軍務局長等人認為，日本如果跟英美兩國一戰，勢必毫無勝算可言——
陸海軍之間的對立，在於陸軍是以德國為範本，
海軍則是以英國為範本，這樣的傳統可由此觀察到。

※「米內光政」（一八八〇～一九四八）……海軍大將。擔任內閣總理大臣期間，因反對日德義三國同盟而與陸軍對立，最後總辭。後擔任海軍大臣，為終結戰爭與戰敗善後竭盡心力。

陸軍和親近的右翼團體，對海軍的態度感到憤憤不平，施加了各式各樣的壓力，
甚至還查獲山本五十六的暗殺計畫，一時鬧得沸沸揚揚。
昭和十四年（一九三九）八月，德國突然和蘇聯簽訂了互不侵犯條約。
竟然與「日德義防共協定」中的共同敵人
——蘇聯結下條約。
此事也對日本造成了巨大衝擊！

※「山本五十六」（一八八四～一九四三）……元帥。海軍大將。開戰時的聯合艦隊司令長官，指揮珍珠港事件、中途島海戰等戰役。昭和十八年（一九四三），在索羅門上空戰死。

當時，不知該如何繼續推動三國同盟的※平沼內閣，
以一句「複雜怪奇的新情勢」總辭。

※「平沼內閣」……昭和十四年（一九三九）一月，由平沼騏一郎作為首相組閣。同年八月總辭。

＊砰砰砰砰砰

翌年昭和十五年（一九四〇）四月，
德國的閃電戰術在西部戰線取得了壓倒性勝利，接連攻下丹麥、挪威，五月則突破了馬其諾防線。

比利時、荷蘭淪陷。
六月十四日，終於連巴黎也被攻下！

＊磅——　　＊砰砰砰砰

八月起，爆發英國大空襲！
日本也高呼：「千萬別錯過這班車」，重新點燃成立三國同盟的野心。
終於在昭和十五年（一九四〇）九月二十七日，於柏林簽署「日德義三國同盟」。

其中心人物是※松岡洋右——新就任外務大臣的老練外交官，他曾在脫離國際聯盟時擔任日本代表，
接著還當上滿鐵總裁，經歷十分輝煌。
他採取對外強硬的路線，不斷跟海軍協商溝通，
並且說服反對派，成功實現「三國同盟」。
戰後以甲級戰犯的嫌疑遭到逮捕，昭和二十一年（一九四六）病逝。

※「松岡洋右」（一八八〇～一九四六）……政治家、外交官。於國際聯盟會議上，作為日本全權首席代表宣告退出。日後作為外務大臣簽訂日德意三國聯盟、日蘇中立條約。戰後，於東京審判過程中病逝。

早在中日戰爭爆發時，便開始有人在街頭奔走收集「千人針」。關於其防彈功效，就今日看來，不過是迷信罷了。
但對那些目送父兄丈夫上戰場的女性來說，這則是她們全心全意的祈禱。作法是在木綿布上…
由一千人各用紅線縫上一針，若將此當作纏腰布使用，相傳便能收得防彈之效。
不可思議的是，幾乎每位士兵身上都有這個，即便是在水木二等兵上戰場時也不例外。

就現在這個物質生活豐富的時代來看，那的確是個令人難以想像的時代。
好吧，
來請教一下水木老師，當年吃盡苦頭的青年們究竟是抱著何種心境。
老師，百忙之中……
喏。
請談談戰前那個令人無法喘息的時代……
這個嘛，當時不存在「幸福」這種字眼。因為那是個只要有飯可吃，就稱得上是幸福的時代。
ポリ
ポリ

*搔癢

而談到自己的前途，更是毫無希望可言。
言下之意是指？
這不是很好懂嗎？遲早都得從軍入伍，整天被欺負使喚，
最後還要慘死沙場，自然一點都不好玩。
街頭上雖然常常可以看到高呼萬歲的送別行列，但他們內心一定非常苦悶。
畢竟是和家人就此生離死別，丈夫被帶往戰場。
唉，當時的日本國民真是吃了很多苦……
好的，訪談就到此為止……

＊碰

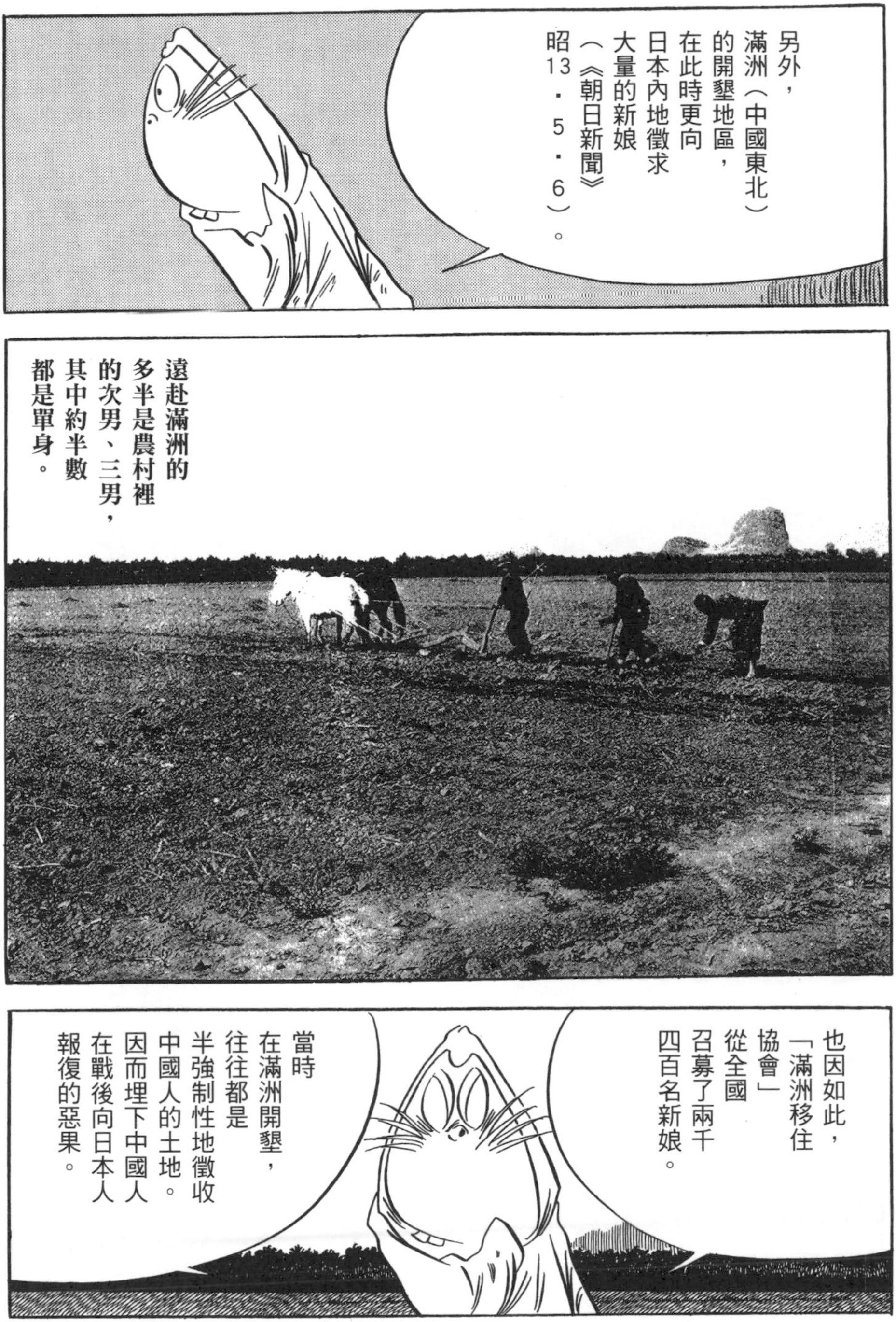
另外，滿洲（中國東北）的開墾地區，在此時更向日本內地徵求大量的新娘（《朝日新聞》昭13・5・6）。
遠赴滿洲的多半是農村裡的次男、三男，其中約半數都是單身。
也因如此，「滿洲移住協會」從全國召募了兩千四百名新娘。
當時在滿洲開墾，往往都是半強制性地徵收中國人的土地。因而埋下中國人在戰後向日本人報復的惡果。

即便如此，貧窮農村的次男、三男仍然趨之若鶩。
而在「大量徵求」之下，渡海而來的也同樣是貧窮人家的女兒。不管哪個時代，窮人總是滿腹辛酸。
昭和十四年（一九三九）七月，頒布「國民徵用令」，開始將勞動力集中至軍需產業⋯⋯
昭和十四年一月十五日，自昭和十一年（一九三六）以來創下六十九連勝的※雙葉山終於落敗。
從該年起，稻米改為配給制。

※「雙葉山」（一九一二～一九六八）⋯⋯第三十五代橫綱力士。創下十二次優勝、六十九連勝的名力士。引退後擔任日本相撲協會理事長。

第4章 紀元二千六百年

此時，我負責派送中國通信這份刊物，每週兩次，每次約一小時，除此以外都在睡覺。
你這輩子要怎麼辦才好？
這個嘛，就交給戰爭來決定吧。
可是成天睡覺也不是辦法。
我知道啦。
家裡真囉嗦，
要不要找間「學校」來讀呢…
「大阪夜間中學」是嗎，夜間部的話，應該就不會遲到了吧。
爸，我打算去考大阪夜間中學的入學測驗。
噫！

我就是在等你燃起這份求學心。
求學心是吧……
再來一碗飯。
還真會吃。
除了吃以外也沒有其他樂趣了……
唏哩呼嚕
其他兄弟明明都很正常的說……
船到橋頭自然直……
整天擔心也沒用。

* 嚼嚼

有買零食嗎？
你還要吃啊？那邊有紅豆麵包。
啊，這紅豆麵包真好吃。
你不是要去考入學測驗嗎？
嗯，我正在研究收集來的昆蟲。老爸從爪哇帶回來的昆蟲太棒了。
你在幹嘛？
我正在畫昆蟲。
老做這些事，不會又落榜吧？

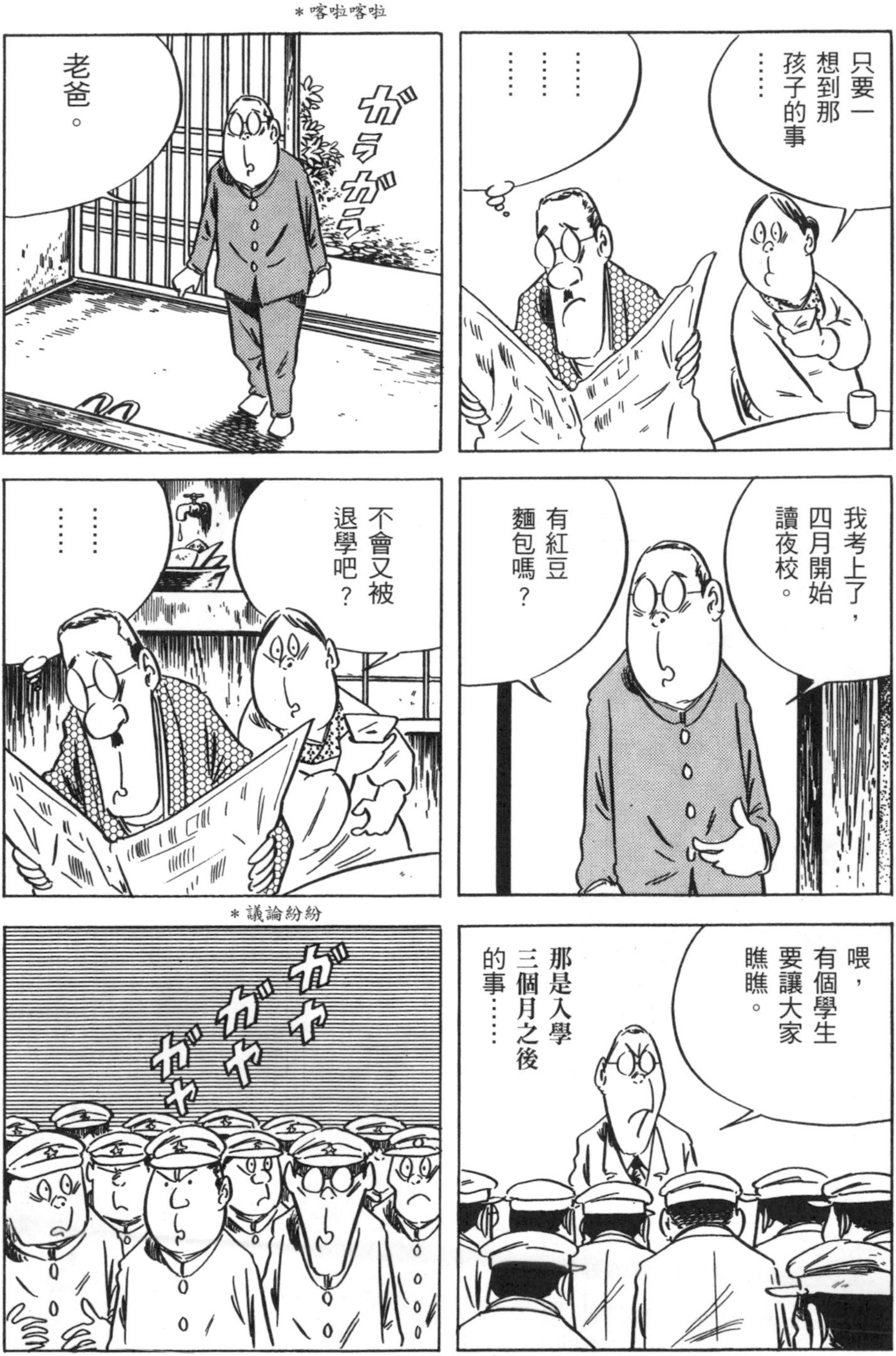
只要一想到那孩子的事……
……
……
……
＊喀啦喀啦
ガラガラ
老爸。
我考上了，四月開始讀夜校。
有紅豆麵包嗎？
不會又被退學吧？
……
……
喂，有個學生要讓大家瞧瞧。
那是入學三個月之後的事……
＊議論紛紛
ガヤガヤガヤ

在這種非常時期，居然有學生沒戴帽子。
你為什麼沒戴制服帽？
是，因為天氣有點熱……
喂，大家聽到沒？
像這種懈怠的學生，就該罰站到放學為止。
在這種非常時期，實在太不像話了！
過了兩、三個月以後……
你來辦公室一趟。
是。
又怎麼了？

搞什麼鬼，居然敢在神聖的考卷上寫阿門？
啊。
你知道阿門是什麼意思嗎？
我知道。
混帳傢伙—
根據聖經解釋……
頭一次遇到你這種學生！
倒不用這麼激動……
滾回去！
混帳傢伙—
教頭
真是諸事不順。

沒多久，就遇上了我最喜歡的博物科考試。
什麼？「以前陸地上有鯨魚嗎？」
這正是我最喜歡的題目。
為了回答這題，我寫出了宛如科幻作品的長篇鯨魚小說，甚至還寫到了背面……
＊哼
我以為這下穩得滿分、會被大大稱讚一番，卻又被叫去辦公室，因為認真過頭而被訓了一頓。
說說這究竟是怎麼回事？
一點都不好玩……
更有甚者，這裡明明是夜校，軍訓的時間卻越來越多，真是個辛苦的時代。

昭和十五年（一九四〇）十月十日，※「大政翼贊會」成立。
這是近衛文麿在六月提出的「新體制運動」之指導組織。

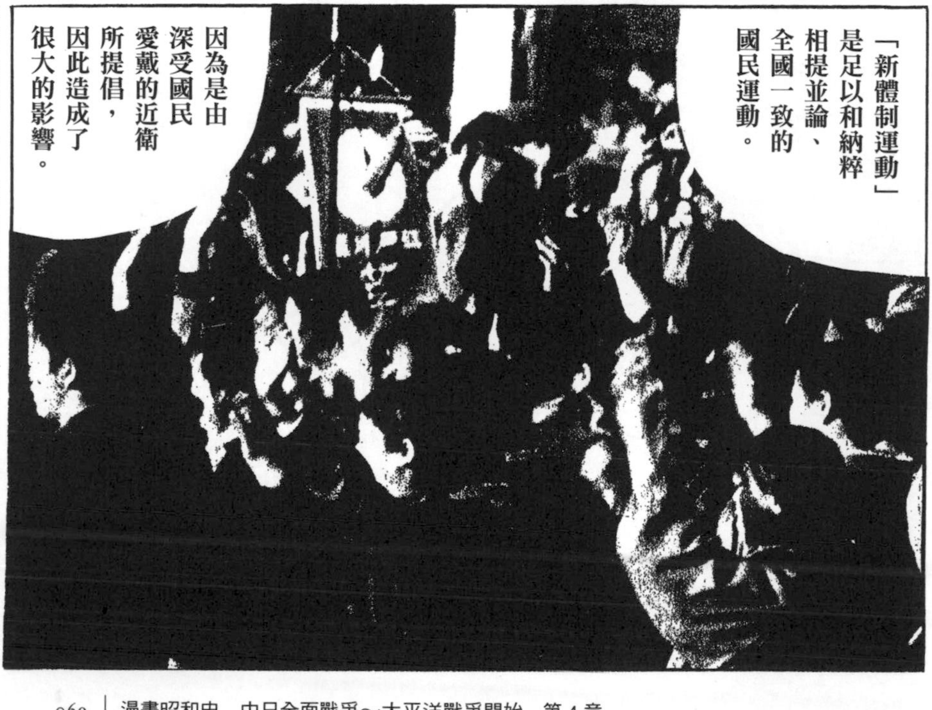
「新體制運動」是足以和納粹相提並論、全國一致的國民運動。
因為是由深受國民愛戴的近衛所提倡，因此造成了很大的影響。

※「大政翼贊會」……昭和十五年（一九四〇），以當時的內閣總理大臣近衛文麿為總裁，官方色彩濃厚的國民統合政治組織。提倡政治權力集中、將既有的政黨解散成為一個組織，昭和二十年（一九四五）解散。

日本各方勢力都想搭上這場運動的順風車。
新時代到來了！
簡直就像吳越同舟。
軍方則打算藉此建立出強大的「軍事國家」。
瞧瞧德國！我們才不會錯過這股時代的潮流。

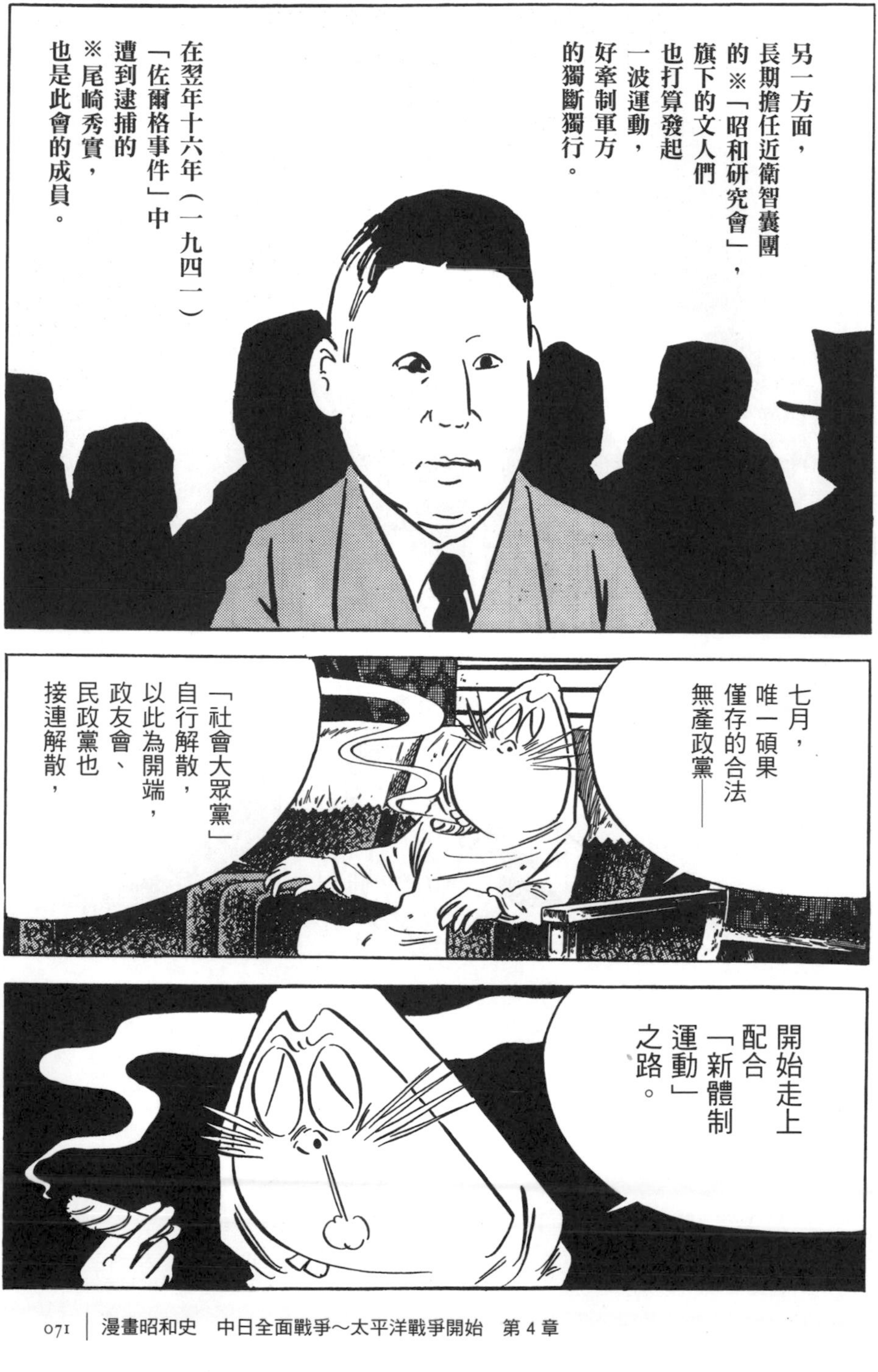
另一方面，長期擔任近衛智囊團的※「昭和研究會」，旗下的文人們也打算發起一波運動，好牽制軍方的獨斷獨行。
在翌年十六年（一九四一）「佐爾格事件」中遭到逮捕的※尾崎秀實，也是此會的成員。
七月，唯一僅存的合法無產政黨——
「社會大眾黨」自行解散，以此為開端，政友會、民政黨也接連解散，
開始走上配合「新體制運動」之路。

※「昭和研究會」……約昭和十一年（一九三六）起，由革新派官僚、學者、政治家所組成的國策研究團體。為近衛文麿的智囊團。

※「尾崎秀實」（一九〇一～一九四四）……記者。擔任近衛內閣的智囊。後捲入佐爾格間諜案，被判處絞刑。

昭和十五年（一九四〇）七月二十二日，第二次近衛內閣成立。
大政翼贊會成立之初，由昭和研究會一派的文人，

掌握了理論上的主導權。
他們打算一邊擋下軍方的小動作，一邊從事經濟改革與和平事務。

不過吳越同舟的想法終究是滯礙難行，
軍方和財界紛紛批判翼贊會是「赤色勢力」。

十二月，在內閣直屬的※企畫院內，
革新派官僚團體被指控和共產主義有所牽連，
因此遭到逮捕，爆發「企畫院事件」。
此後，軍方和右翼在翼贊會內部的發言權越來越大，
文人們也遭到放逐，
讓「大政翼贊會」淪為一個動員國民為國效力的組織。
大家原本還以為會有什麼改變呢……
結果不過是個勒緊國民脖子、奪去人們自由的存在罷了。

※「企畫院」……為戰時經濟計畫立案而設置的內閣直屬部會。於昭和十二年（一九三七）設置。於昭和十八年（一九四三）併入軍需省。

＊萬歲——

昭和十五年十一月十日，在皇居前廣場舉辦了「紀元二千六百年奉祝式典」。
バンザーイ
奉祝
祝
元気
大政翼賛會
奉祝
一億一心
一心同体
助ケタリ

依《日本書紀》記載，將神武天皇在橿原宮即位的那一年定為「皇紀元年」而該年正逢第兩千六百年，

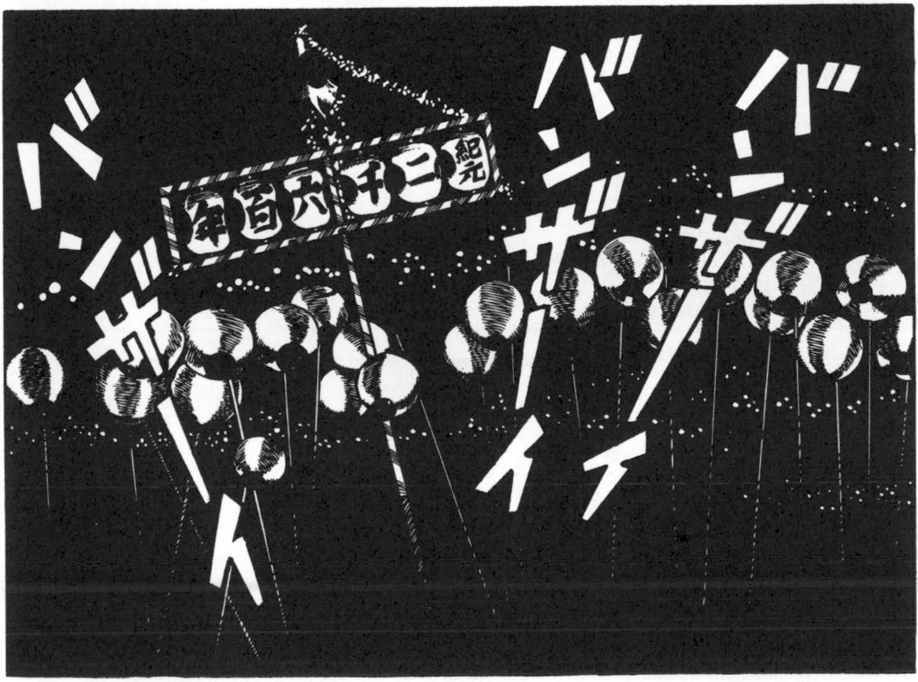
バンザーイ
バンザーイ
紀元二千六百年
バンザーイ

*萬歲——萬歲——萬歲——

因此傾全國之力來舉辦這場典禮，目的自然是為了宣揚愛國情操。
此外，舉凡※「祓禊」、「神風」、
※「本居宣長」或「櫻花」，都被盛讚了一番，
大力鼓吹著為國捐軀的美學，聽在年輕人的耳中簡直不寒而慄。
換言之，就是要他們為國犧牲自己這條輕於鴻毛的性命…

※「祓禊」……日本神道教中，去除汙穢的儀式。

＊萬歲──

但在戰時禁止舉辦祭典的情況下，對庶民來說，這還是一場睽違的祭典。
バンザーイ
當時就連遠足郊遊、畢業旅行，都必須「為戰場上的士兵們著想」而不得不自律，
如今則以參加典禮的名義獲得解放。
從十一月十日至十四日，這五天內都在狂歡玩樂。
到了十一月十五日，大街小巷貼滿了「大政翼贊會」的海報，
上頭寫著：「慶祝結束了，來工作吧！」
祝いは終った
働こう！

※「本居宣長」（一七三〇～一八〇一）……江戸時代的思想家。日本國學的集大成者。其和歌「欲問何為敷島大和心，朝日飄香山櫻花」被解讀為象徵武士道精神，二戰時更被用於美化戰爭犧牲。

同一時期，正當大哥就要畢業的時候，等待已久的召集令終於寄來了，要他去當「坦克兵」。
搞什麼嘛，坦克兵都是最早送命的。

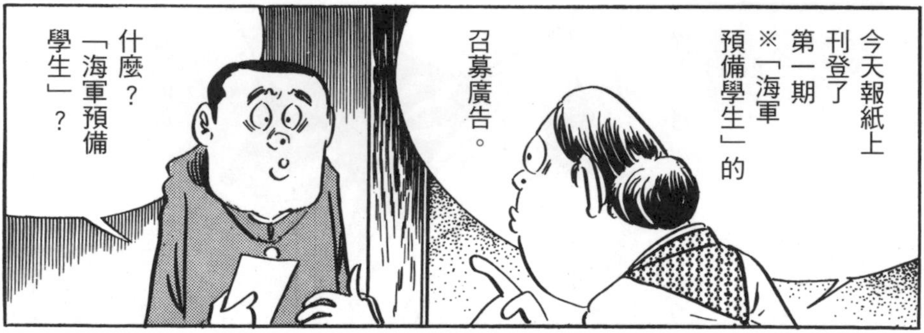
今天報紙上刊登了第一期※「海軍預備學生」的召募廣告。
什麼？「海軍預備學生」？

跟陸軍相比，當然是海軍比較好囉。
那就來考考看吧。

※「海軍預備學生」……日本海軍確保軍官人才而實施的制度。針對高等教育畢業生進行徵選，經錄取之後成為預備學生，接受約一年的養成教育，再以預備少尉的身份派駐。

第5章 開戰前夕

從昭和十六年（一九四一）年底，
日本進入了史上前所未見的戰爭狀態。
不只在中國、東南亞開戰，
更以英美為敵而發動了一場大戰——
歷史究竟是如何發展到這一步的，
就從稍早之前的國際情勢
與日本之間的關係開始看起——

昭和十五年九月二十三日，在簽署「日德義三國同盟」的四天前，
日軍進駐了北部法印。

法印（法屬印度支那），指的是現在的越南、寮國、柬埔寨和廣州灣租界，自十九世紀末便成為法國的殖民地。
日本打算軍事介入這個地區，以對法國……啊，這是當時的陸軍大臣※東條先生。
別靠過來，臭死了！
為了切斷中國蔣介石的補給路線（援蔣路線），
日本強硬地對法國提出了幾項軍事要求。

※「東條英機」（一八八四～一九四八）……陸軍大將。為統制派永田鐵山的接班人。於二戰時期（一九四一～一九四四）擔任內閣總理大臣、陸軍大臣，任內爆發太平洋戰爭。戰後，在東京審判中以甲級戰犯的身份被判處絞刑。

昭和十五年（一九四〇）夏天，法國在敗給德國後，成立了親德的維希政府。
作為德國的傀儡政權，維希政府無法拒絕日本的要求，於是在九月批准日軍進駐北部法印。
如此一來，終於佈妥進軍中南半島的墊腳石。

此番進駐北部法印，就是我國日本往後陷入悲慘命運的根本原因。
昭和十六年（一九四一）四月十三日，在莫斯科簽署「日蘇中立條約」。
兩年前「德蘇互不侵犯條約」中，原本勢如水火的兩國，赫然結為同盟。
日本見此，對國際政治角力之「複雜怪奇」（當時平沼首相的評論）大感吃驚。

不過這次亦投身於同樣的政治角力之中。
幕後推手為松岡洋右外相。
在訪問德國、義大利的途中，松岡繞道至莫斯科，
コツコツコツ
好會見※莫洛托夫、※史達林等蘇聯要人，
並提議日蘇合作。
松岡的主張是，日本始終認為…
貴國是講道義的共產主義者，並與英美的個人主義為敵。

*喀喀喀

※「莫洛托夫」（一八九〇～一九八六）……蘇聯政治家。作為史達林的左右手，善於使用外交手段維護蘇聯的利益。

……這番牽強附會的說法，
真正目的是為了讓北方兵力能夠分兵南進。
如此一來，蘇聯也能將遠東兵力轉調至歐洲方面，
日蘇在軍事上的利害關係，足以超越理念上的分歧，正好互蒙其利。
在預備會談結束之後，松岡返回德國。

※「史達林」（一八七八～一九五三）……蘇聯政治家。主張一國社會主義。在列寧死後肅清反對派而成為獨裁者，在第二次世界大戰、戰後統治蘇聯。

迎接松岡歸來的希特勒，似乎對日蘇合作感到不快…
搞不清楚原因的松岡，在回國途中再次繞道莫斯科。
希特勒之所以對松岡展露出極為不悅的態度，
是因為他已經準備要對蘇宣戰了。

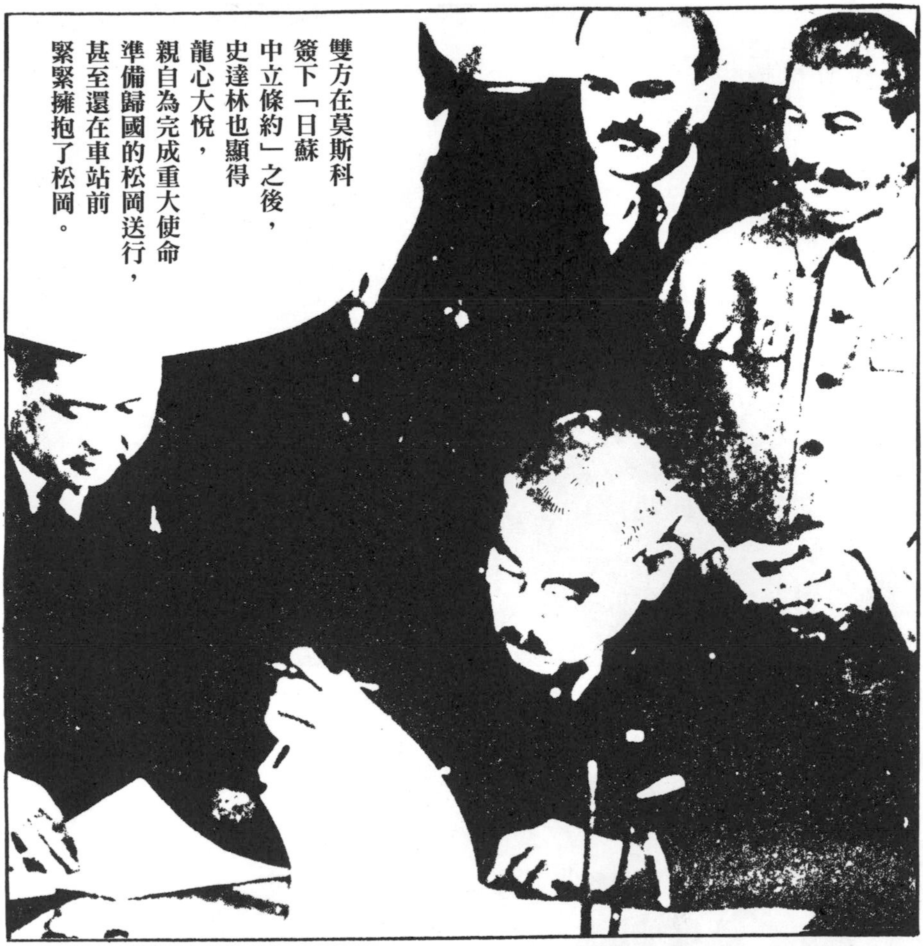
雙方在莫斯科
簽下「日蘇
中立條約」之後，
史達林也顯得
龍心大悅，
親自為完成重大使命
準備歸國的松岡送行，
甚至還在車站前
緊緊擁抱了松岡。

對於政治角力
的運籌帷幄，
松岡也十分
心滿意足。
哈哈哈，
我說不定
會當上
總理大臣……

在簽下「日蘇中立條約」的兩個月後，昭和十六年（一九四一）六月二十二日，
德國撕毀「德蘇互不侵犯條約」，對蘇聯宣戰。

三百萬德國大軍開始進攻蘇聯，即所謂的「巴巴羅薩作戰」。

＊軋—

德蘇戰爭便以此為始，直到從昭和十七年（一九四二）末打至翌年的
冬季史達林格勒戰役中，德軍敗退為止，雙方始終拼盡全力死命戰鬥。

接到「巴巴羅薩作戰」的消息後，日本政府首腦對於究竟該遵守「日蘇中立條約」，
還是該呼應德國，發表「對蘇宣戰布告」，陷入一陣苦思之中，畢竟這可是一大問題。

我們應當呼應德國，
只是該思考要選在何時。
政府首腦也贊同松岡的看法，主張對蘇開戰論；但陸軍則記取過去諾門罕的失敗教訓，極力反對。
在外交角力下所成立的「日蘇中立條約」，其實也暗藏著如此脆弱的一面。
儘管免於跟蘇聯一戰，陸軍仍不得不向內部的北進派妥協…

＊砰砰砰砰砰砰砰

只好安排
※關東軍在
七月二日進行
特別演習，
ドドドドドドド

將八十五萬
大軍動員至
滿洲地區，
展開一場大規模
的軍事示威。

※「關東軍」……日本駐紮於滿洲的陸軍部隊。從戰前開始便擔任支配滿洲的核心角色，最後隨著戰敗崩解。

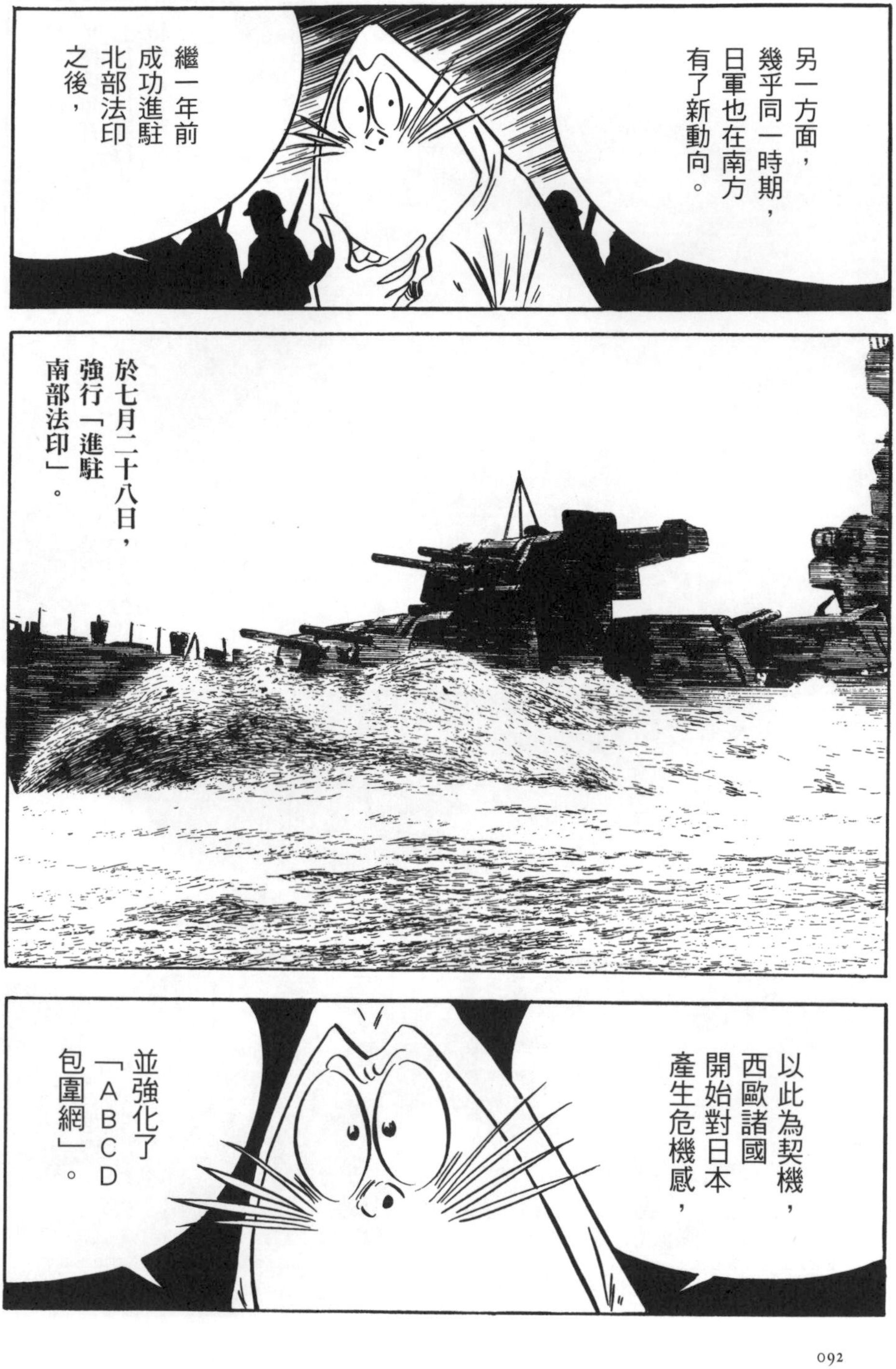
另一方面，幾乎同一時期，日軍也在南方有了新動向。
繼一年前成功進駐北部法印之後，
於七月二十八日，強行「進駐南部法印」。
以此為契機，西歐諸國開始對日本產生危機感，
並強化了「ABCD包圍網」。

※日法印共同防衛及ABCD包圍網

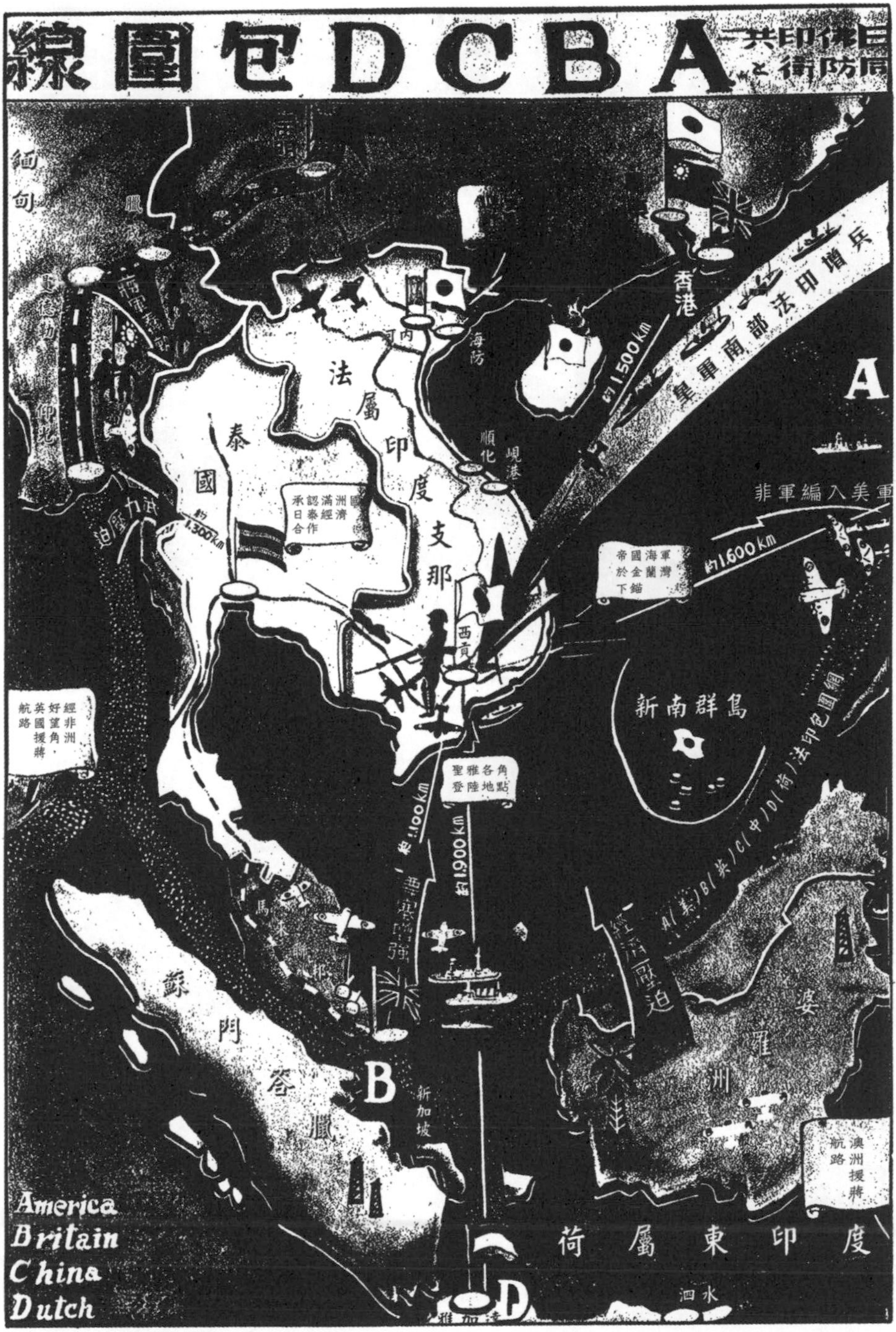

前頁圖片是當時由政府發行的《寫真週報》上刊載的ＡＢＣＤ包圍網圖示。
A是美國（America），B是英國（Britain），C是中國（China），D是荷蘭（Dutch）的略稱。
終於要開戰了。
說的沒錯。

第6章 戰爭或和平

當時，大哥考上了第一屆「海軍預備學生」。
啊，馬上就要去報到了。
好像不敢自己一個人去呢。
那我陪他一起去吧。
我陪他來到了橫須賀。
那我就去海軍報到囉。

不知為何，當時有許多好電影接連問世…
好比說《丹鳳還陽》、《望鄉》、《舞會的手帖》，
乃至於《大幻影》等片。
雖然不知道是怎麼回事，但當時興起了一股電影熱潮，
水木茂也把每部電影都看了兩、三遍。
此外，當時電台上也不斷播放著希特勒的演說。
提到希特勒當時的演說，實在是魄力十足。

就在不久之前，德國的袖珍戰艦（雖然身為※重巡，卻擁有重巡以上的砲擊能力）才遭受英國重巡部隊襲擊，在南美引爆自沉。就這麼此起彼落的，
（袖珍戰艦斯佩號）
世界各地開始紛擾不斷，而我們也不得不走上戰場……

在第二次世界大戰爆發當時，美國原本抱持著不介入歐洲戰事的立場，
信守著中立法下的中立主義、孤立主義。
NBC
CBS
MBS
CBS
NBC
MB

※「重巡」……「重巡洋艦」的簡稱。以艦載砲的口徑作為劃分依據的一種巡洋艦。

※「邱吉爾」（一八七四～一九六五）……英國政治家。第二次大戰期間，以首相身分領導英國，聯合美國等國家對抗德國，並取得了最終勝利。

到了一九四〇年末，
※羅斯福總統
決定對英國首相
邱吉爾出手相助，
美國遂
成為民主
主義國家
的兵工廠。

然而美國
針對日本
在亞洲的
蠶食鯨吞，
在此之前
就一直
批評不斷。

※「羅斯福」（一八八二～一九四五）……美國政治家。總統。於一九三〇年代經濟大蕭條時，推行「羅斯福新政」挽救不景氣。二戰後期，帶領美國對世界秩序發揮了關鍵作用。

＊砰砰砰砰砰

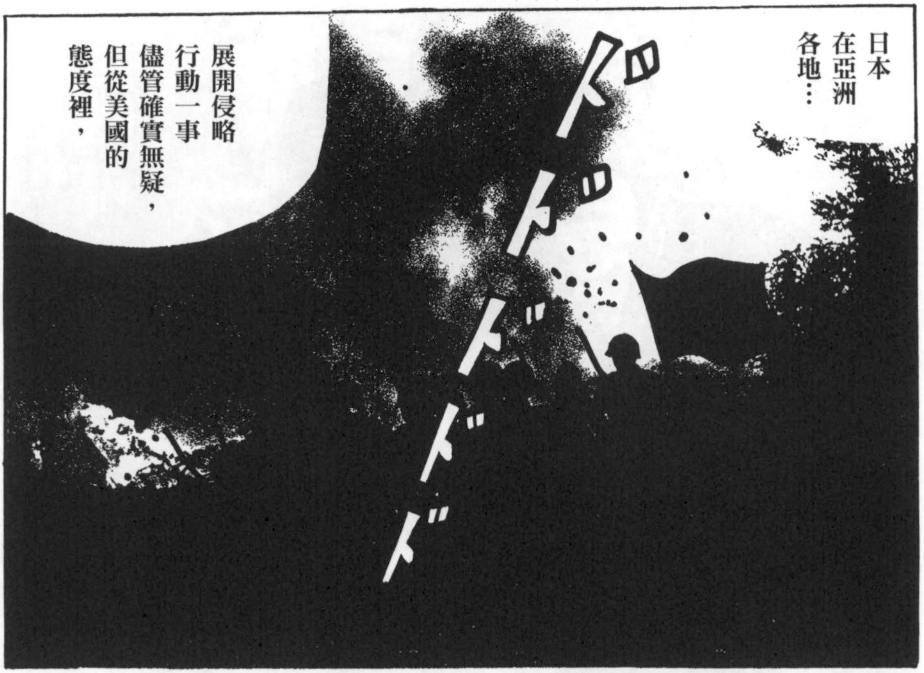
日本在亞洲各地……
展開侵略行動一事儘管確實無疑，但從美國的態度裡，
ドドドドドドドド

仍然可以感覺到對有色人種的蔑視。
昭和十四年（一九三九）七月二十六日，美國宣告廢止「日美通商航海條約」，此後，對日本的經濟制裁便益發嚴重。

以「日德義三國同盟」為契機，
美國對日本的態度
也急遽強硬了起來，
甚至有意強化
太平洋艦隊。

松岡洋右
外相等人
十分重視
日美關係
的改善，
昭和
十六年
初起，
開始尋求
解決之道。

二月，在美國人脈極廣的前外相※野村吉三郎海軍大將就任駐美大使，派往華盛頓。
野村和※赫爾國務卿不斷溝通協商，在四月訂下了日美諒解案。
諒解案的內容是以日軍從中國撤退，並由美國調解中日關係為主，
再以此作為基礎，召開近衛、羅斯福會談。
同時也提出了進一步交涉所需遵守的赫爾四原則。
啊。

※「野村吉三郎」（一八七七～一九六四）……海軍大將。外務大臣。昭和十五年（一九四〇）擔任駐美大使，持續為日美交涉努力，直至太平洋戰爭開戰。

也就是「尊重所有國家的領土及主權，不干涉內政，」
「通商上的平等，以及太平洋的和平與安定。」

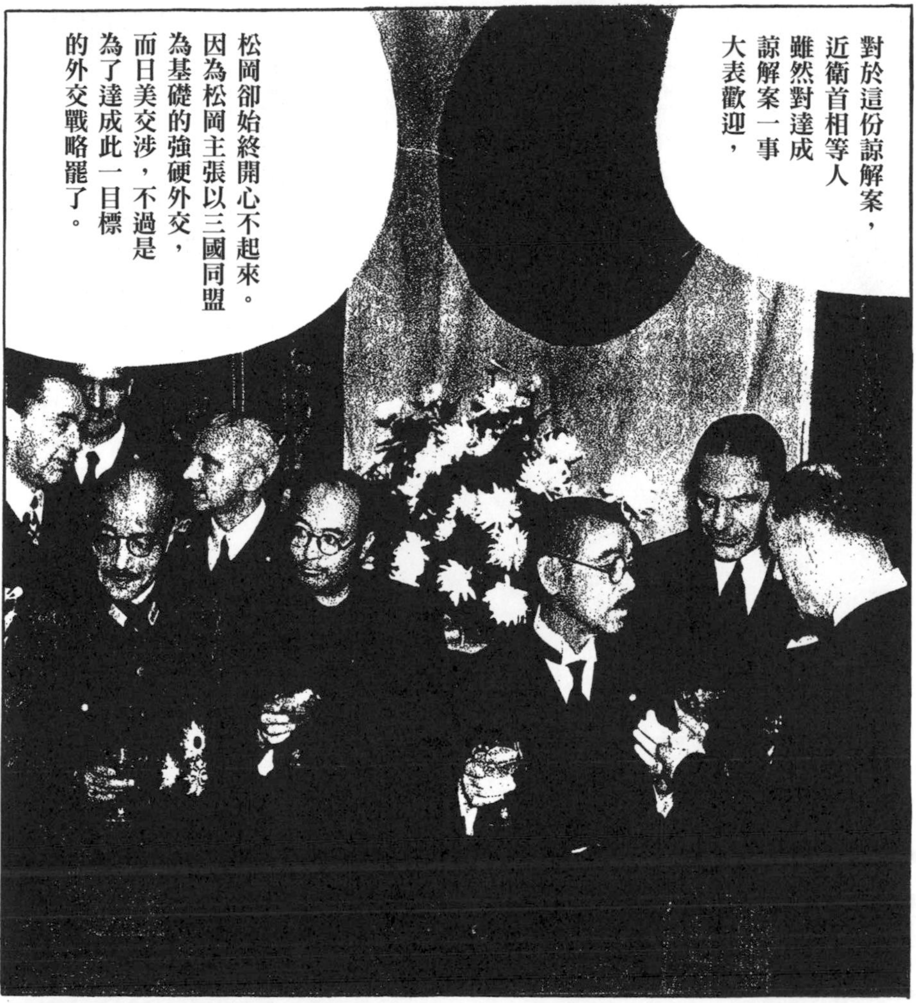
對於這份諒解案，近衛首相等人雖然對達成諒解案一事大表歡迎，
松岡卻始終開心不起來。因為松岡主張以三國同盟為基礎的強硬外交，而日美交涉，不過是為了達成此一目標的外交戰略罷了。

→東條

↑松岡

五月三日，
松岡以
自己的主張
為根基，
對諒解案
進行了
大幅修正，
此外更
建議簽署
「日美中立
條約」，
並立刻
發電報
傳給人在
美國的
野村大使。
野村雖然跟赫爾重開談判，
卻幾乎沒談到中立條約，
就連諒解案的
修正提案都
被提出異議。
六月二十一日，
美國提出了
此修正案的對案——

※「赫爾」（一八七一～一九五五）……美國政治家。於二戰期間擔任美國國務卿。一九四五年獲頒諾貝爾和平獎，被稱為「聯合國之父」。

內容強烈地反映出美國打算對德國開戰的立場，
和松岡堅持三國同盟的立場天差地遠。
美國的態度太失禮了！傲慢至極！
儘管松岡對此勃然大怒，政府首腦卻未必抱持著相同想法……
近衛等人認為，就算得暫時將三國同盟擱在一旁，也必當完成日美交涉。
讓松岡下台吧。
七月十六日，近衛內閣總辭，並在十八日組成第三次近衛內閣。

雖然成立了第三次近衛內閣，陣容卻幾乎跟之前沒什麼兩樣，此舉果然是為了讓松岡下台。

松岡的態度還是太硬了。
儘管近衛內閣是為了推動日美交涉而成立，事情卻始終滯礙難行。

陸軍似乎強烈主張三國同盟的精神呢。
不過美國也為了制裁日本「進駐南部法印」，而在七月二十五日凍結了日本在美國的資產，
還在八月一日宣告「對日石油禁運」。
對於九成石油都仰賴外國輸入的日本來說，可是一大打擊。

不論坦克或軍艦，沒有石油可就動彈不得了呢，軍方似乎也對此大發雷霆。聽說近衛正在考慮進行日美直接會談。
但八月十四日在大西洋的英國戰艦上，羅斯福已和邱吉爾展開會談，強化了英美之間的同盟。

近衛也錯過了大好時機呀。
我要在這裡買個東西，再會啦……

而在軍方統帥部中，也出現了與其日美交涉、不如準備開戰的聲音。
到了秋天，九月六日召開了決意開戰的御前會議。
帝國為了實現自存自衛，在不惜與美國一戰的狀況下，
將於十月下旬之前完成開戰準備。

就這樣，日本正式立下了日美開戰的決心。
但在軍方內部，也出現了擔心無法戰勝美國的聲音。

只要知道日美之間在鋼鐵工業生產力上
那壓倒性差距，任誰都會這麼想。海軍的米內光政、山本五十六等人，便是對美開戰慎重論者。

一年前，在締結三國同盟時，山本曾對近衛說……
如果叫我去打仗的話，最初的半年、一年，我可以好好大幹一場。
可是拖到兩、三年之後，我就一點把握都沒有了。
在日美開戰積極論和消極論的交錯紛呈下，
近衛逐漸喪失了自信。

當時老爸每天都從甲子園口通勤，到神戶的公司上班。
哈哈哈哈
如此一來，日本終於要開戰了……
因為他的身份有點像是自由接案，
所以工作起來十分輕鬆。
來吃午餐吧。

＊哇哈哈哈

看來近衛內閣要總辭了。
對呀，我伯父在陸軍工作，
陸軍好像很想開戰呢。
原來如此。
在東條先生當上陸軍大臣時，
擔任陸軍中央要職者幾乎都出身自幼年學校的德國班呢。
你的言下之意是？
如果會講德語的話，心中難免……
存有一分親德之情。
如此一來，便成了納粹德國的崇拜者……

沒錯。
統制派的軍人全是德國派。
所以便認定德國會取勝……
沒錯，他們全都深信德國必勝無疑。
原來如此。
因此才會認為不能錯過這班車。
希特勒呀………
他不僅擊敗法國，更征服了巴爾幹半島，看來這股氣勢……

＊叩隆 叩隆

就算征服世界也不令人意外呢……
啊，老爸。
阿茂，你不是在上夜間中學嗎？
因為白天很閒，就跑去看「寶塚歌劇」了。
你不是常常在看嗎？
因為我是寶塚迷呀……
嗯……

啊，東條內閣成立！東條英機留任陸相的同時，更坐上了首相寶座。
在東條新內閣成立當天，德國報紙的東京特派員遭到警方逮捕。他叫※理查·佐爾格，是莫斯科共產國際派來的間諜。

※「佐爾格」（一八九五～一九四四）……德國記者。共產黨員。昭和八年（一九三三）來到日本為蘇聯進行對日諜報活動。昭和十六年（一九四一）間諜身分暴露被捕，遭判處死刑。

過去八年以來，他一直將日德軍事情報洩漏給蘇聯。
作為佐爾格在日本的共犯，隸屬於近衛旗下政策研究機關「昭和研究會」的尾崎秀實等三十五人也遭到逮捕。
佐爾格雖在昭和十九年（一九四四）十一月遭處刑，但他其實是位能幹的間諜，其事蹟甚至在戰後登上了美國的間諜教科書。
對東條內閣來說，從近衛內閣交接下來的日美問題，是一個必須儘快作出結論的重大課題。

就在某一天，
爺爺前來造訪。
亮一，近來可好？
ガラガラ
＊喀啦 喀啦
彥一過得怎麼樣？
他還在華僑經營的爪哇印刷公司裡當畫工部長。
是喔…
宗平呢？
他現在是海軍預備學生，人在橫須賀。

政府雖然不時召開會議，對此埋首檢討，
但看來是漸漸朝開戰的方向邁進了。
一旦開戰，就得趕快把彥一從爪哇帶回來。
不過東鄉外相等人還沒有放棄日美交涉的可能性。
沒錯，野村大使在美國相當活躍，
不過，我認為應該會開戰……
跟國民說來說去地講了這麼久，最後不可能就這麼不打了。
就是說呀。

阿茂呢？
啊，他呀，
白天在中之島洋畫研究所，
畫點素描什麼的……
晚上則去上夜間中學。
蠢死了。
那孩子打從生下來就是個怪人，到現在都還沒改過來呀。
幹蠢事是我們家的傳統。
即便如此……
他才不聽別人的話呢。

當時，
因為關乎
究竟會是
「戰爭」或
「和平」，
國民對日美交涉
顯得特別關心。
美國則攔截了
所有發給
野村大使的
外交電報，
顯然對日本
抱持著高度
的不信任。
昭和十六年
（一九四一）
十一月
二十六日，
赫爾向
野村大使
提出了
「赫爾備忘錄」，

內容要求日本從中國、法印撤退，廢止三國同盟，並否認滿洲國。在收到之後，野村大使不禁嚇了一跳。
太過份了，
這簡直是美國的拒絕交涉宣言。
十二月一日，召開了御前會議……
決定「帝國將對美英荷開戰」。

不過
日本的
機動部隊
……

當時
早就朝
珍珠港
前進了
……

※「東鄉茂德」（一八八二～一九五〇）……外交官。擔任太平洋戰爭開戰與終戰時的外務大臣。對終戰決策有所貢獻。戰後，在東京審判中以甲級戰犯的身份被判處二十年徒刑，病歿於獄中。

第7章 「虎虎虎」

昭和十六年（一九四一）十二月八日
清晨六點，大本營兩度傳送：
「帝國海軍於本八日未明，
在西太平洋與英美軍進入戰爭狀態。」
接著，電台一整天都在播放「軍艦進行曲」。
於是這場橫跨五年，實際上共三年九個月的
「太平洋戰爭」，終於揭開了序幕——

※「嶋田繁太郎」（一八八三～一九七六）……海軍大將。東條內閣的海軍大臣，後兼任軍令部總長，輔佐東條英機。戰後雖被定為甲級戰犯而被判處終身監禁，但日後獲得釋放。

※「武藤章」（一八九二～一九四八）……陸軍中將。作為東條的心腹，於昭和十四年（一九三九）擔任陸軍軍務局長。戰後以甲級戰犯的身份被處以絞刑。

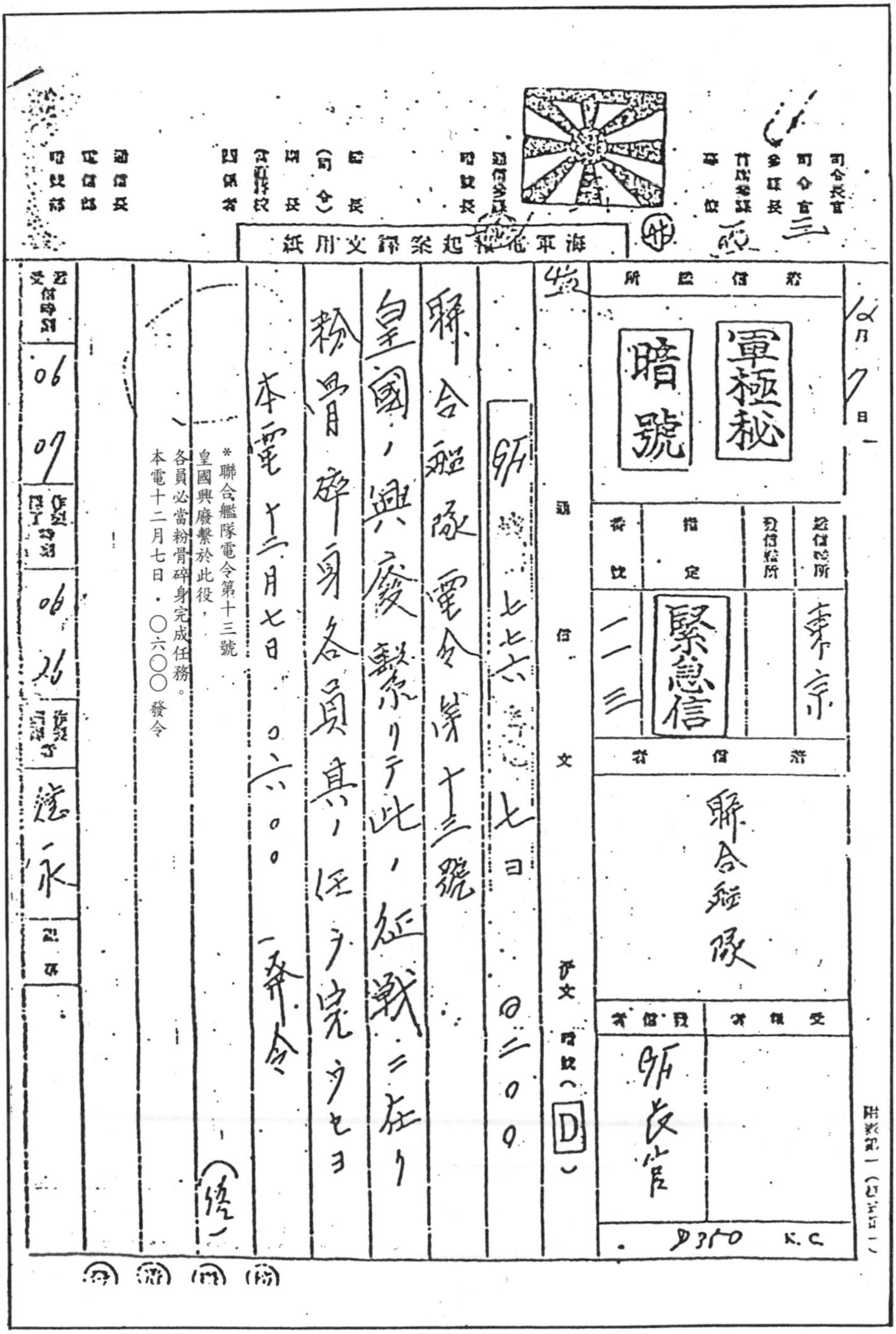
海軍通信暗號譯文用紙
軍極秘
暗號
緊急信
東京
聯合艦隊
聯合艦隊電令第十三號
皇國ノ興廢繫リテ此ノ征戰ニ在リ
粉骨碎身各員其ノ任ヲ完ウセヨ
本電十二月七日〇六〇〇發令
*聯合艦隊電令第十三號
皇國興廢繫於此役，
各員必當粉骨碎身完成任務。
本電十二月七日・〇六〇〇 發令

（當時的電報，從哥哥友人得來的）

＊轟轟轟轟轟

＊嗡嗡嗡嗡嗡

＊轟隆—

＊轟—

*嗡—

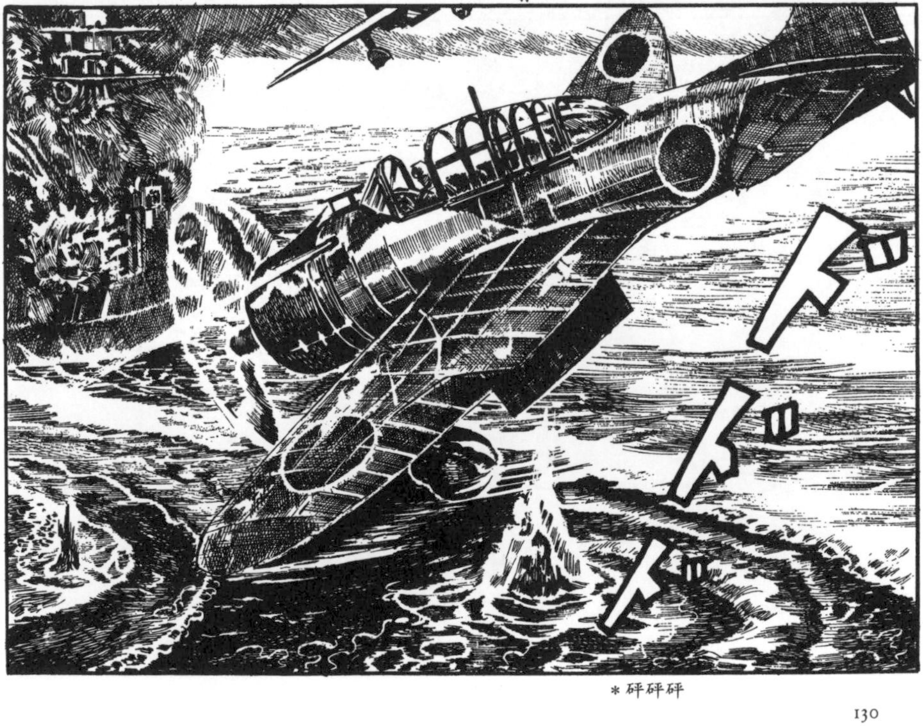

*砰砰砰

＊嗡—嗡—

＊砰砰砰砰

* 砰砰砰砰砰

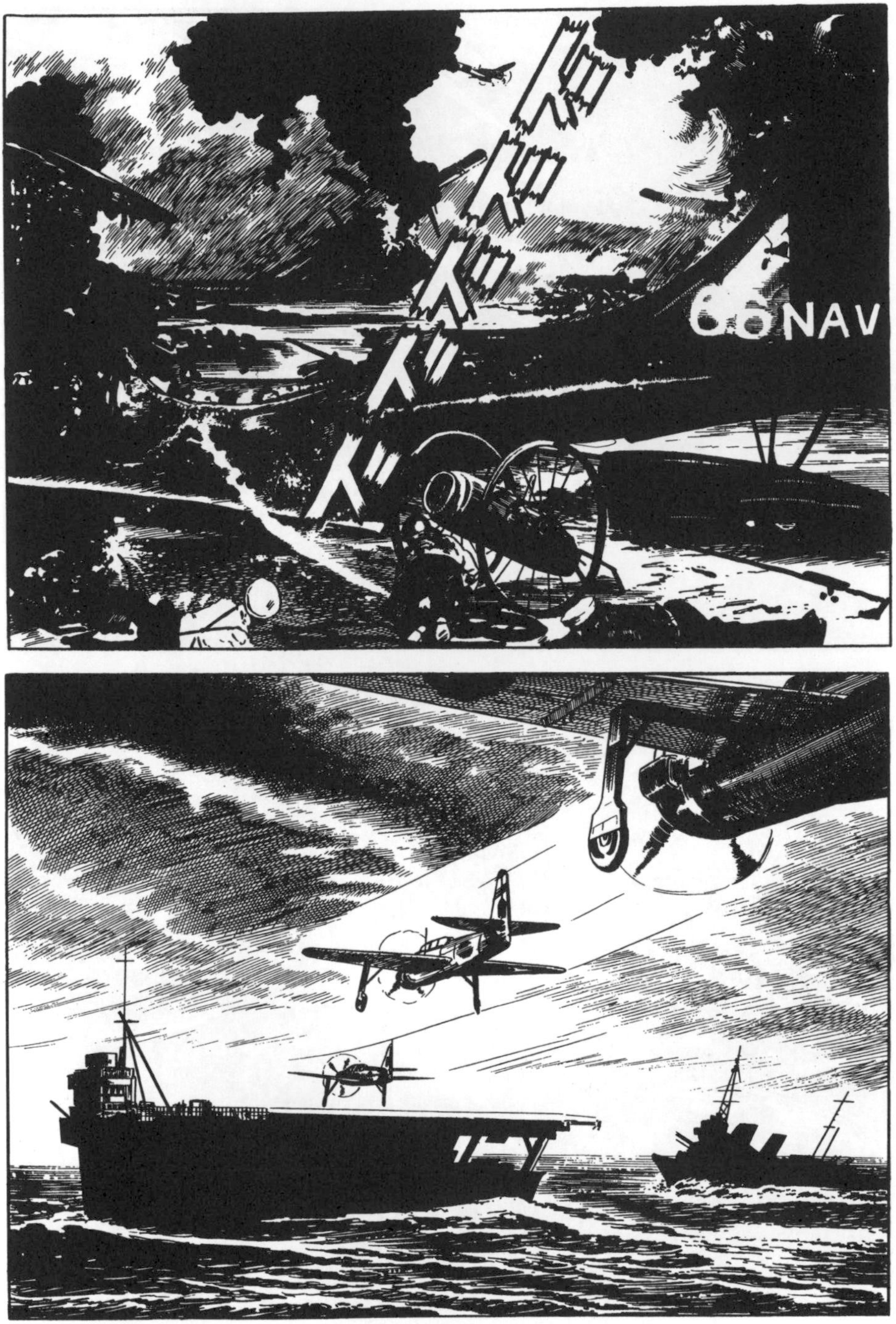

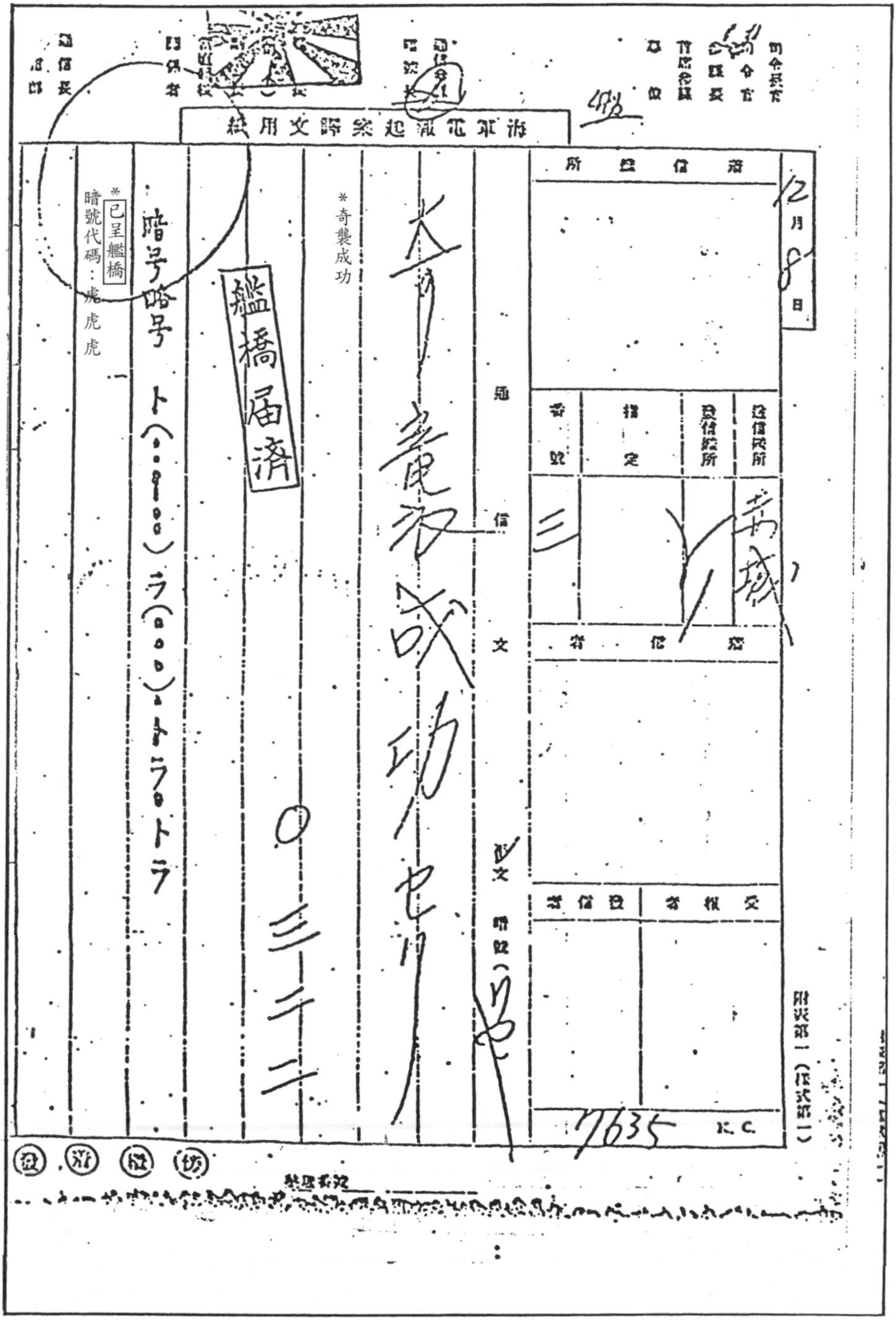
海軍電報起案譯文用紙
12月8日
*已呈艦橋
暗號代碼：虎虎虎
暗号略号
ト（　）ラ（　）トラトラトラ
艦橋届済
*奇襲成功
奇襲成功セリ
0三二二
7635
K.C.

十二月二日，聯合艦隊司令長官山本五十六大將
發出電報：「攀登新高山一二〇八」
（＝訂於十二月八日開戰）。
奇襲夏威夷的日本艦隊是以「赤城」為旗艦，
司令長官為※南雲忠一中將，
是一支全二十三艦、共三萬人的部隊。
奇襲作戰是由源田實中佐所訂立，
並由淵田美津雄中佐率領一八三機的編隊。
淵田下令發出電報：
「虎 虎 虎……」（我軍奇襲成功）。
其中也包括了從海底發動攻擊
的五艘特殊潛航艇，
此為兩人乘坐的小型潛航艇，
由潛艦進行搭載運送。
這五艘潛航艇在戰鬥後
未能返回收容隊，
全體犧牲。

※「南雲忠一」（一八八七～一九四四）……海軍大將。珍珠港事件時，作為第一航空艦隊司令長官指揮作戰。戰死於塞班島。

＊砰—

ドカーン

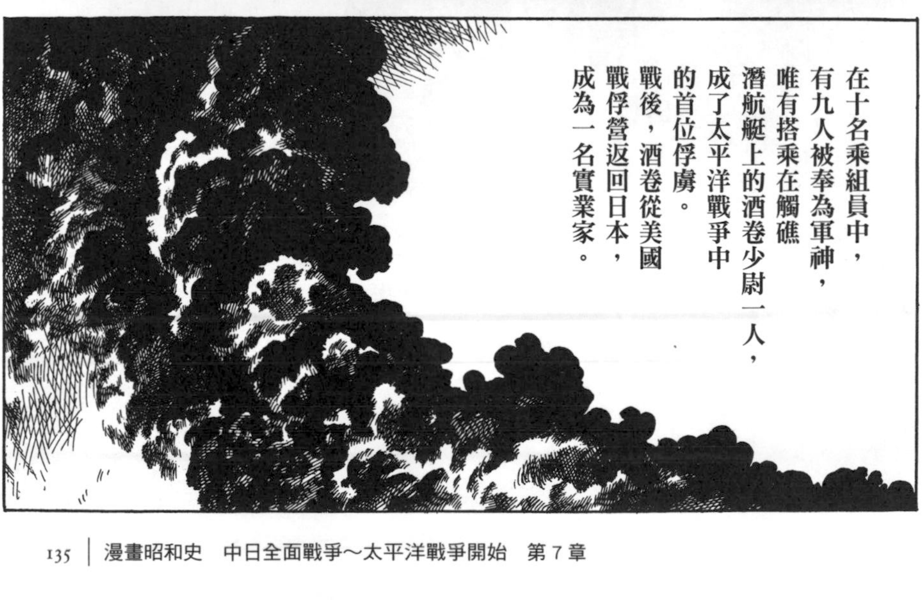
在十名乘組員中，
有九人被奉為軍神，
唯有搭乘在觸礁
潛航艇上的酒卷少尉一人，
成了太平洋戰爭中
的首位俘虜。
戰後，酒卷從美國
戰俘營返回日本，
成為一名實業家。

偷襲珍珠港的戰果為，
戰艦擊沉五艘、擊破五艘
其他艦艇擊沉破十艘，
飛機完全破壞一八八架、
無法使用二九一架，
戰死二千四百人。
我方損失為，特殊潛航艇五艘、
飛機二九架、戰死六四人，
稱得上是壓倒性的勝利。

日本國民為此狂喜不已，
海軍省也收到了
無數信件及捐款。
但開心的可不只是
日本國民而已。
バンザイ
バンザイ

*萬歲、萬歲

美國總統
羅斯福
也覺得這是
天佑良機。
日本在還沒
宣戰之前就
暗中偷襲，
必當狠狠
報復！
沒有比這
更好的
開戰理由了。
哈哈
哈哈！
終於
要開戰
了！

爸，不用這麼開心吧……
怎麼了？
我遲早也得去參戰呢。
要是戰死的話，該怎麼辦？
聽你這麼一說，我就開心不起來了。
這還用說嗎，我們家可是有三個男生呢……

＊叮鈴 噹啷 叮鈴 噹啷

第8章 馬來、新加坡攻略

太平洋戰爭在整體上
也構想出一連串的作戰，
好呼應偷襲珍珠港。
一、英屬攻略
馬來、新加坡、香港攻略
二、美屬攻略
菲律賓攻略，關島、威克島攻略
三、荷屬攻略
荷屬東印度（現在的印尼）攻略

在這一連串
作戰之後，
將接著展開
以下作戰。
緬甸攻略、
南太平洋諸島攻略、
中途島攻略、
阿留申群島攻略、
瓜達康納爾島攻略。
其中，馬來的
哥打巴魯登陸作戰，
則是在偷襲珍珠港
的一個半小時前
就已經登場。

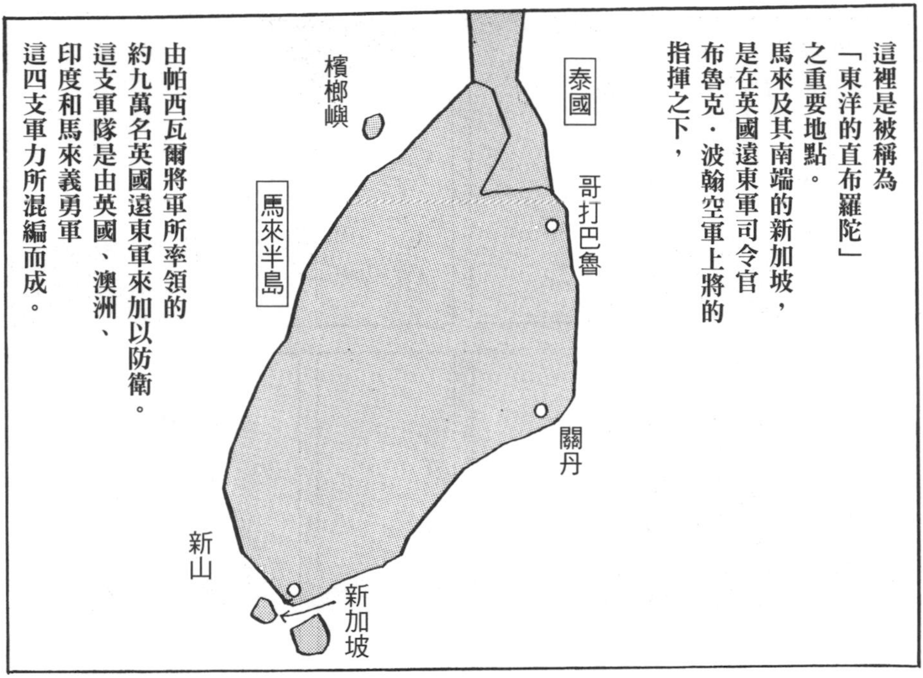
這裡是被稱為「東洋的直布羅陀」之重要地點。
馬來及其南端的新加坡，是在英國遠東軍司令官布魯克．波翰空軍上將的指揮之下，
泰國
哥打巴魯
關丹
檳榔嶼
馬來半島
新山
新加坡
由帕西瓦爾將軍所率領的約九萬名英國遠東軍來加以防衛。
這支軍隊是由英國、澳洲、印度和馬來義勇軍這四支軍力所混編而成。

昭和十六年十二月八日半夜〇時四五分，
在鄰近泰國國境的馬來東北部哥打巴魯，第二十三旅團開始登陸。

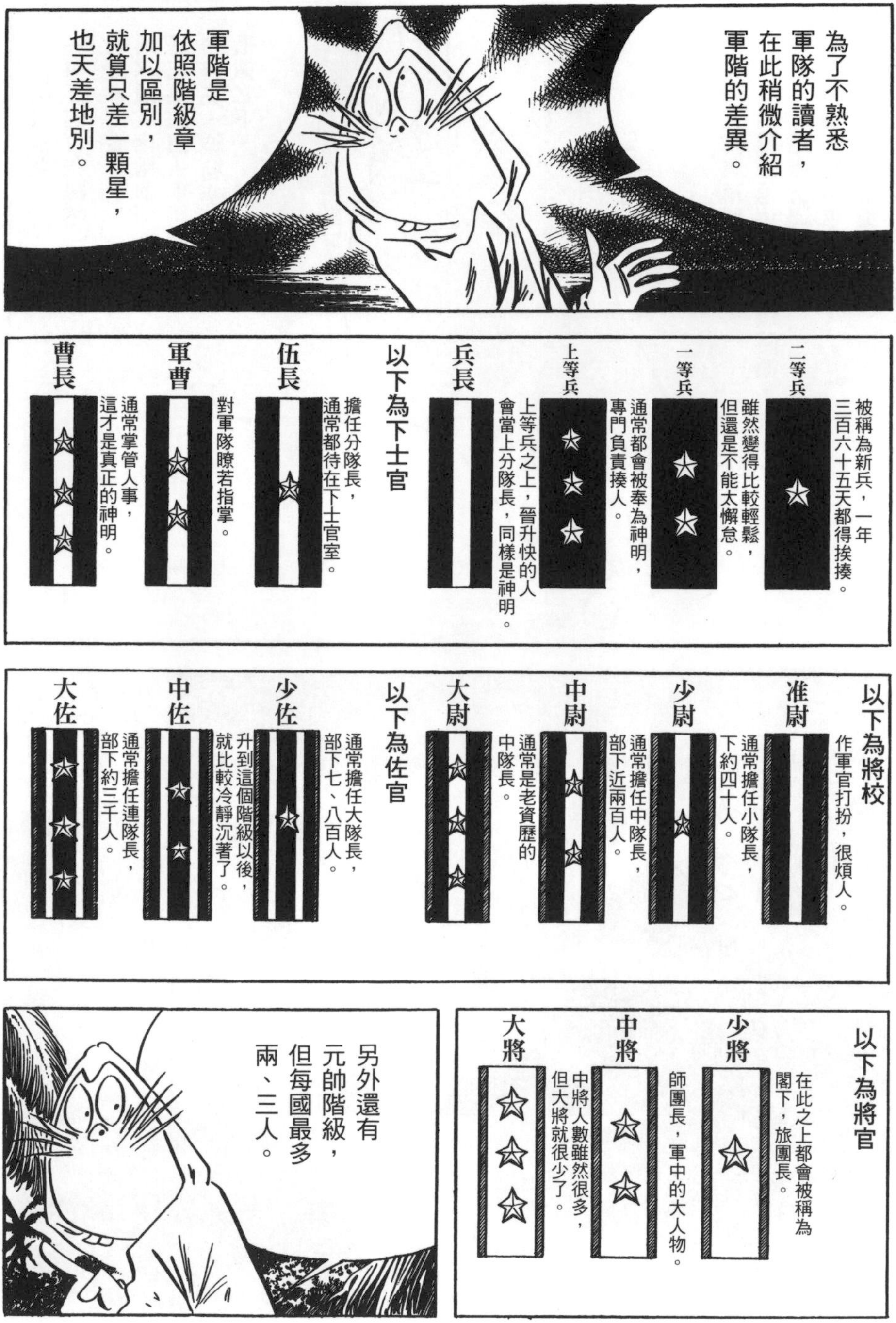
為了不熟悉軍隊的讀者，在此稍微介紹軍階的差異。
軍階是依照階級章加以區別，就算只差一顆星，也天差地別。
被稱為新兵，一年三百六十五天都得挨揍。
二等兵
雖然變得比較輕鬆，但還是不能太懈怠。
一等兵
通常都會被奉為神明，專門負責揍人。
上等兵
上等兵之上，晉升快的人會當上分隊長，同樣是神明。
兵長
以下為下士官
擔任分隊長，通常都待在下士官室。
伍長
對軍隊瞭若指掌。
軍曹
通常掌管人事，這才是真正的神明。
曹長
以下為將校
作軍官打扮，很煩人。
准尉
通常擔任小隊長，下約四十人。
少尉
通常擔任中隊長，部下近兩百人。
中尉
通常是老資歷的中隊長。
大尉
以下為佐官
通常擔任大隊長，部下七、八百人。
少佐
升到這個階級以後，就比較冷靜沉著了。
中佐
通常擔任連隊長，部下約三千人。
大佐
以下為將官
在此之上都會被稱為閣下，旅團長。
少將
師團長，軍中的大人物。
中將
中將人數雖然很多，但大將就很少了。
大將
另外還有元帥階級，但每國最多兩、三人。

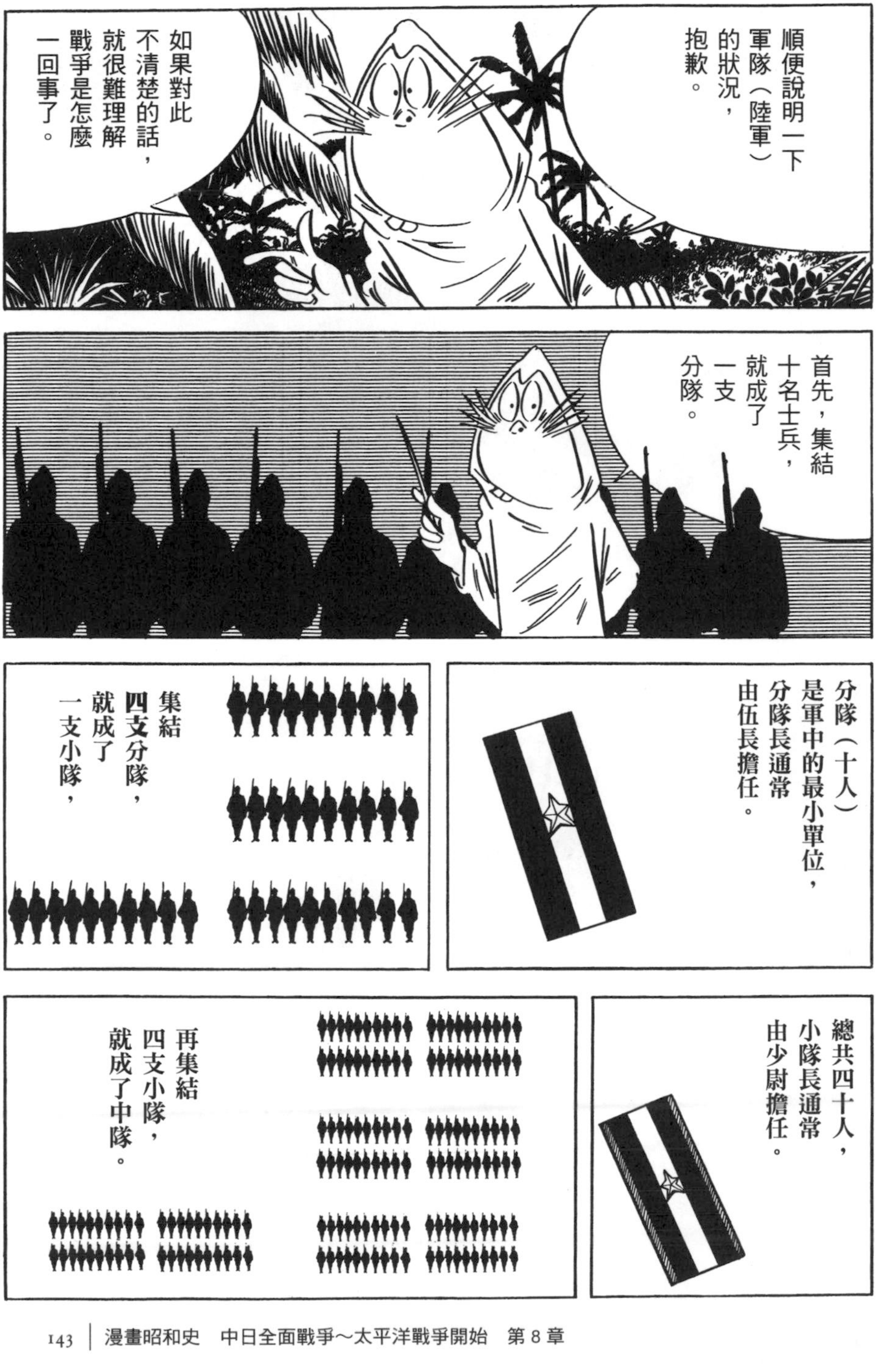
順便說明一下軍隊（陸軍）的狀況，抱歉。
如果對此不清楚的話，就很難理解戰爭是怎麼一回事了。
首先，集結十名士兵，就成了一支分隊。
分隊（十人）是軍中的最小單位，分隊長通常由伍長擔任。
集結**四支**分隊，就成了一支小隊，
總共四十人，小隊長通常由少尉擔任。
再集結四支小隊，就成了中隊。

中隊另外還會再加上一支指揮班（二、三十人），零零碎碎加起來，
中隊的規模約為兩百五十人。
中隊長通常由中尉擔任。
集結四支中隊，就成了大隊（約千人），大隊長通常由少佐擔任。
集結四支大隊，就成了連隊（約三千人），連隊長通常由上佐擔任。
集結兩支連隊，就成了一支旅團，
旅團長通常由少將擔任。
金ピカ

＊金光閃閃

集結兩支旅團，就成了師團（約兩萬人），
師團長則由中將擔任。
這只是很粗略的說明，
另外還有大隊砲、重機槍中隊等等。
每支軍隊的編成都各自迥異，
儘管如此，軍中最像軍隊的地方，非分隊莫屬。
在十人之中是以分隊長為首，其次則是被稱為「老兵」的上等兵，
他們一般都被尊為**神明**，負責痛扁新兵。

襪子自然不在話下，有人連兜襠布都叫部下洗。
我所屬的分隊因為始終沒補新人，所以只能當萬年新兵。

整天都為老兵的不合理要求所苦。
即使到了現在，我仍然會夢到自己的新兵時期。世上沒有比這更痛苦、更羞辱的事情了。

*咬牙切齒

言歸正傳，在第二十三旅團所登陸的哥打巴魯，印度第八旅團也駐守於此地，雙方形成一場激戰。

*砰砰砰砰砰砰

旅團長佗美浩少將
親自手持軍刀帶頭衝鋒，
讓全軍上下都表現得
十分驍勇善戰。
到了當天下午，
日軍終於佔了上風。

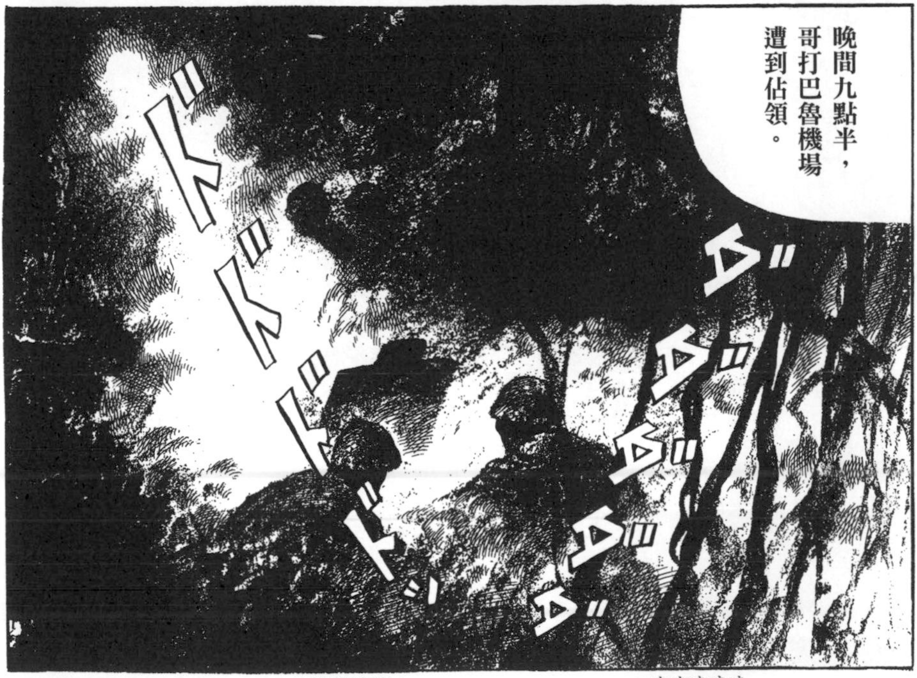
晚間九點半，
哥打巴魯機場
遭到佔領。

＊砰砰砰砰　＊磅磅磅磅磅

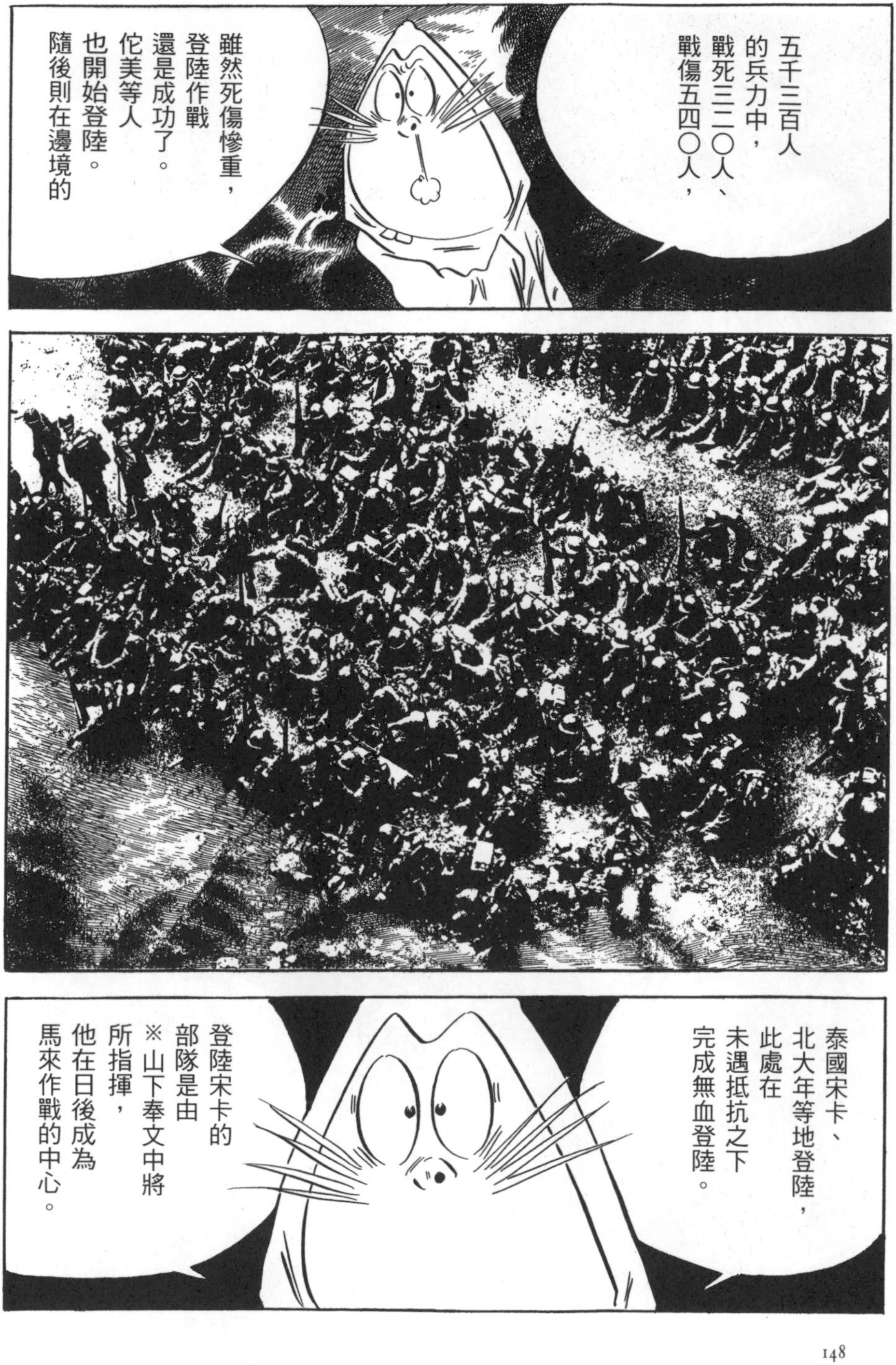
五千三百人的兵力中，戰死三二〇人、戰傷五四〇人，
雖然死傷慘重，登陸作戰還是成功了。佗美等人也開始登陸。隨後則在邊境的
泰國宋卡、北大年等地登陸，此處在未遇抵抗之下完成無血登陸。
登陸宋卡的部隊是由※山下奉文中將所指揮，他在日後成為馬來作戰的中心。

※「山下奉文」（一八八五～一九四六）……陸軍大將。在馬來作戰、新加坡攻略時擔任司令官，立下戰績。戰後，在馬尼拉軍事法庭中，以戰犯身份被判處死刑。

日本海軍也早在開戰前
就進入戰鬥位置，
作戰內容是搜索英國
東洋艦隊並加以攻擊。
搜索任務交由
飛機和潛艦來進行。

＊轟隆——
十二月十日早上十點出頭，
偵察機發現了英國艦隊。
而法印西貢基地
在收到消息之後，
出動了美幌空
白井中隊八架飛機，
飛至英國艦隊的上空。
早上十一點
出頭，
爆發激烈的
海空戰……

此即為馬來海戰。
英國艦隊包含威爾斯親王號和反擊號兩艘戰艦、三艘驅逐艦。
日本戰機穿梭於激烈的對空砲火之中，反覆上演著轟炸和魚雷攻擊。

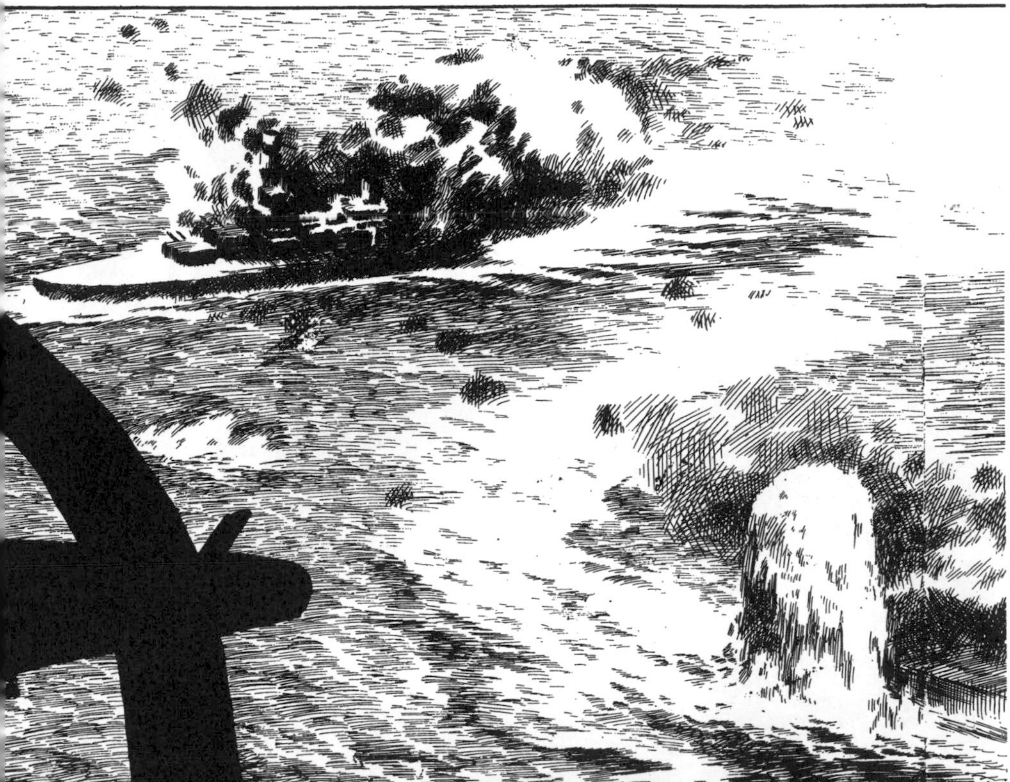

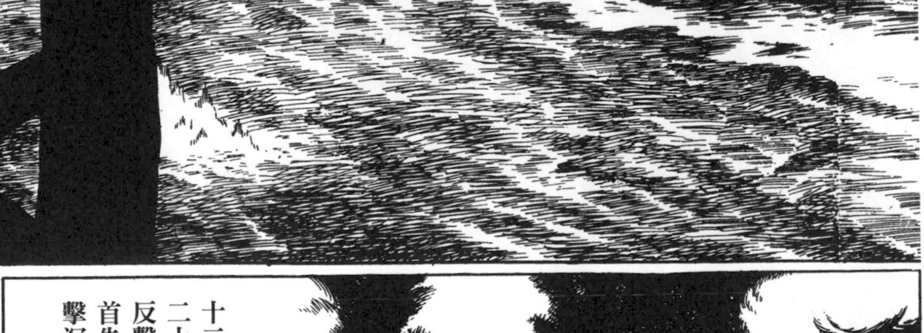
十二點
二十三分，
反擊號
首先遭到
擊沉。

＊磅

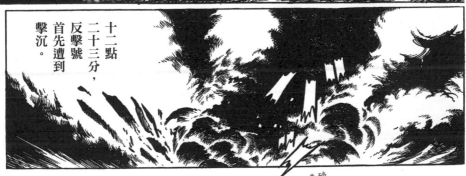

反擊號
接著在下午一點半，威爾斯親王號也遭到擊沉。
就連英國首相邱吉爾，都在接到消息之後對天長嘆，
可見英軍的損失有多麼嚴重。

*砰砰砰砰

＊噠噠噠噠噠

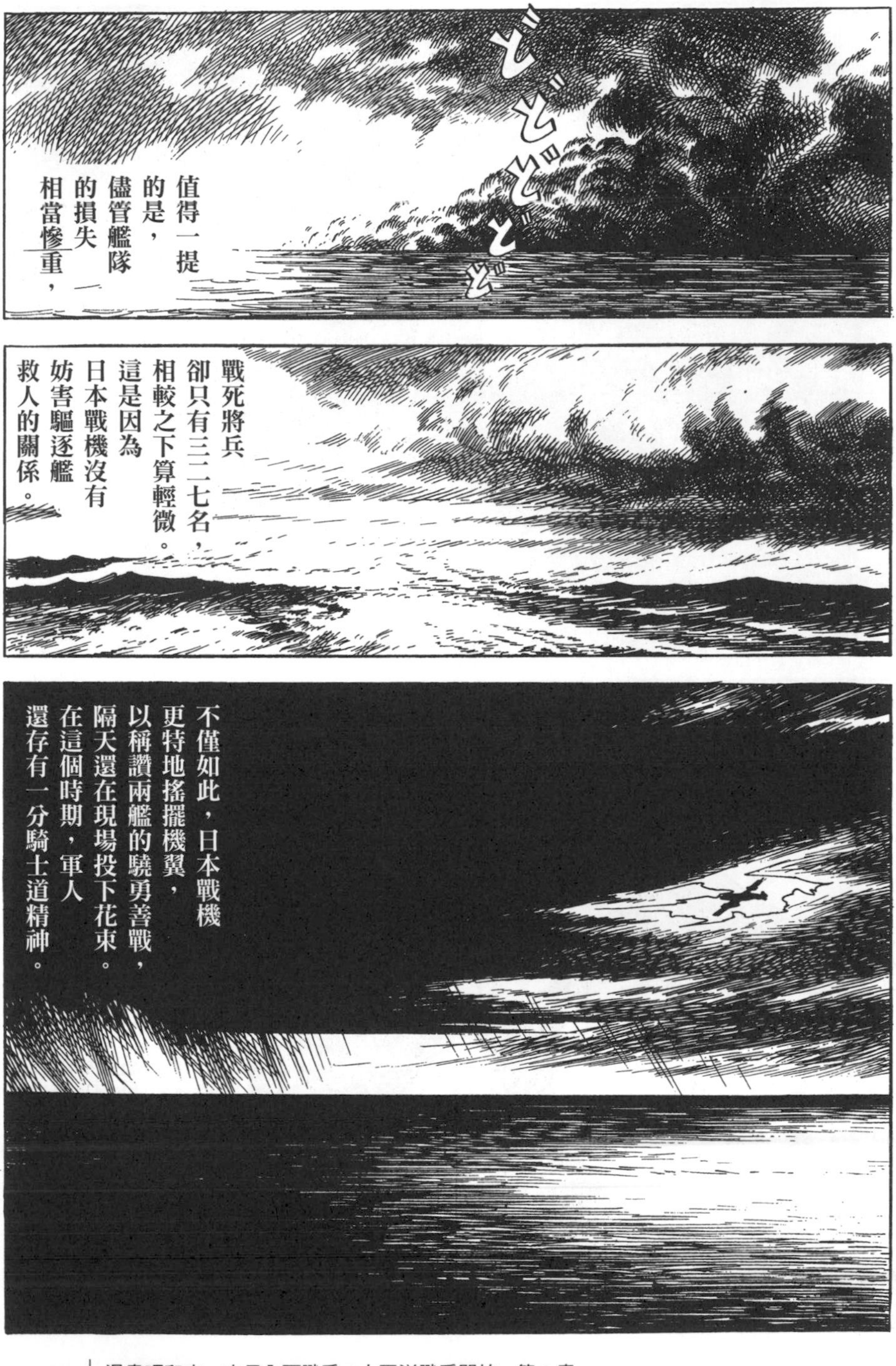
值得一提的是，儘管艦隊的損失相當慘重，
戰死將兵卻只有三二七名，相較之下算輕微。這是因為日本戰機沒有妨害驅逐艦救人的關係。
不僅如此，日本戰機更特地搖擺機翼，以稱讚兩艦的驍勇善戰，隔天還在現場投下花束。在這個時期，軍人還存有一分騎士道精神。

ゴォーッ
在山下將軍指揮之下，登陸馬來的第二十五軍加速南下，
打算搶在翌年昭和十七年紀元節前（一九四二年二月十一日）攻下新加坡。
此處出現了二十五軍這個單位，「軍」是由三、四支師團
所集結而成，兵力約為五萬至八萬。
這支二十五軍具備了兩大特徵，首先是工兵部隊的活躍。

＊碰咚 碰咚 碰咚

英軍在撤退時往往會破壞道路橋樑，此時就得仰賴工兵隊來趕工補修，
藉此運送重型火砲和坦克。第二，這是支「銀輪部隊」，即騎著自行車的步兵部隊。
他們不僅可以疾馳於橡膠樹或椰子樹密布的林地，
即使被河川擋住了去路，仍可以輕鬆渡河，如此一來便能快速進擊。

*軋——
一月六日，從托羅拉克出發的島田坦克隊，
率先為日軍帶頭衝鋒，接連攻下敵方陣地。

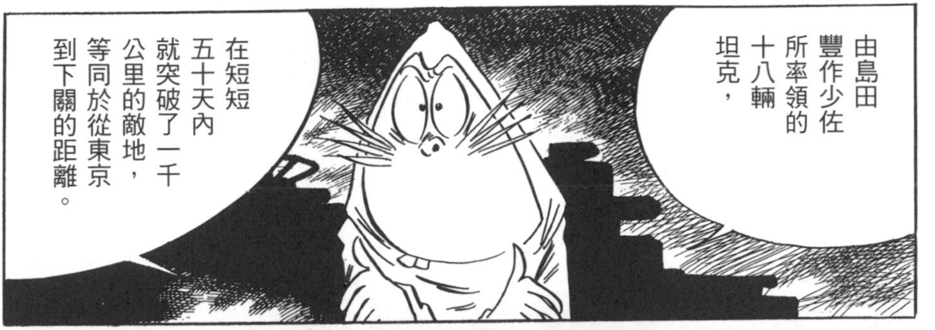
由島田豐作少佐所率領的十八輛坦克，
在短短五十天內就突破了一千公里的敵地，等同於從東京到下關的距離。

*軋——

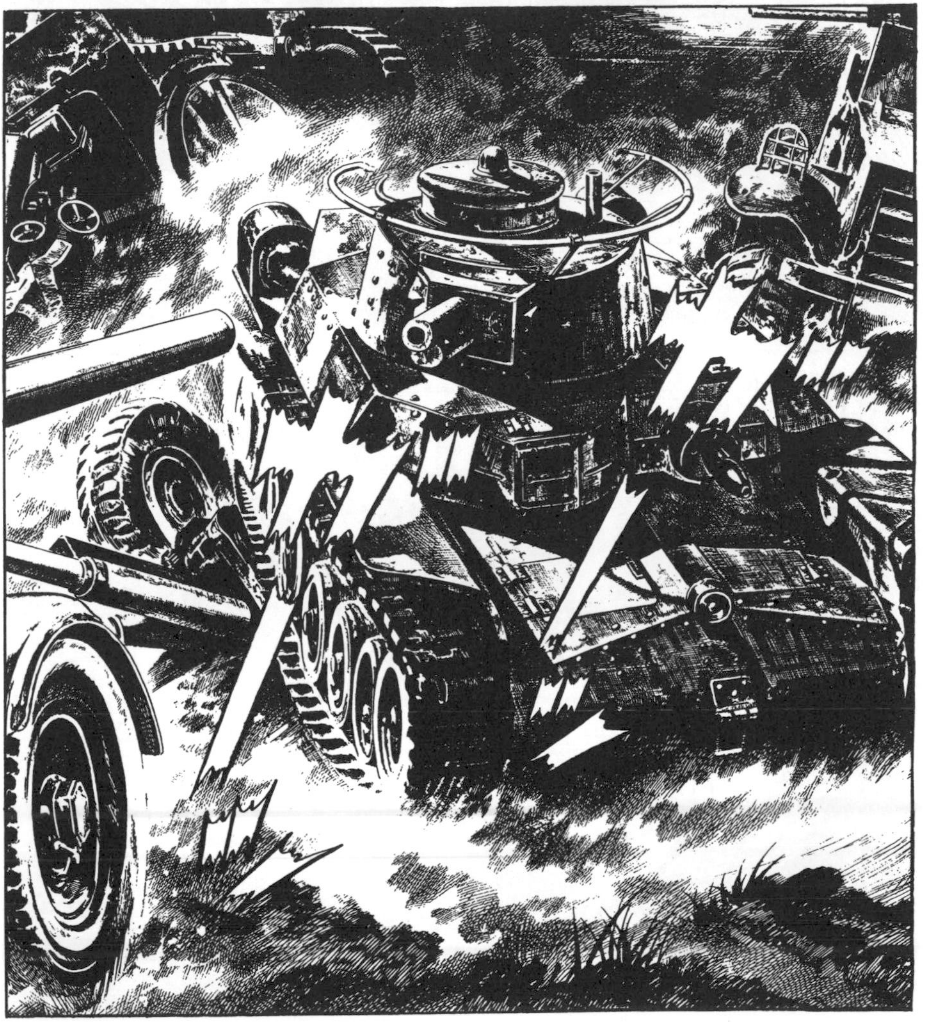

一月三十一日，
日軍先鋒部隊
進軍至新山。
新山的對岸，
則是隔著一道
柔佛海峽
的新加坡。

＊噠噠噠噠

當時，新加坡
正處於一種
不可思議的
局勢。
在帕西瓦爾
的指揮之下，
撤至此地的軍隊
是由英國、澳洲、
印度混合組成，
內部缺乏和諧，
士氣低迷不振。

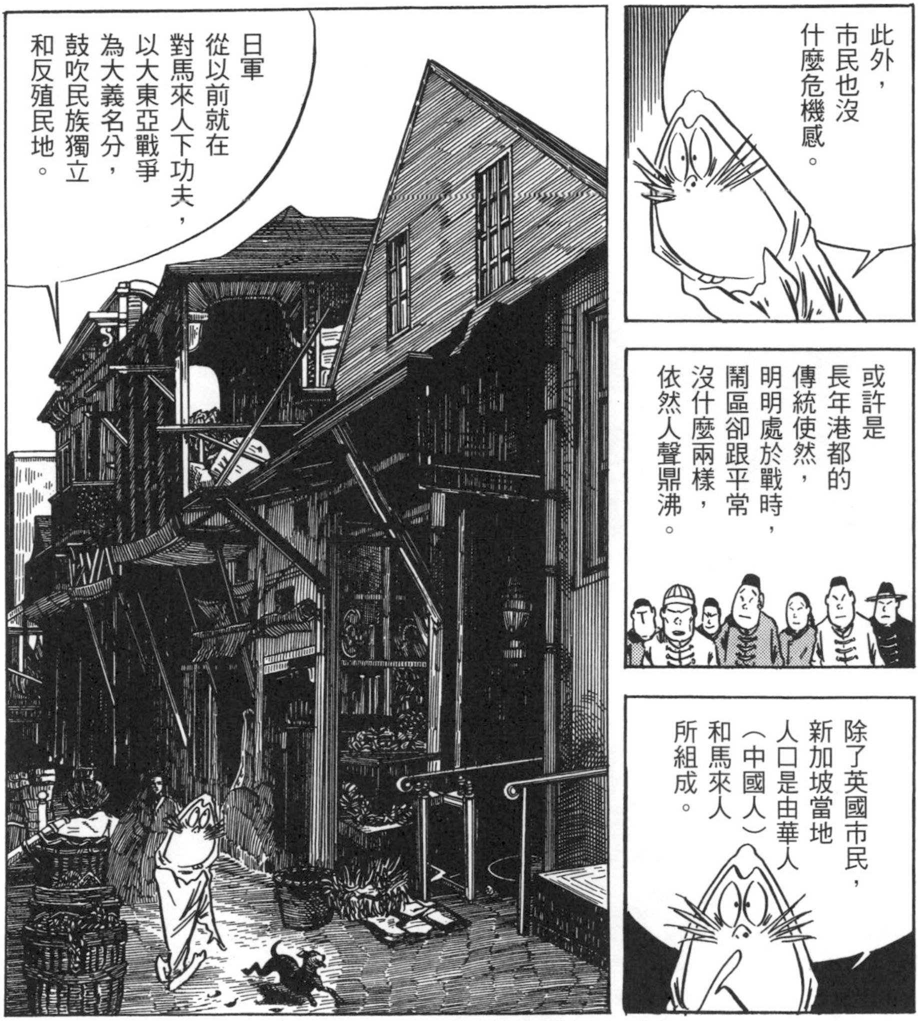
此外，市民也沒什麼危機感。
或許是長年港都的傳統使然，明明處於戰時，鬧區卻跟平常沒什麼兩樣，依然人聲鼎沸。
除了英國市民，新加坡當地人口是由華人（中國人）和馬來人所組成。
日軍從以前就在對馬來人下功夫，以大東亞戰爭為大義名分，鼓吹民族獨立和反殖民地。
這方面是由藤原岩市少佐所率領的機關來進行破壞任務，並呼籲投降。
華人市民卻對日軍侵略中國一事大為反感，和大陸聯手推行反日運動。

二月七日，佯攻部隊開始行動。二月八日十點半，
從海峽北部開始砲擊，登陸小艇也同時出發，搭載三萬人登陸。隔天早上，登陸完成。

欲進軍新加坡市區，必須先攻陷武吉知馬高地。辻政信參謀向各部隊進行精神喊話，必當在二月十一日（紀元節）攻下武吉知馬，
而在一場激戰後，當晚終於佔領此地。

二月十五日，新加坡瀕臨陷落。
士氣一蹶不振，彈藥所剩無幾，水源落入敵方手中，實在難以再抗戰下去。
山下、帕西瓦爾在福特汽車公司進行會談，而帕西瓦爾決定無條件投降。
在馬來作戰中，日軍戰死一萬人，英國聯合軍八千人。
從這項數字可以看出日軍士氣有多麼勇猛高昂。

捷報令全日本為之沸然，新加坡被改名為「昭南」，高呼萬歲之聲也響遍了全國。
祝新嘉坡陷落
馬來協會
馬來協會
祝大捷
祝大捷

佔領新加坡之後，日軍大量逮捕了以星華義勇軍為中心的華人，並加以處刑。
祝新嘉坡
這是因為在新加坡一役中，華人抵抗起來最為頑強的關係……

處刑者甚至
高達五千人，
本事件與南京虐殺
事件（一九三
七年）並列，
在戰後
造成
大問題。
主事者
西村中將
也以戰犯
身份
遭到
處刑。
當時
日本突然
陷入了一股
戰時氣氛，
夜間中學
也強化了
軍訓教育。

立正站好！
傘形散開！
ダダダダッ
配屬的預備役少尉（從士兵升上少尉的大叔）也突然耀武揚威了起來。
世上最強的士兵是哪一國！

*噠噠噠噠

＊啪
我知道，是英國，他們從來沒輸過。
大蠢蛋！
最強的是支那（中國）！
知道了嗎！
＊咚
就算這樣也不用打我吧。
他們為何如此強大呢？

因為支那人什麼都吃，
不管任何東西都能吃下肚！
而戰勝了支那軍的日軍，
則是世上最強的軍隊。
知道了嗎！
知道了就大聲回答！
是的
當時就是這麼一回事。

第9章 香港、菲律賓攻略

昭和十六年（一九四一）
十二月八日凌晨三點，
由司令官酒井隆中將率領的
支那派遣第二十三軍，
在香港對岸的中國領土布陣以待。

無線電傳來日軍登陸馬來
的密碼電報：「花開 花開」。
第二十三軍立刻展開攻擊。

砲擊完之後，等到天亮
又出動轟炸機，破壞了啟德機場上
的五架英國軍機及其他八架民航機。
接著，兩萬人的軍隊穿越國界。
日軍以突破「醉酒灣防線」
這條軍事線作為首要目標，
原本打算一邊靜待良機，
一邊慎重攻擊——
但九日晚間，若林中尉偵察時

＊磅磅磅／砰砰砰砰砰／嗖嗖—

＊砰砰砰砰砰砰

察覺敵軍防守薄弱之處，展開奇襲。攻擊順勢揭幕。十一日正午，在突破軍事線後，日軍一路進逼至海岸線，
眼前就是隔著大海的香港島。十二月十三日早上九點，為了勸降，多田中佐渡海來到香港島。

但楊慕琦總督拒降，於是日軍又再度展開砲擊和轟炸。

＊嗡——

＊轟隆——

＊砰—砰磅—　＊轟——

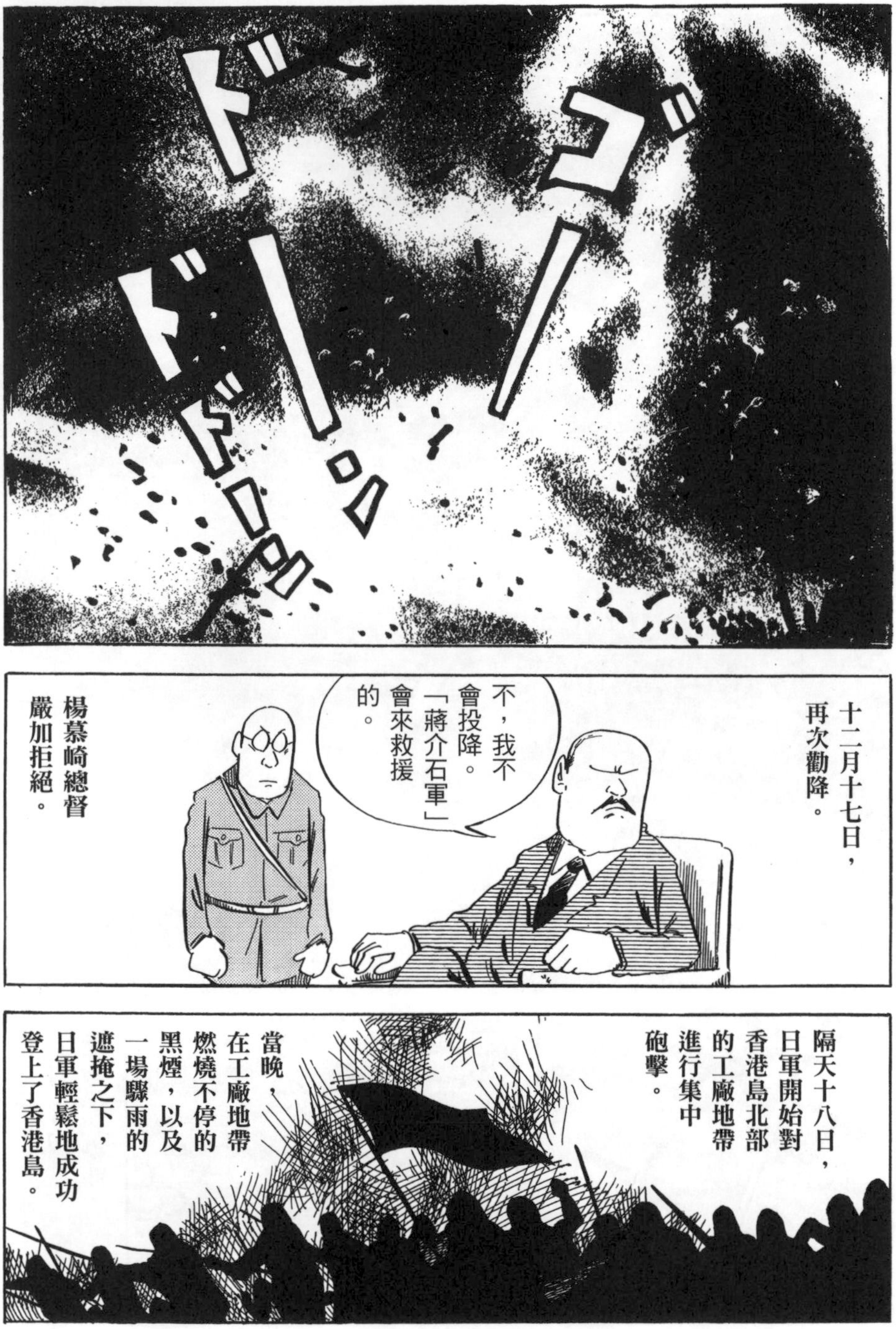

十二月十七日，再次勸降。
不，我不會投降。「蔣介石軍」會來救援的。
楊慕崎總督嚴加拒絕。
隔天十八日，日軍開始對香港島北部的工廠地帶進行集中砲擊。
當晚，在工廠地帶燃燒不停的黑煙，以及一場驟雨的遮掩之下，日軍輕鬆地成功登上了香港島。

香港市內日漸不安，治安方面也出現混亂。
英軍一邊抵抗、一邊退至香港西部，等待「蔣介石軍」的救援，但援軍遲遲沒有出現。
然而就連位於島中央的儲水池也落入了日軍手中，
市內的混亂已達到極限。
十二月二十五日下午五點二十分，聖誕節傍晚，楊慕崎總督和莫德庇少將終於決定投降。

兩人在半島酒店與酒井中將會面。原本預計要一個月才能攻下香港，卻在十八天內就淪陷。
就在此時，菲律賓也掀起戰火……
ダダーン

＊砰隆——

菲律賓攻略的作戰方法是先進行轟炸，再由主力部隊開始登陸，可是——
航空母艦艦載機的老練飛行員全部調去攻擊珍珠港了，

別無他法之下，只好從台南展開長距離轟炸。幸運的是，
台南到菲律賓之間足足有八百公里，超越了當時攻擊機的能力，因此美軍都把注意力放到了海上。

＊嗡—嗡—

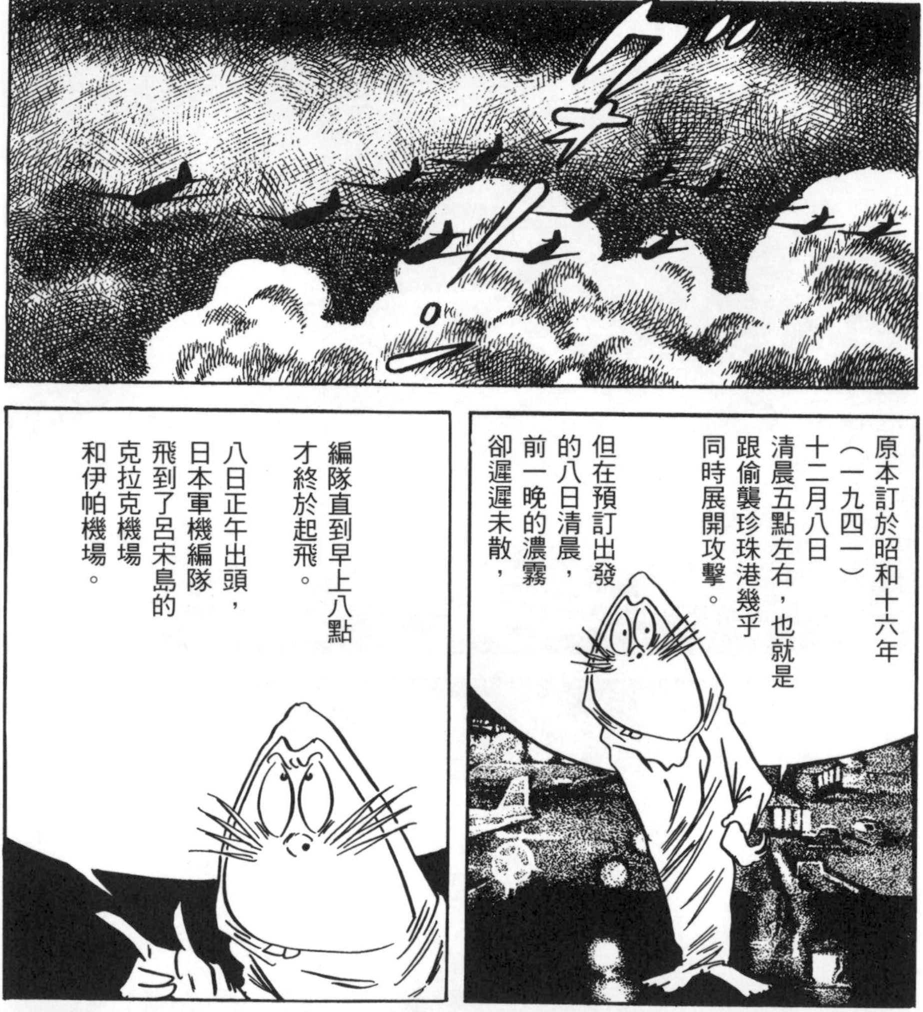

原本訂於昭和十六年（一九四一）十二月八日清晨五點左右，也就是跟偷襲珍珠港幾乎同時展開攻擊。
但在預訂出發的八日清晨，前一晚的濃霧卻遲遲未散，
編隊直到早上八點才終於起飛。
八日正午出頭，日本軍機編隊飛到了呂宋島的克拉克機場和伊帕機場。

＊砰砰砰砰

＊轟隆──
＊砰
兩座機場上的美國軍機接連遭受攻擊，根據日方發表的戰果，損失超過百機，駐菲美軍的空軍戰力就此減半。
ダダーン
ドドーン
隔天起的一週之內，日軍更反覆向其他機場、軍港展開空襲，
以確保制空權、制海權。
十二月二十二日晚間，第十四軍主力部隊進入了呂宋島林加延灣，美軍雖然加以反抗，
＊嗡──
グオーン
但制空權早已握在日軍手中，無法阻止敵方登陸。

第十四軍是由司令官
本間雅晴中將所指揮，
他性格溫厚謙遜，
是一位中學時代曾入選
報紙小說獎的文人。
他對戰爭始終抱持著理性
態度，因此深受部下愛戴。
當時他還不知道，
在菲律賓等待著他的，
竟是日後被稱為「悲劇將軍」的命運。

十二月
二十四日，
從奄美大島出發
的另一支部隊
在拉蒙灣登陸，
打算從南北兩路
夾擊馬尼拉。
另一方面，
美國遠東軍司令官
※麥克阿瑟則在同日
下令要求全體美軍
撤退至巴丹半島，

※「麥克阿瑟」（一八八〇～一九六四）……美國元帥。二戰爆發時擔任美國遠東軍總司令。戰後擔任駐日盟軍總司令，昭和二十六年（一九五一）遭杜魯門撤職歸國。

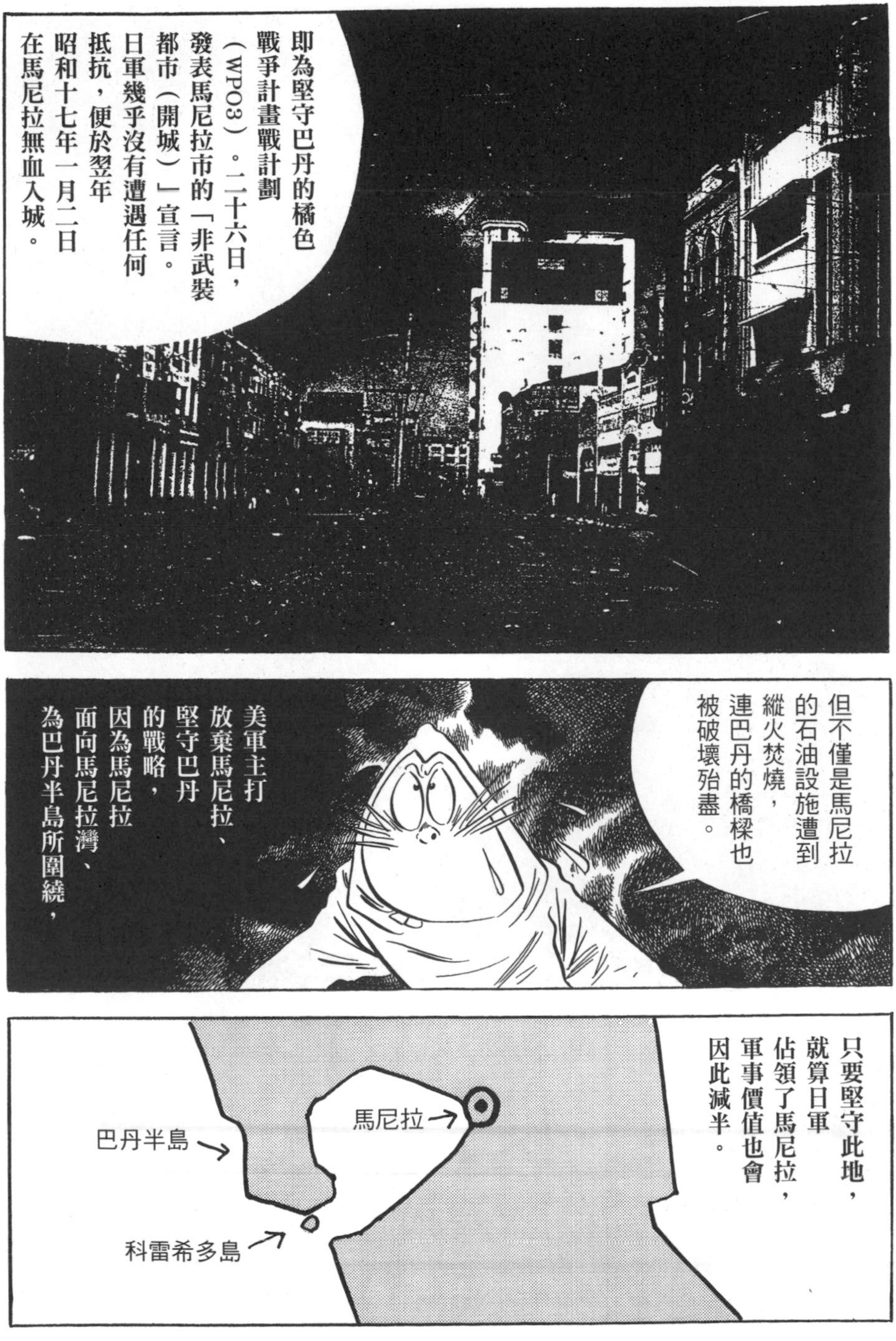
即為堅守巴丹的橘色戰爭計畫戰計劃（WPO3）。二十六日，發表馬尼拉市的「非武裝都市（開城）」宣言。日軍幾乎沒有遭遇任何抵抗，便於翌年昭和十七年一月二日在馬尼拉無血入城。
但不僅是馬尼拉的石油設施遭到縱火焚燒，連巴丹的橋樑也被破壞殆盡。
美軍主打放棄馬尼拉、堅守巴丹的戰略，因為馬尼拉面向馬尼拉灣、為巴丹半島所圍繞，
只要堅守此地，就算日軍佔領了馬尼拉，軍事價值也會因此減半。
馬尼拉
巴丹半島
科雷希多島

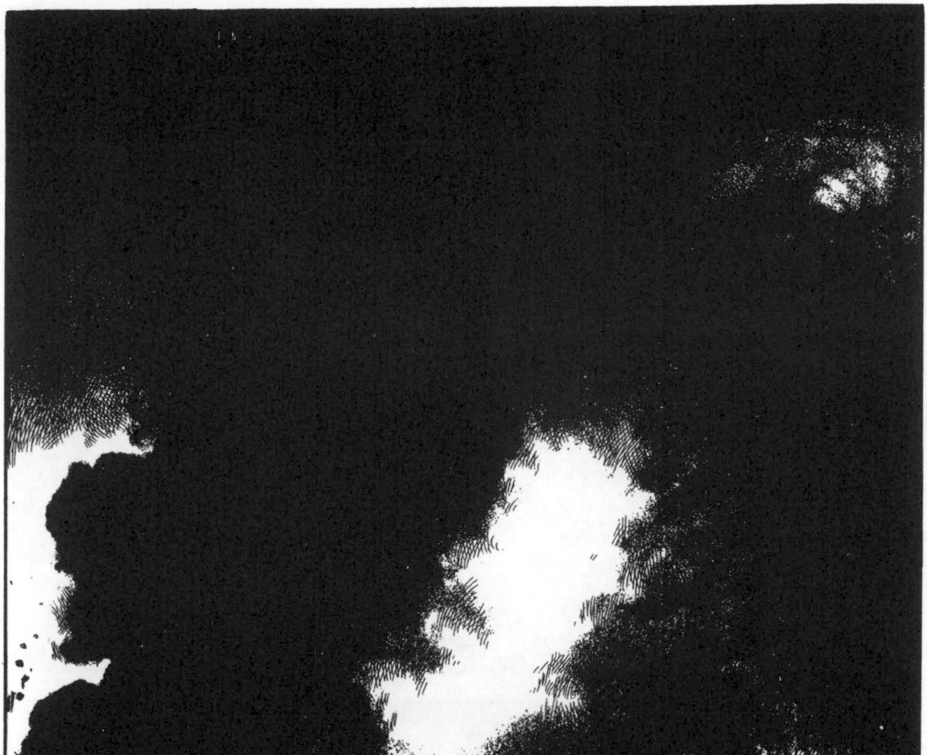

＊踏步聲

日軍將美軍的堅守作戰誤認為敗逃，將主力的四十八師團
轉調至荷印作戰，展開巴丹追擊作戰。
雖然在一月十日開始攻擊，卻接連遭遇苦戰。在敵軍包圍之下，受糧食不足、不熟悉地理環境所苦，瀕臨全滅的部隊接連出現。

二月十日，本間中將向參謀本部發出電報，要求中止巴丹攻擊，並請求援軍。不管是要求中止攻擊或請求援軍，對軍人來說都不是什麼光榮的事。但比起個人榮譽而言，他則選擇了最合理的判斷。何況主力部隊之所以會轉調至荷印，也是參謀本部的責任。
參謀本部則覺得，
本間太軟弱了。
他到底想不想打仗呀？
他的部下也有責任，就先更換部份幕僚，派出部隊前往增援，好重啟攻擊。
另外，

再由曾參與「新加坡攻略」、以強硬聞名的※辻政信，去擔任作戰指導。
沒錯，辻政信正是絕佳人選。
就訂於四月初重新展開攻擊。
把這項指令傳達給本間中將。
受糧食不足、瘧疾擴散所苦，巴丹半島的美軍也開始吃不消。而在美軍（一萬五千）和菲軍（六萬五千）之間，更產生了情感上的對立。

※「辻政信」（一九〇二～一九六八）……陸軍大佐。以陸軍參謀身份活躍於二戰期間。戰後為避免遭追究戰爭責任，沉潛海外。昭和三十六年（一九六一）在寮國旅行時，就此下落不明。

就在此時，
麥克阿瑟將軍
決定撤離戰場。
三月十一日，
住在巴丹半島前端
科雷希多島的要塞裡，
麥克阿瑟收到了
羅斯福總統的
撤離命令。

他將職務交給
溫萊特少將接手，
連同家族在內、
一共九人搭乘
魚雷艇逃離。
一行人途中在
民答那峨島停留，
跟晚一步逃脫的
菲律賓總統奎松會合，

＊嗡——

再由空路前往澳洲。麥克阿瑟留下了一句「I shall return」（我必當歸來），並將這句話轉告給巴丹將士。這是第二次世界大戰的名言之一。
但巴丹守軍的士氣仍然低迷。
總統跟司令官都棄我們於不顧了。
而且還被日軍給團團包圍。
四月三日，日軍重新展開攻擊。

＊噠噠噠

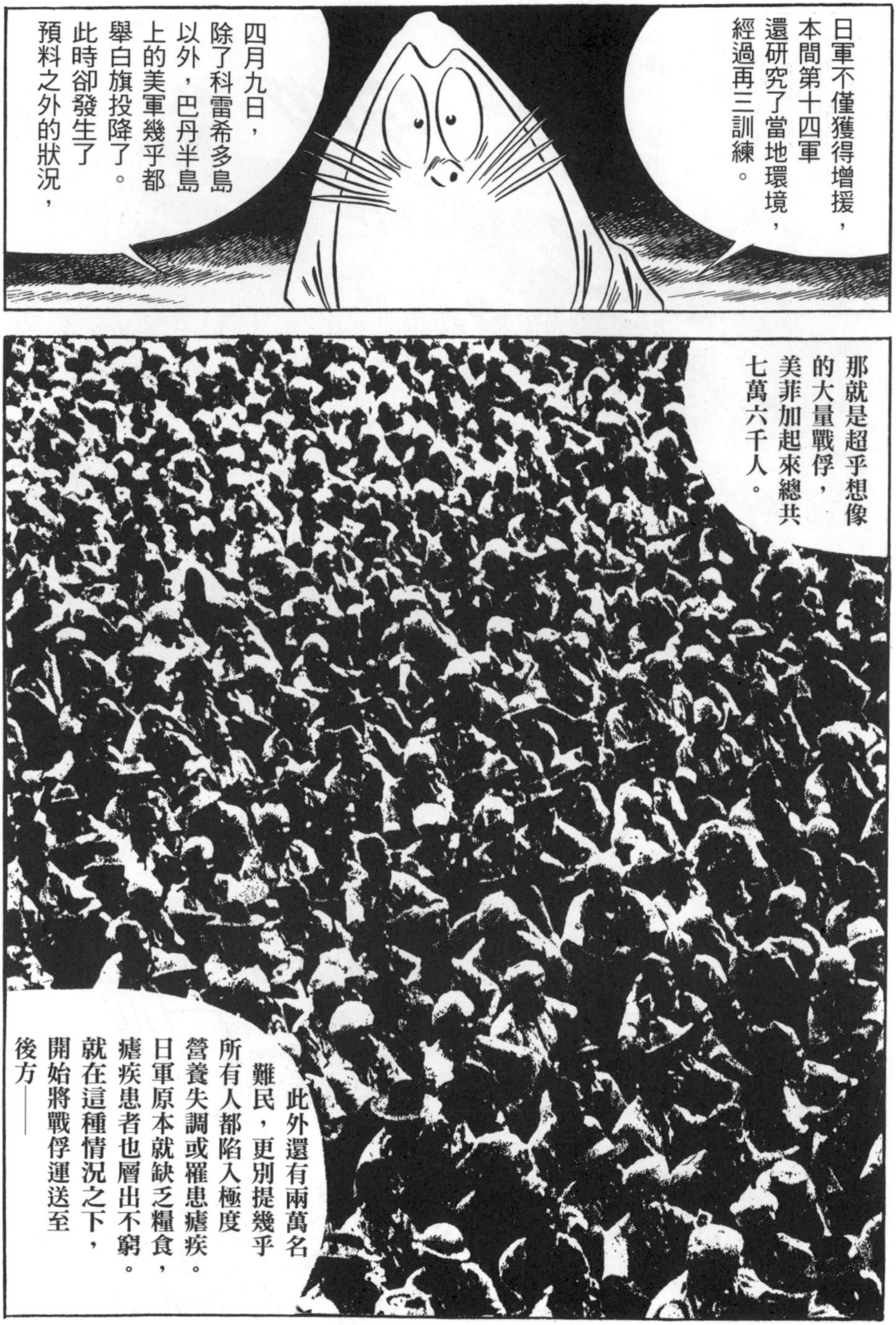
日軍不僅獲得增援，
本間第十四軍
還研究了當地環境，
經過再三訓練。
四月九日，
除了科雷希多島
以外，巴丹半島
上的美軍幾乎都
舉白旗投降了。
此時卻發生了
預料之外的狀況，
那就是超乎想像
的大量戰俘，
美菲加起來總共
七萬六千人。
此外還有兩萬名
難民，更別提幾乎
所有人都陷入極度
營養失調或罹患瘧疾。
日軍原本就缺乏糧食，
瘧疾患者也層出不窮。
就在這種情況之下，
開始將戰俘運送至
後方——

在熱帶地區的
初夏驕陽之下，
人們一一倒地，
即相傳死亡
人數高達五千的
「死亡行軍」。

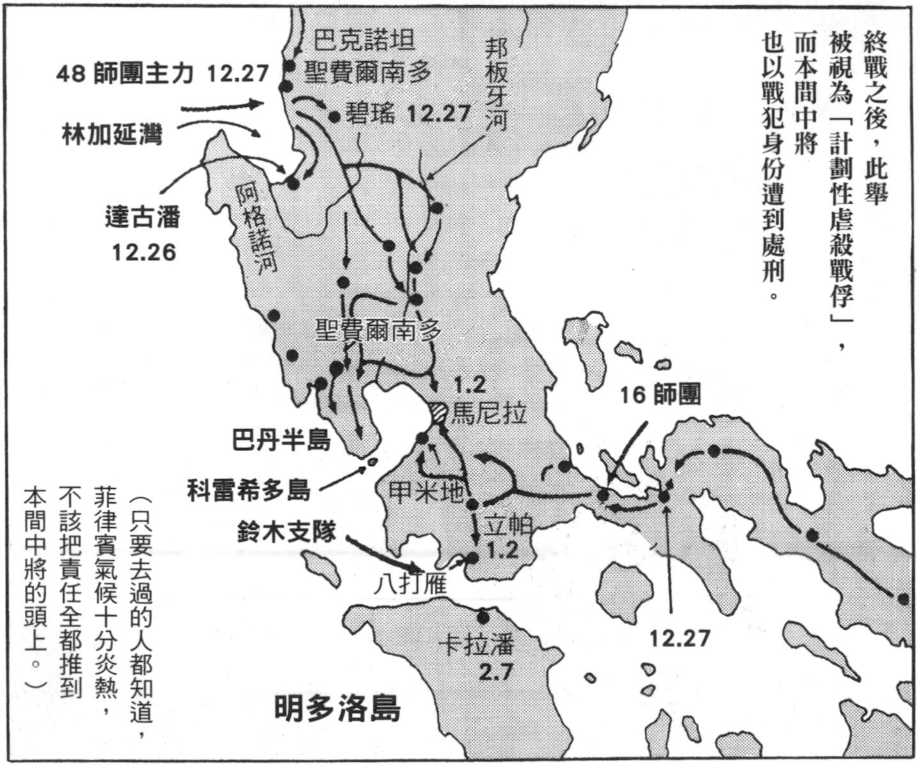
終戰之後，此舉
被視為「計劃性虐殺戰俘」，
而本間中將
也以戰犯身份遭到處刑。
巴克諾坦
48 師團主力 12.27
聖費爾南多
碧瑤 12.27
邦板牙河
林加延灣
達古潘
12.26
阿格諾河
聖費爾南多
1.2
馬尼拉
16 師團
巴丹半島
科雷希多島
甲米地
鈴木支隊
立帕
1.2
八打雁
卡拉潘
2.7
12.27
明多洛島
（只要去過的人都知道，
菲律賓氣候十分炎熱，
不該把責任全都推到
本間中將的頭上。）

在巴丹半島陷落的五天之後，日軍開始對科雷希多島進行砲擊。
在鋪天蓋地的砲擊之下，要塞主體遭到破壞。五月五日，日軍成功登陸，美軍也呈現敗相。
隔天六日，溫萊特投降。此外，
本間中將八月被編為預備役（即被開除）——被迫揹上延誤作戰的責任。

*轟隆——

第10章 關島、威克島攻略

彦一要來家裡，你去車站接他……
他不知道我們家在哪呀……
彦一是不是入伍了？
啊，叔叔，好久不見了。
他要去爪哇了。
去爪哇？你先進來吧。
因為我會說印尼語……
原來如此。
軍方正需要你呢。
何時出發？

就是明天。
明天！
這也太突然了吧。
宗平也正在館山砲術學校就讀。
砲術學校？
似乎在練高射砲呢。
是喔，這就辛苦了。
最近都買不到零食，真傷腦筋。爪哇就不一樣了吧？
那裡什麼都有。
我也想再去一次爪哇呢。
哈哈哈哈。
阿茂他呢…？
他整天遊手好閒，好像都在看書。
是喔——

在這種非常時期，還真少見。
嗯，就是說呀。
之前也舉辦過徵召調查，
但他也翹掉了。
這年頭，遊手好閒的年輕人已經很少見了。
你慢慢吃吧……
我也要吃。
がらっ
ガツガツ
*喀啦
*大口大口
阿茂真會吃呢。
もぐもぐ
還吃了兩人份……
*唏哩呼嚕

關於當時的心境，我們來請教水木老師。
打擾一下。
請談談入伍之前的生活……
這個嘛，當時不知為何，哲學書籍十分流行。
哲學？
沒錯，雖然在戰後就退燒了。
岩波出的書如果不事先預約，
就買不到。
為何想讀這麼艱深的東西……
不，道理很簡單。如果本能上知道自己兩、三年內必死無疑的話，管他再艱深都不是問題。

當時每個年輕人都這麼悲觀嗎？
不，雖然沒有在表面上顯露出來，但那就是所謂的生物本能吧。就連貓咪也會知道自己的死期。
是喔——
然後呢……
沒什麼然不然後……
正準備要盡情享受青春的時候……
誰能接受就這麼「死」了呢！
所以呢，
所以呢……
還是會希望不用整天膽戰心驚，可以安心而死。
因此老是在讀宗教書籍。
有找到答案嗎？
沒找到。
如果有特別在意的地方，就會反覆讀上好幾遍。

※「塞內卡」（約西元前五～後六五）……羅馬時代的斯多葛學派哲學家。曾任尼祿皇帝的導師。著有《論幸福生活》、《論憐憫》等。晚年觸怒尼祿，被迫自殺。

舉例來說……
新約聖經我就讀了五遍，倒背如流。
啊，所以日後在拉包爾，才會跟當地人聊聖經聊得很開心。
沒錯。
雖然也讀了佛經，卻找不到什麼重點。
哲學呢？
先讀哲學史，從中挑幾個看起來比較有趣的，再另外買書來讀。
不過哲學家這種玩意兒，每個人的主張都不同，實在緩不濟急。其中我比較喜歡的，
則是希臘斯多葛派哲學家※塞內卡，
所謂「仰賴偶然則永難安心。」
就如他所說的，我一向都很討厭偶然。
最後呢？
沒錯，最後出現的則是※歌德。
歌德。

※「歌德」（一七四九～一八三二）……德國詩人、作家。為德國古典主義的代表人物，同時也是歐洲啟蒙運動的領袖之一。著有《少年維特的煩惱》、《浮士德》等。

他不但好色，而且還很貪婪，
他當時跟寇塔這間德國出版社
索取了全歐洲最高的稿費，這點也很令人佩服。
而且他討厭哲學，對生物學倒頗有涉獵，還當上了大臣，
突然跑去義大利這點也很有趣。
正適合當我的典範。
雖然仍有不明白之處，總之還是全都讀完了。
即使在軍中也不例外。
沒錯。
愛克曼的《歌德談話錄》總共三冊，
我前後讀了七遍，全都背了下來。
直到現在都還記得。
原來如此，那就到此告一段落……
以上是水木老師回憶當時的心境……

接著，
戰爭展開了
關島、威克島攻略。
關島幾乎沒作出
任何抵抗，
輕輕鬆鬆就被攻陷了。
在十二月八日開戰當天，
首先展開空襲，
造成一定程度的打擊。
十二月
四日，
從小笠原母島
出發的
南海支隊，
在十日這一天
展開三方登陸，
當天攻佔全島，
擄獲
美國將士
三三〇人。

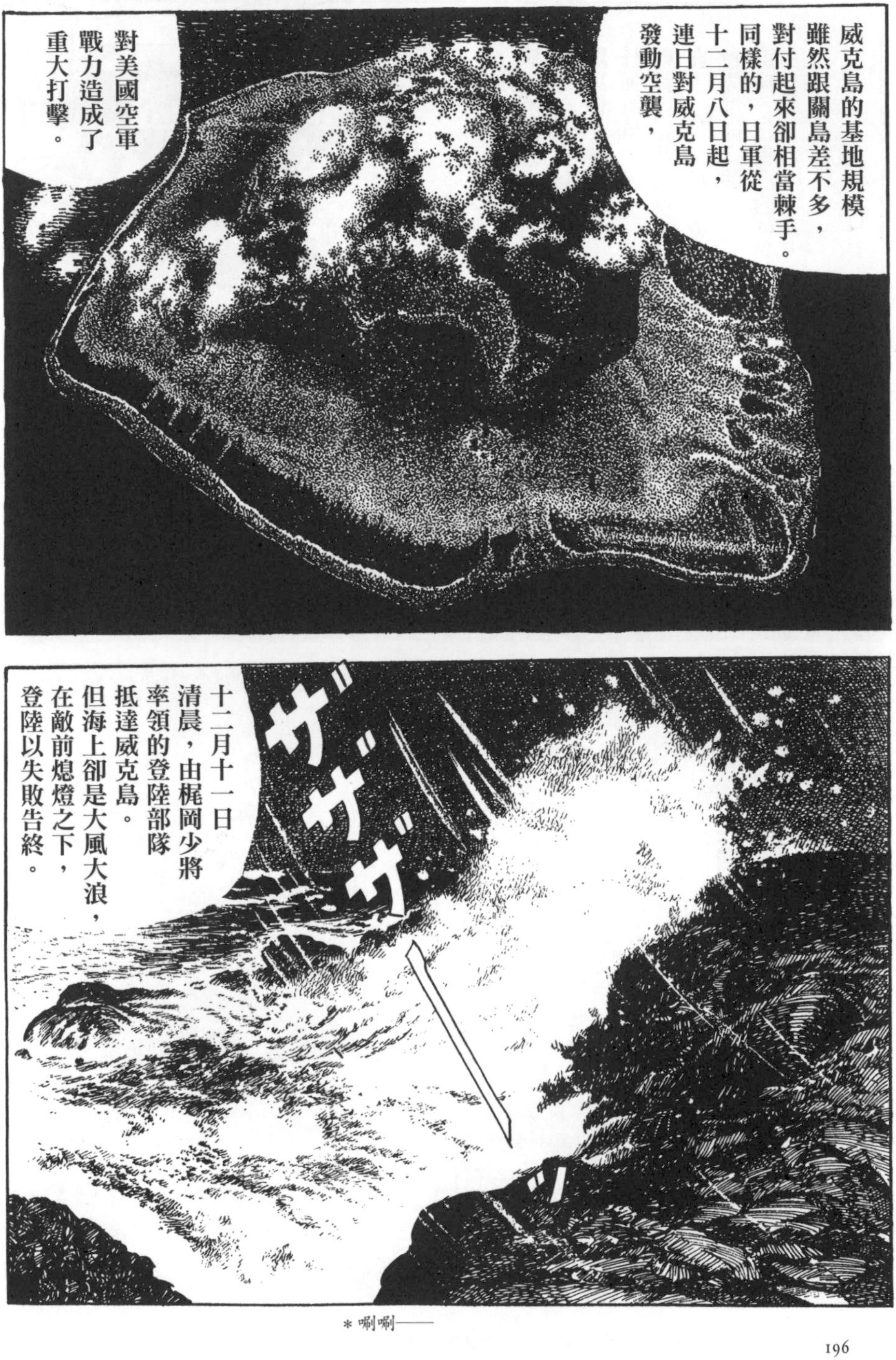
威克島的基地規模雖然跟關島差不多，對付起來卻相當棘手。
同樣的，日軍從十二月八日起，連日對威克島發動空襲，
對美國空軍戰力造成了重大打擊。
十二月十一日清晨，由梶岡少將率領的登陸部隊抵達威克島。但海上卻是大風大浪，在敵前熄燈之下，登陸以失敗告終。
ザザザ

＊唰唰——

部隊將目標改為在天亮之後登陸，並於清晨五點四十分展開艦砲射擊。砲彈命中了燃料槽，冒起濃濃的黑煙。因為天色已亮，於是…

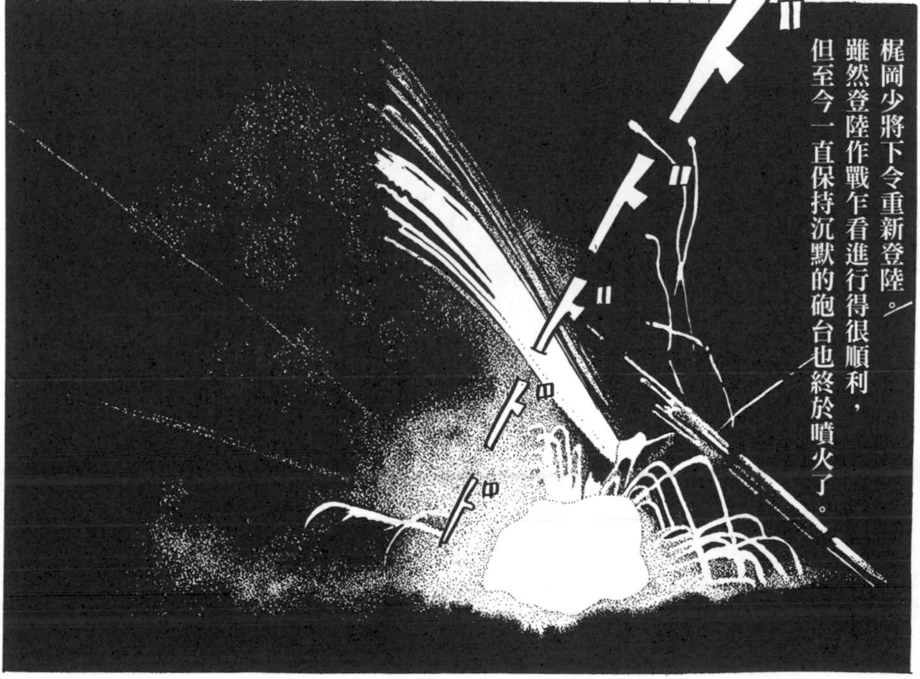
＊砰砰砰砰砰
梶岡少將下令重新登陸。
雖然登陸作戰乍看進行得很順利，
但至今一直保持沉默的砲台也終於噴火了。

*嗡——嗡——

同時，躲過日軍空襲的四架格拉曼也突然襲來，措手不及之下，日軍只能東逃西竄。

*轟轟轟轟

上午十點，放棄登陸。
どどどど

*嗶—嗶—

威克守衛隊每天都會向夏威夷報告狀況。
ピーピー
有沒有需要什麼？
「多派點日本兵過來。」
哈哈，這才稱得上是美國精神。
這句話令全美國民為之動容。
救救威克島吧！
美國出動第十四機動部隊前往馳援，航空母艦薩拉托加號、重巡三艘、驅逐艦九艘，從夏威夷啟航。

為了躲避潛艦魚雷，
航行起來不得不
左彎右拐，
儘管原本預計在
十二月二十三日
抵達威克島……

但在二十三日
這一天，
日軍也正好
展開了雪恥的
重新登陸戰。
此外，
偷襲完珍珠港
的機動部隊
也前來支援。

在預訂登陸的前兩天，都由艦載機上演著轟炸攻擊。
＊轟隆隆
＊嗡—
二十三日凌晨〇時，梶岡部隊
＊咻—
來到了威克島外海兩公里處。

＊轟隆—

這一晚驚濤駭浪，
暴雨不斷。
凌晨兩點，梶岡少將
判斷無法以小艇登陸，
於是派出兩艘巡邏艇
衝進海岸，吸引敵方砲火。
ドカーン
凌晨三點，
巡邏艇
衝入！

＊砰隆—

艦艇在槍林
彈雨之中
起火燃燒，
逼得士兵們
紛紛跳海。
登陸小艇
也不管三七
二十一，
開始從各方
進逼本島！

陸地上展開了凄慘的白刃戰。
＊咿呀—
＊嗚哇—
二十三日正午，戰鬥終於落幕，威克島也從此被改名為「大鳥島」直到終戰為止，日本國民都對第一次登陸失敗毫無所知。
好啦，在關島、威克島一一陷落之後，接下來的作戰就輕鬆多了。
昭和十七年（一九四二）一月十四日從關島出發的南海支隊，

在二十二日晚間，開始從新不列顛島拉包爾登陸，沒遇到什麼抵抗，就佔領了拉包爾。此後，拉包爾便成了日軍的據點。

新不列顛島隔壁的新愛爾蘭島也同時遭到佔領。
誰能想到，我在一、兩年之後就會被派駐此地……

＊嘩啦──嘩──

＊嘩──嘩啦──

第11章 荷印攻略

我為了參加徵兵體檢而回到鄉下。
啊——貓仔小安。
近來可好？
我是白鐵店的葫蘆仔。
好像今年就要入伍囉。
咦？這麼快。
真希望早日成為軍人，快點立下戰功呢。

當地十分盛行去神社參拜。
廣播和報紙上整天都在講什麼本居宣長、平田篤胤，不停忙著宣傳。
偶爾去學校一趟，騎兵中尉出身的漢文老師興奮得跟什麼一樣，
老是拿軍隊時代的事蹟來自誇。
英文老師變得抬不起頭來，※配屬將校則趾高氣昂，
就連校長都對配屬將校敬畏三分。

※「配屬將校」……自大正十四年（一九二五）起，為實施軍事教練指導，由陸軍配屬現役將校，至中學以上的學校機關。

新聞電台裡，每天都在播放戰勝消息和軍艦進行曲。
這次終於要進軍荷印（荷屬東印度，現為印尼）了，
彥一也差不多要……
哇哈哈，事情越來越有趣了——

＊哐啷哐啷、叮鈴、鏘鋃

荷印盛產石油，而對日本來說，這可是最重要的地下資源。此外，自本世紀開始，

脫離荷蘭三百年殖民統治獨立的聲浪也越來越大。無論表面或骨子裡，這兩點都跟「大東亞聖戰」一拍即合。

*噠噠 噠噠 噠

作戰以昭和十六年十二月十六日、川口支隊在婆羅洲北部美里登陸為始。此後，因為菲律賓、馬來作戰都很順利，在參謀本部的指示下，※今村均中將所指揮的第十六軍……
ダッダッ
ダッダッダッ
也登陸了荷印各島，作為爪哇攻略的前哨戰。
從一月打到三月，各方戰役終於落幕。
其中打得最漂亮的……

※「今村均」（一八八六～一九六八）……陸軍大將。二戰中擔任第十六軍司令官，進攻荷屬東印度。戰後遭澳大利亞軍事法庭判處十年有期徒刑。

＊嗡嗡——

正是傘兵部隊大顯
身手的巨港攻擊。
二月十四日上午十點，
由久米大佐指揮的九十名
精銳部隊在巨港機場著陸，
他們日後被稱為「空中神兵」。

由於著陸地點滿是密林濕地，
日軍在回收空投武器和集中
兵力上費了一番工夫，
但仍在白刃戰中殺出重圍，
交出勇猛無比的成績。

拜這場傘兵作戰之賜，才能在不傷及煉油廠的情況之下佔領成功。
全日本國民為了傘兵部隊的活躍而歡呼喝彩。
湛藍無比的天空中
……純白色薔薇的
瞧呀降落傘
空中……
……這首〈空中神兵〉（梅木三郎作詞、高木東六作曲）被廣為傳唱。
然而，要登陸爪哇本島，必須先打贏海戰才行。

爪哇周邊是由荷蘭海軍少將
杜爾曼率領的荷、英、美、澳四國
聯合艦隊所駐守。二月二十七日
下午四點出頭，由高木武雄
少將率領的日本艦隊逐步進逼，
跟四國聯合艦隊開始交戰。
＊砰隆——
ズドドーン

＊砰砰砰砰砰

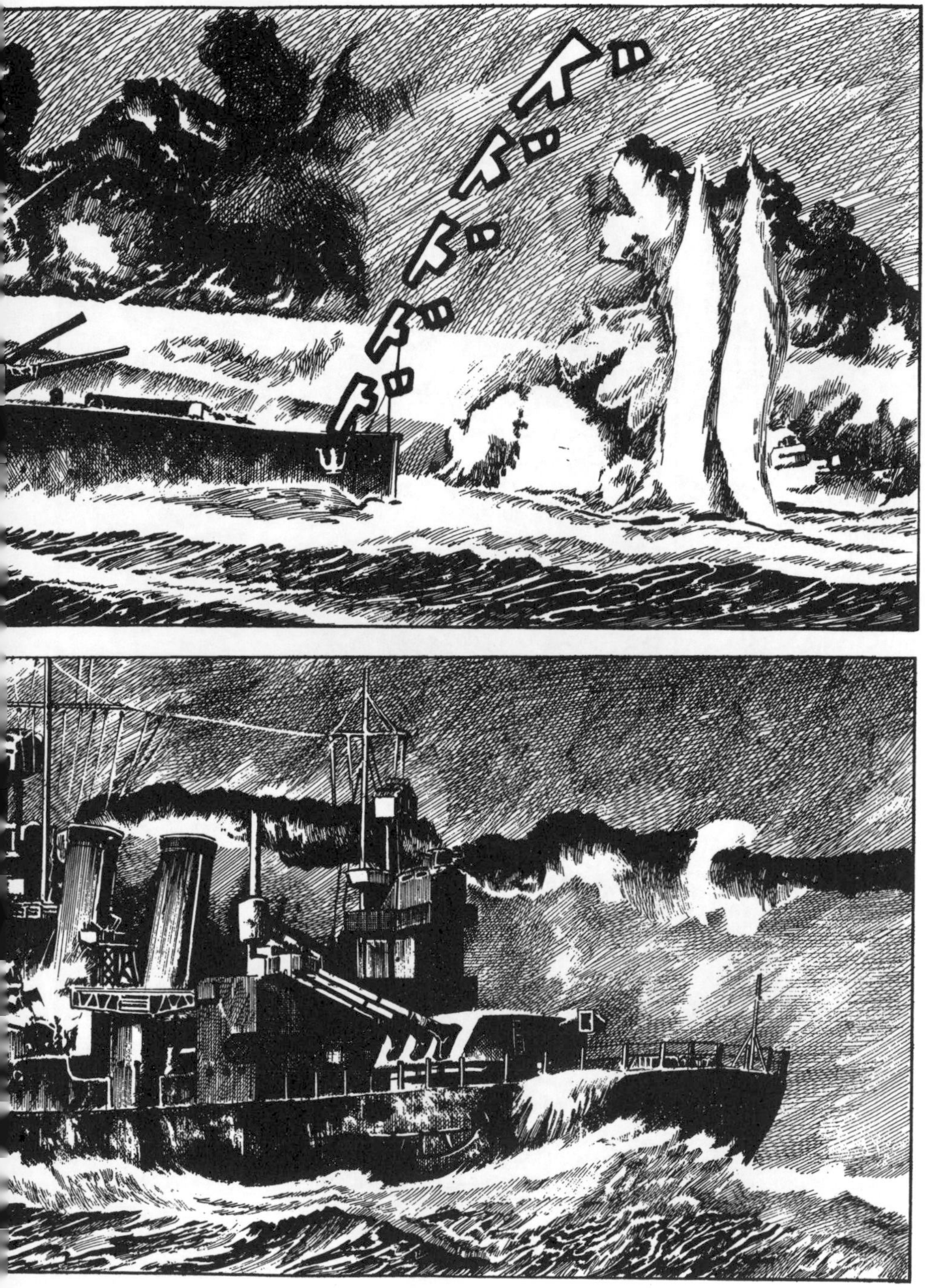

日軍佔得上風，杜爾曼艦隊則選擇退避。
入夜之後，雙方再度相遇交戰，而日軍
不僅擊沉了旗艦德魯伊特，其他戰果也
十分豐碩——此即為「泗水海戰」。

＊磅——

隔天二月二十八日，
四國聯合艦隊企圖逃往澳洲。
但晚間十點半，較晚出發
的艦隊被日軍逮個正著，
在遭受攻擊之後兩艦沉沒。

從深夜一路至隔天下午，又有三艘遭到擊沉——此即為「巴達維亞海戰」。
ドドドドドドドドドドドドド
＊噠噠噠噠噠噠噠噠
在這兩場海戰裡，總數十四艘的杜爾曼艦隊中，只有四艘美軍驅逐艦好不容易逃出生天。

另一方面，
登陸爪哇本島的行動
在二月二十六日晚間
開始——

在三方登島之後，
第十六軍更是一路
勢如破竹。
爪哇島聯合軍是由
荷軍兩萬五千、
英軍一萬、澳軍五千、
美軍一千、當地軍
四萬所組成，

日軍卻不到四萬人。但聯合軍內部缺乏統整，更別提住民都希望從荷蘭獨立。
D 2190

日軍因此深受住民歡迎，並得到他們的協助。三月九日，聯合軍投降。三月十日，日軍進佔萬隆。

此後，日軍沒有立刻允許印尼獨立⋯⋯但拜今村均中將認真負責的人格特質之賜，直到迎向終戰為止，當地的對日情感都不曾惡化。
今村中將日後晉升為大將，擔任拉包爾第八方面軍的司令長官。
昭和二十年（一九四五）八月十一日敗戰前夕，日本終於准許印尼獨立。
明明是該早一點放行比較好的呢⋯⋯
同年八月十七日，獨立運動領袖※蘇卡諾等人宣佈獨立。

※「蘇卡諾」（一九〇一～一九七〇）⋯⋯印尼政治家。印尼民族獨立運動領袖，為首任印尼總統。但日後因採取軍事獨裁而遭推翻，於一九六七年下台。

＊萬歲、萬歲——

從此時起，有越來越多人在車站前送軍人出征。
野達也君
而在我家前方，
載有軍馬、士兵的火車總是呼嘯而過。
阿茂，該去挖防空洞了。
嗯？防空洞？
另外，為了替※「燈火管制」作準備，從今天起，家裡都得貼上黑紙，
砂糖也改採配給制了。
這下完蛋了。

※「燈火管制」……二戰時為避免夜間空襲，須遮蔽燈火，或熄燈、或罩上黑布，以防止光線透出屋外。

我大吃一驚，跑去鎮上一看，零食店裡已經找不到零食，只剩下一堆空罐子了。
菓子店
不只零食，各式各樣的東西都從鎮上消失了。
啊，連麵包都沒了。
笨蛋，麵包早就改成配給制了。
不用多久，
在「奢侈是大敵」一類的口號之下，
就連電影，
甚至是寶塚歌劇都會染上軍國色彩。
宝塚

此時，日軍已進軍緬甸。
緬甸自十九世紀以來，便是英國的殖民地，
而西鄰的印度也同樣是英國殖民地。
自一九三〇年代以來，緬甸的反英獨立運動雖然更顯激烈，但運動領袖※翁山等人卻亡命日本，
在日軍鈴木大佐率領的南機關指導之下，反覆接受軍事訓練。

※「翁山」（一九一五～一九四七）……緬甸政治家。帶領緬甸獨立的軍事領袖。在脫離英國獨立前夕的一九四七年遭到暗殺。被緬甸人民尊稱為國父。

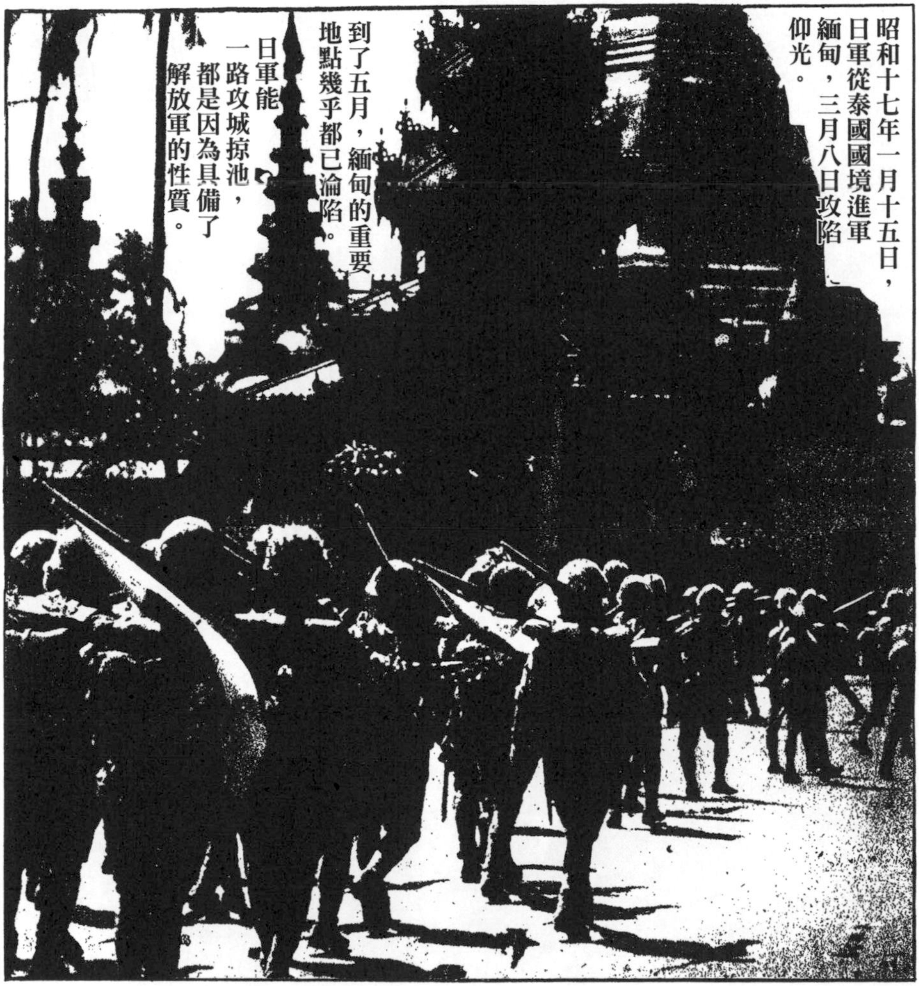
昭和十七年一月十五日，日軍從泰國國境進軍緬甸，三月八日攻陷仰光。
到了五月，緬甸的重要地點幾乎都已淪陷。
日軍能一路攻城掠池，都是因為具備了解放軍的性質。

昭和十八年（一九四三）八月，與翁山聯手行動的※巴莫被奉為首席，創建獨立政府。
這都要感謝日本人。

※「巴莫」（一八九三～一九七七）……緬甸政治家。獨立運動領袖。一九四三年，緬甸國在日軍協助之下成立，由巴莫出任總理。

＊砰砰砰砰砰

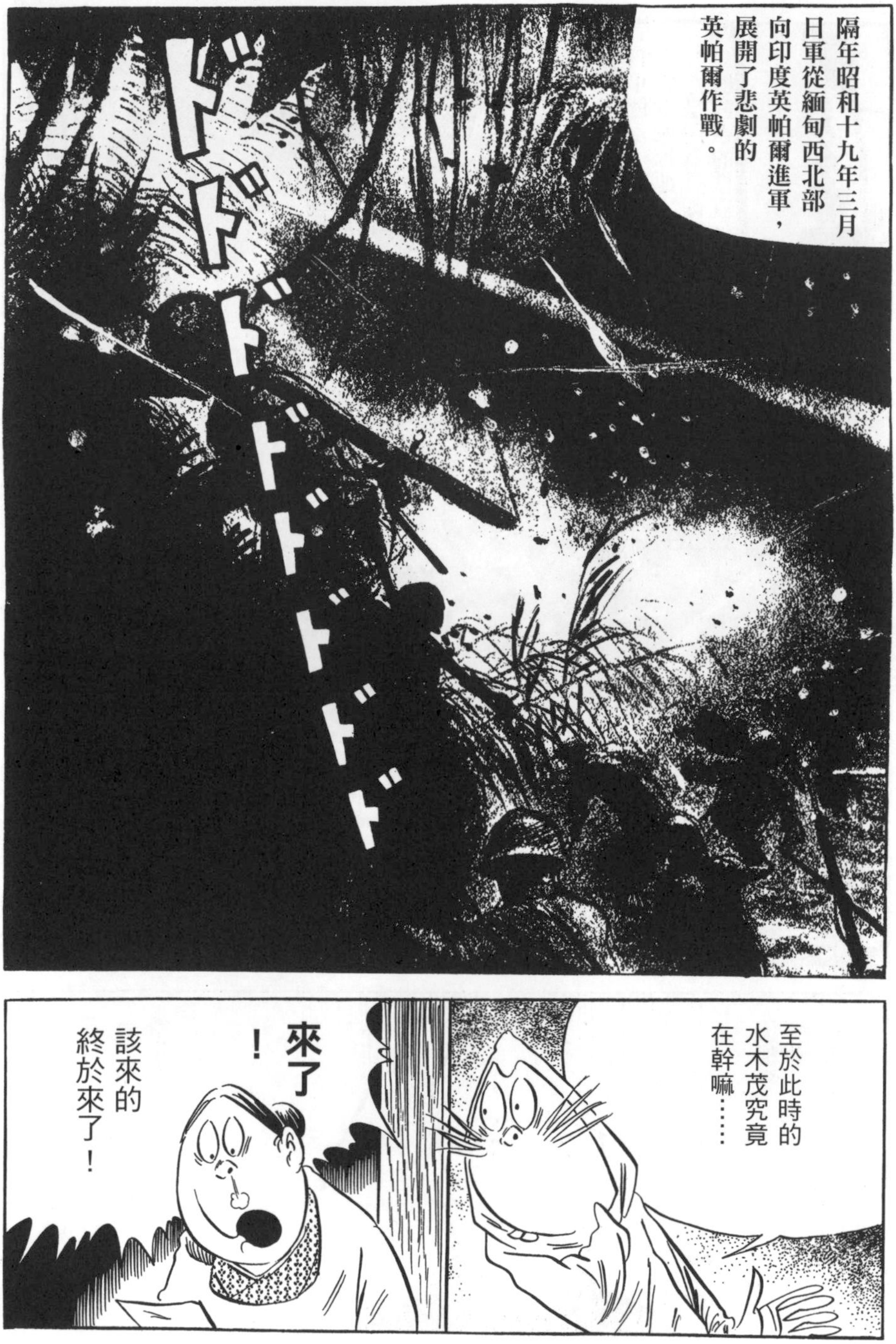
隔年昭和十九年三月日軍從緬甸西北部向印度英帕爾進軍，展開了悲劇的英帕爾作戰。
至於此時的水木茂究竟在幹嘛……
來了！
該來的終於來了！

第12章 召集令來了

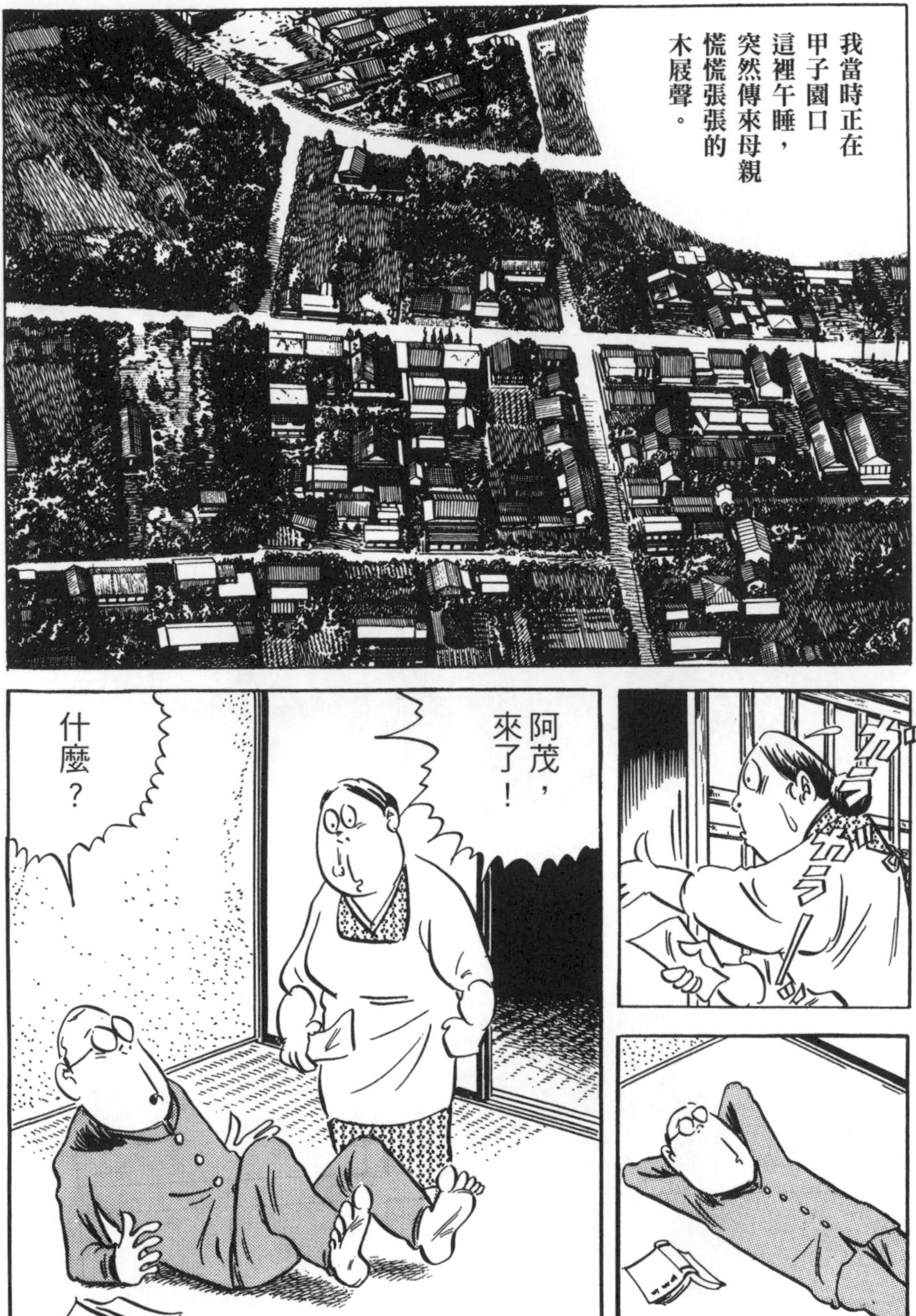
我當時正在甲子園口這裡午睡，突然傳來母親慌慌張張的木屐聲。
ガラガラ
阿茂，來了！
什麼？
*喀啦喀啦

你最愛的召集令來了！
這不是紅色的嗎？
所以才被稱為赤紙呀。
召集！
終於要上戰場了。
死亡！
一切都要結束了。

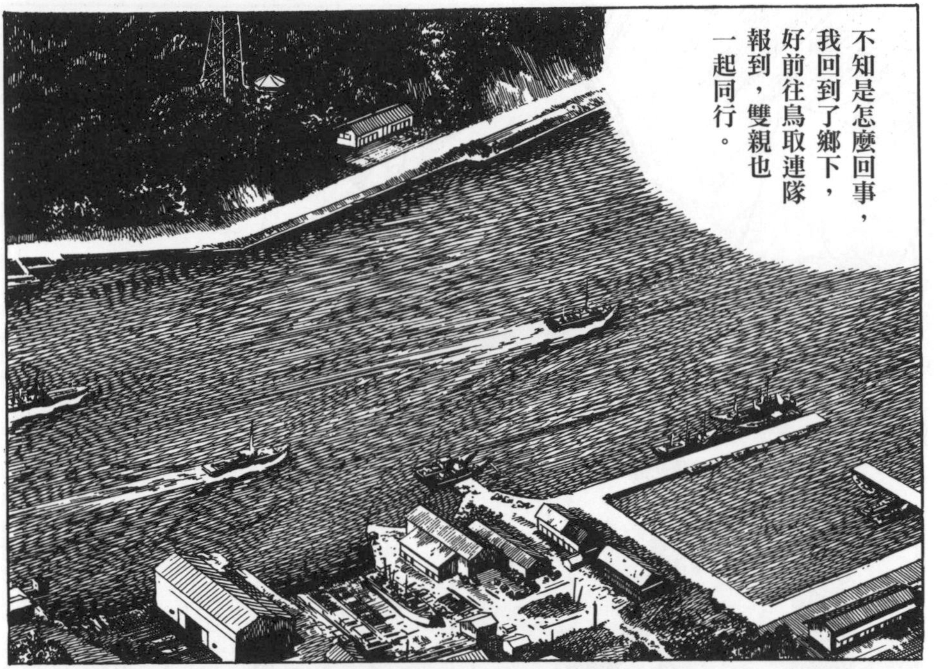
不知是怎麼回事，
我回到了鄉下，
好前往鳥取連隊
報到，雙親也
一起同行。

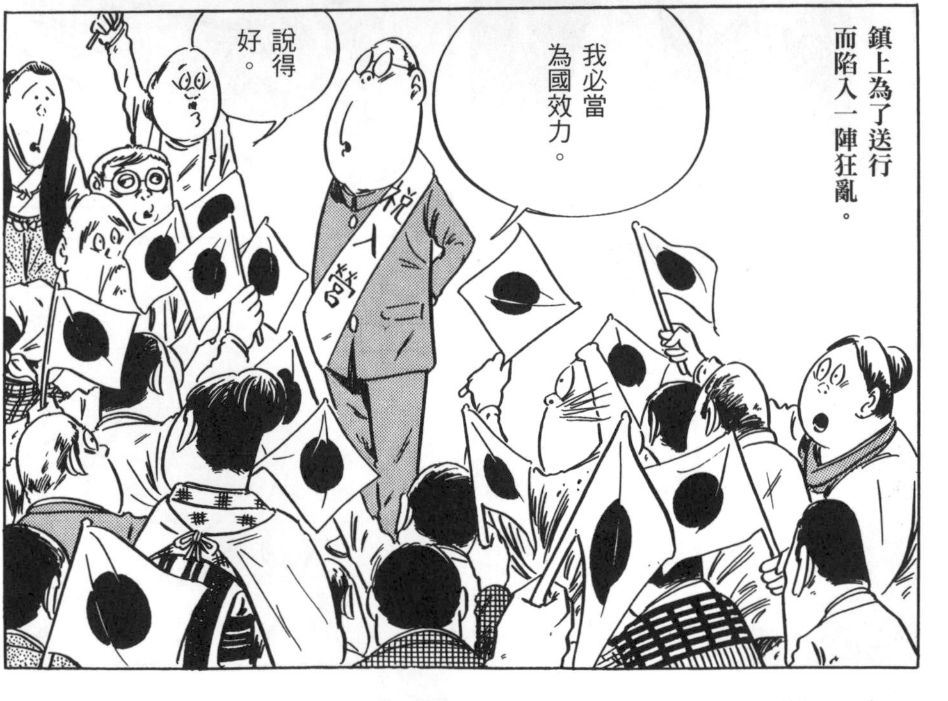
鎮上為了送行
而陷入一陣狂亂。
我必當
為國效力。
說得
好。

＊萬歲——

＊萬歲、萬歲

*嗚—

我搭乘火車前往鳥取報到。
ボー!!ッ
一開始的兩三天，
還對我特別親切。
跟人們口中的軍隊不太一樣呢……
什麼？洗澡……
這樣也不壞呢。
カラン
コロン

*喀啦 叩隆

啊，上等兵還幫我把木屐排好呢，哈哈哈（其實這裡是軍官用的澡堂）。
軍隊居然是這麼好的地方，我作夢也沒想到……
*喀啦叩隆

正好有個老兵在擦鞋，我就問他…
軍隊真是個好地方呢。
？
你不這麼覺得嗎？
盯——
過一陣子，
應該就會開始了吧，嘻嘻嘻嘻。
什麼東西會開始呀？
哈哈哈哈哈哈。

好像是為了避免一開始就鬧逃兵，所以才會循序漸進地欺負新人。
沒多久，就跟老兵所說的一樣，「過一陣子就會開始」的東西終於開始了！
＊啪啪啪啪啪—
而且不知為何，我總是最常挨揍。
混帳王八蛋
ビビビビビビー
就是因為「不痛不癢」、這種挨了揍也一副漫不在乎的表情，才會惹人生氣吧。

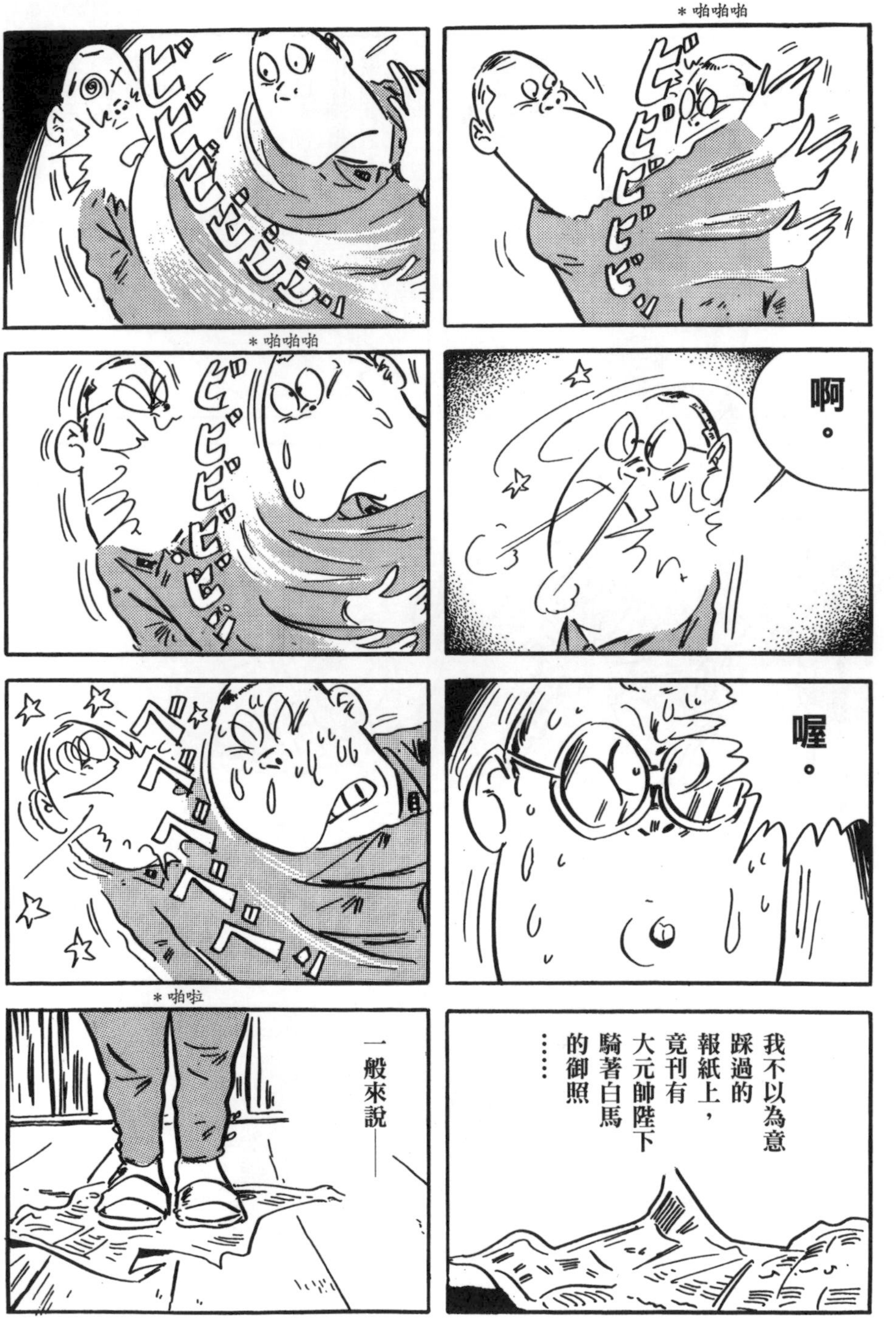

＊啪啪啪
＊啪啪啪
啊。
喔。
我不以為意踩過的報紙上，竟刊有大元帥陛下騎著白馬的御照……
一般來說——
＊啪啦

都會有個叫作御尊影箱的東西，用來把照片收在裡頭……
我一發楞沒注意到，
就被視為不忠者。
對不起。
你以為道歉就沒事了嗎？啊？
把槍拿過來。
是。
上面都積滿了灰塵嘛。

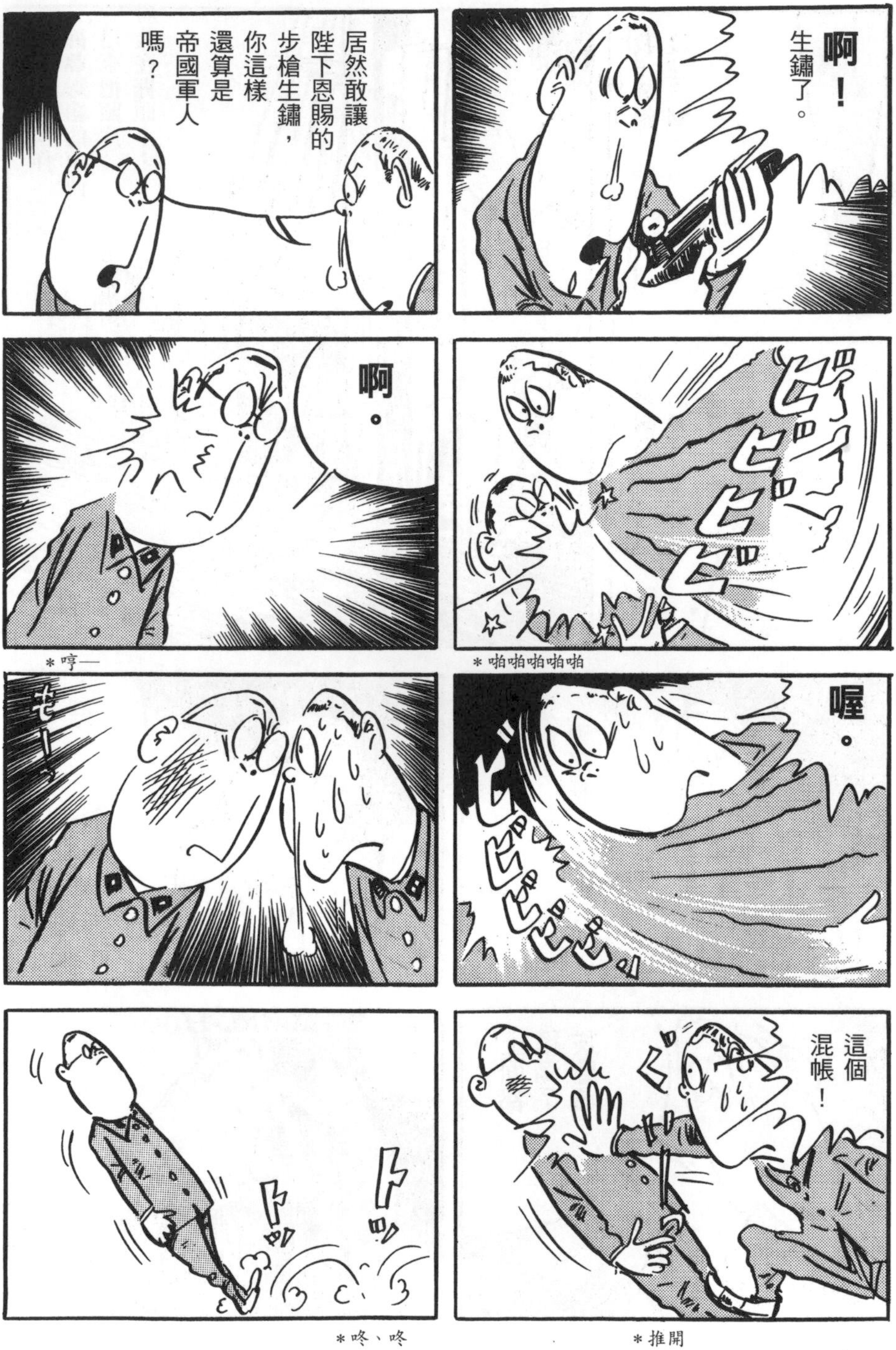
啊！
生鏽了。
居然敢讓陛下恩賜的步槍生鏽，你這樣還算是帝國軍人嗎？
啊。
喔。
這個混帳！

＊啪啪啪啪啪　＊哼—

＊推開　＊咚、咚

*碰—咚—
*咚、咚、咚
老兵大人，感謝你的忠告。
喂。
嗯。
嗯什麼嗯。
把陛下賜槍搞到生鏽，你還想吃飯嗎？給我舉槍罰站。
是！

此時，
因為達到了
超乎想像的戰果，
東條首相的心情
顯得十分愉快。
不，不只是首相，
全體國民都變得
有點不太對勁了。
在戰捷慶祝大會上，
海軍報導部課長
平出上佐說……
西至倫敦
上演入城式，
東至紐約
舉辦※觀艦式，
將成為
我國最後的
戰捷慶祝會。
此外，第二航空
戰隊司令官
山口多門
少將，
則將意見書
寄到了
軍方司令部。

※「觀艦式」……為海軍的閱兵儀式，由國家元首等親自參加、展示國家軍力。

內容寫道，
第二段作戰：
「昭和十七年
五月中旬」
錫蘭、
加爾各答、
孟買攻擊。
（皆位於印度）
「七月末」
斐濟、
薩摩亞、
新喀里多尼亞、
澳洲攻擊。
（皆位於
南太平洋）
接著寫到
第三段作戰，
在第一期的部份，
阿留申群島攻擊、
中途島攻擊、
夏威夷攻擊。
＊碰隆 碰隆
第三段作戰
還分成第二期，
更是精彩。
ゴトン
ゴトン
ガーッ
＊軋—
一、跟德國聯手，
封鎖南北美洲。
二、破壞巴拿馬運河。
三、佔領加州
油田地帶。
四、以基地航空部隊
進軍加州，
攻擊美國全境！
多麼豪情萬丈
的構想。
因為內容實在
太過壯大，
參謀本部也大吃一驚，
沒有付諸實行。
而當時的
日本國民
就是抱持著
相似的心情…

＊嗡—
此時，大哥在館山砲術學校習得高射砲，升上海軍少尉，並搭乘※「一式陸攻」前往新幾內亞。
※「一式陸攻」……「一式陸上攻擊機」的略稱。為日本在太平洋戰爭中的主力攻擊機。
比起坦克兵，當海軍會比較好嗎？
對呀，當海軍比較好。
阿茂說，我們週一可以去懇親……
什麼？
在鳥取連隊懇親？那不去可不行。

第13章　杜立德東京空襲

當時，首相常常去工廠、學校或家庭視察。
據說他很愛視察，還喜歡翻庶民的垃圾桶來看，因此深受歡迎。
嗯，魚骨頭……不過，
上頭仍殘有一點魚肉，
多嚼兩口還能吃。

唉，真浪費……
嗯。
這個垃圾桶……裡頭什麼都不剩……
看來是連蘿蔔葉和魚骨頭都吃得乾乾淨淨……
真是國民的典範！
閣下。

身為大日本帝國的總理大臣居然在翻垃圾桶，還亂拍路人肩膀，建議您別再這麼做了……
我不要！
若這樣毫無防備，萬一閣下遇上什麼不測……
我自有分寸，蠢蛋。
首相之所以展開這趟視察……是為了檢查國民在物資配給時，有沒有獲得公正待遇……
不過這種視察實在太少見了，才會轟動一時。
啊，這條骨頭是我的午餐。

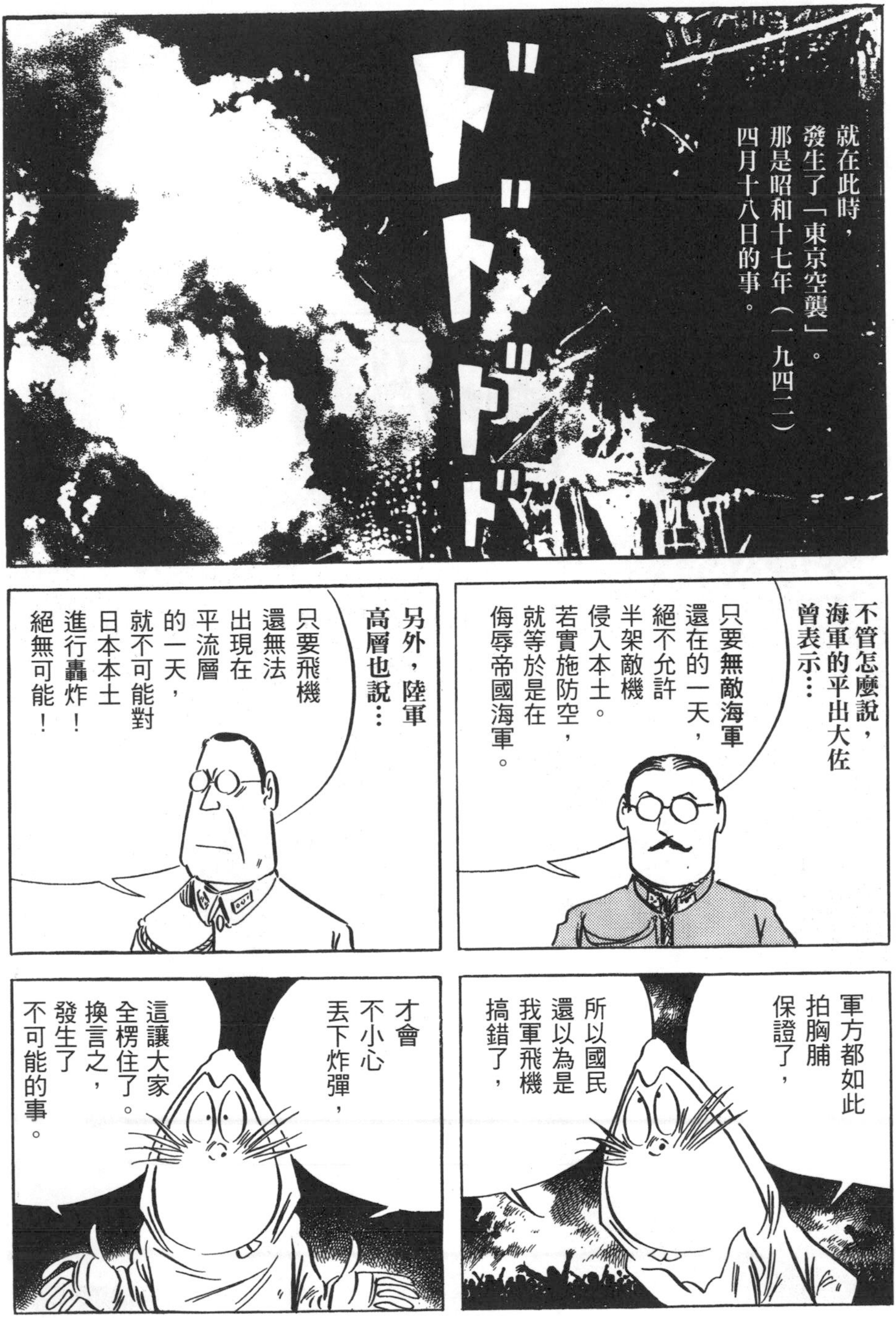
就在此時，發生了「東京空襲」。那是昭和十七年（一九四二）四月十八日的事。
不管怎麼說，海軍的平出大佐曾表示……
只要無敵海軍還在的一天，絕不允許半架敵機侵入本土。若實施防空，就等於是在侮辱帝國海軍。
另外，陸軍高層也說……
只要飛機還無法出現在平流層的一天，就不可能對日本本土進行轟炸！絕無可能！
軍方都如此拍胸脯保證了，
所以國民還以為是我軍飛機搞錯了，
才會不小心丟下炸彈，
這讓大家全楞住了。換言之，發生了不可能的事。

東京空襲的計劃維持高度機密，
就連從舊金山出港時，都沒告訴隊員真正的目標。
黃蜂號航母上載著由杜立德中校率領的十六機，
帶著重巡二艘、驅逐艦四艘、運油船一艘前往夏威夷，在海上和以企業號航母作為旗艦、
由海爾賽中將率領的第十六機動部隊會合，一路朝東京前進。
在日本近海戒備的海軍巡邏艇日東丸（中村兵曹長）發出了緊急電報。

＊嗶嗶嗶嗶嗶嗶

發現敵軍航母，地點在犬吠崎東方六百英哩！
收到電報之後，聯合艦隊向航空戰隊發佈了攻擊命令，同時下令第一航空艦隊立刻趕往現場。
不過，第一航空艦隊此時正在台灣海峽北上，實在趕不過去。

*噠噠噠噠 噠噠噠

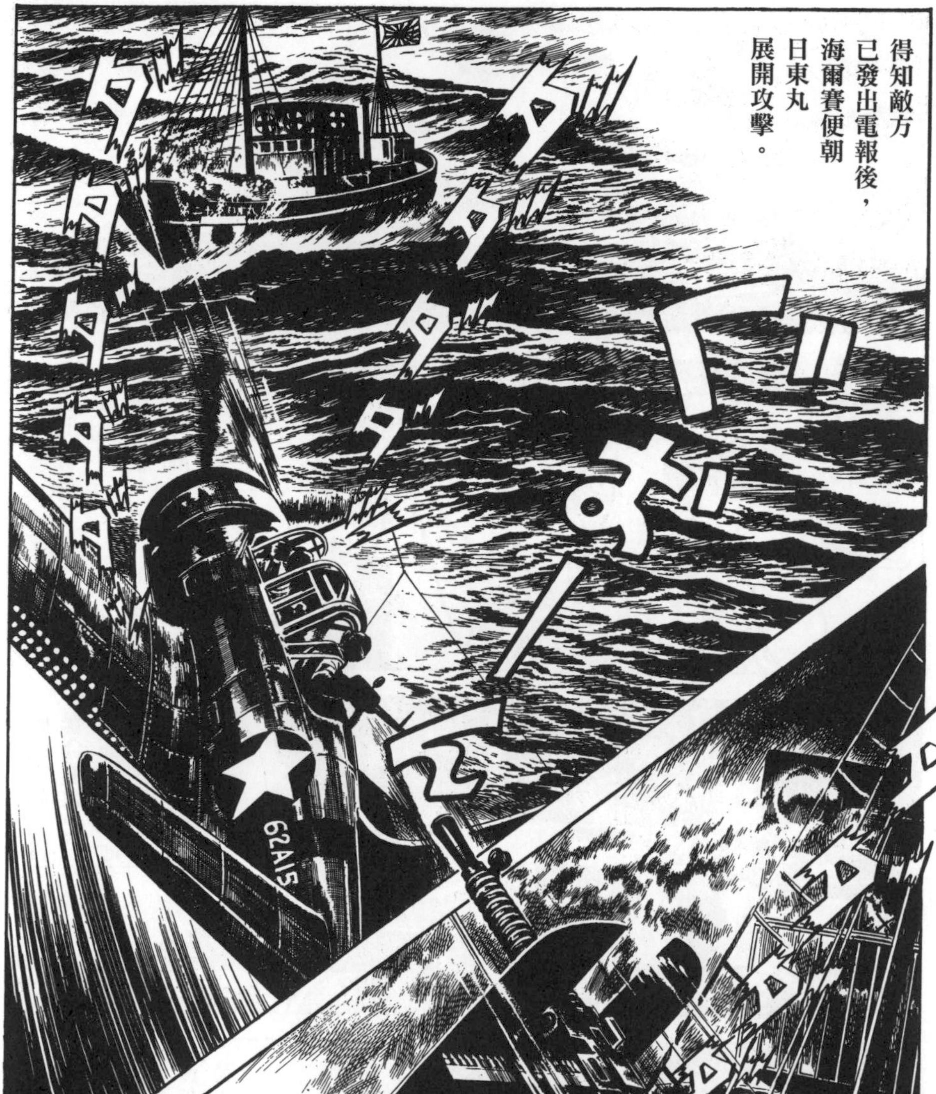
得知敵方已發出電報後，海爾賽便朝日東丸展開攻擊。

*轟——

*噠噠噠噠

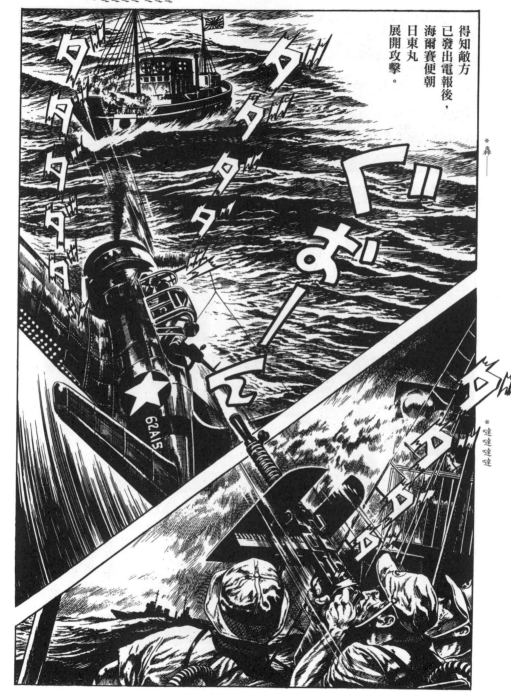

＊砰隆——
ドカーン
儘管日東丸奮力一戰，
但沒多久便遭到擊沉。
海爾賽判斷己方已被
日軍發現，於是變更計劃，
下令所有飛機立刻起飛。
杜立德小隊接連轟炸了東京、川崎、橫須賀、名古屋神戶等城市，又如神出鬼沒的妖怪一般離去。
＊嗡——
在杜立德小隊的十六機中，有十五機在中國大陸降落。
杜立德小隊執行的這場東京空襲，大大提振了美國人民的士氣。

同時也促使了
日本發動
中途島海戰。
就在此時，我每天都在挨揍。
不知道該說是我學得慢，還是漫不在乎，
又或者是根本沒放在心上，
所以才會每天都被賞巴掌。
但其他士兵
也同樣叫苦連天，
連隊上一共
出現了
三名逃兵。
不知連隊長
是不是深感內疚，
才會將當時
就連陸軍大將
都很難吃得到的
鳳梨罐頭，

發給新兵大快朵頤。
嗚哇，是鳳梨罐頭！
就連外頭都很少見的珍品！
食慾旺盛的我感到興奮無比。正當我準備大飽口福時，老兵卻在身旁晃來晃去，實在有夠煩人。
對了，去曬衣場吧。
其他新兵都很機警，早就溜得不見蹤影，內務班半個人也不剩。
喔喔，鳳梨！

＊噔噔噔噔噔

啊，我沒有開罐器！
如果現在回班上的話，一定會被老兵找麻煩！
うぐっ
我竟光憑姆指之力，就在罐頭上開了一個洞。
全是拜強烈的食慾之賜，我才能使出這一招，簡直跟超能力沒什麼兩樣。
ムシャ ムシャ
因為當時曾經成功過，我在復員之後想起了這件事，試圖用指力來打開罐頭，卻以失敗告終……

*呃啊

*啪嚓

*唏哩呼嚕

第14章 珊瑚海海戰

此時，美軍
也正準備反攻。
美軍從日軍
沉船中回收了
密碼表，
拼命打探
日本的行動，

於是
演變成了
珊瑚海
海戰。

昭和十七年
（一九四二）五月，
日軍佔領拉包爾後，
打算繼續攻下
圖拉吉島、莫士比港。

日軍無血
佔領了圖拉
吉島，卻在五月
四日遭受航母
列星頓號艦載
機的空襲。

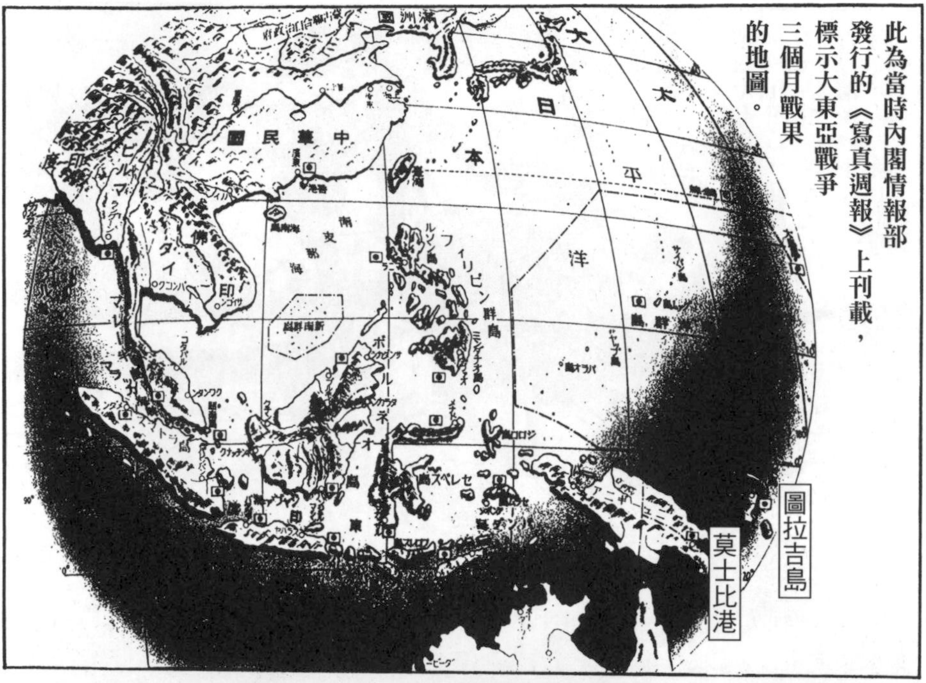
此為當時內閣情報部發行的《寫真週報》上刊載，標示大東亞戰爭三個月戰果的地圖。
圖拉吉島
莫士比港

七日，在莫士比港攻略部隊和美軍機動部隊之間，爆發了大規模的海空戰。

＊噠噠噠噠達噠

＊砰砰砰砰砰

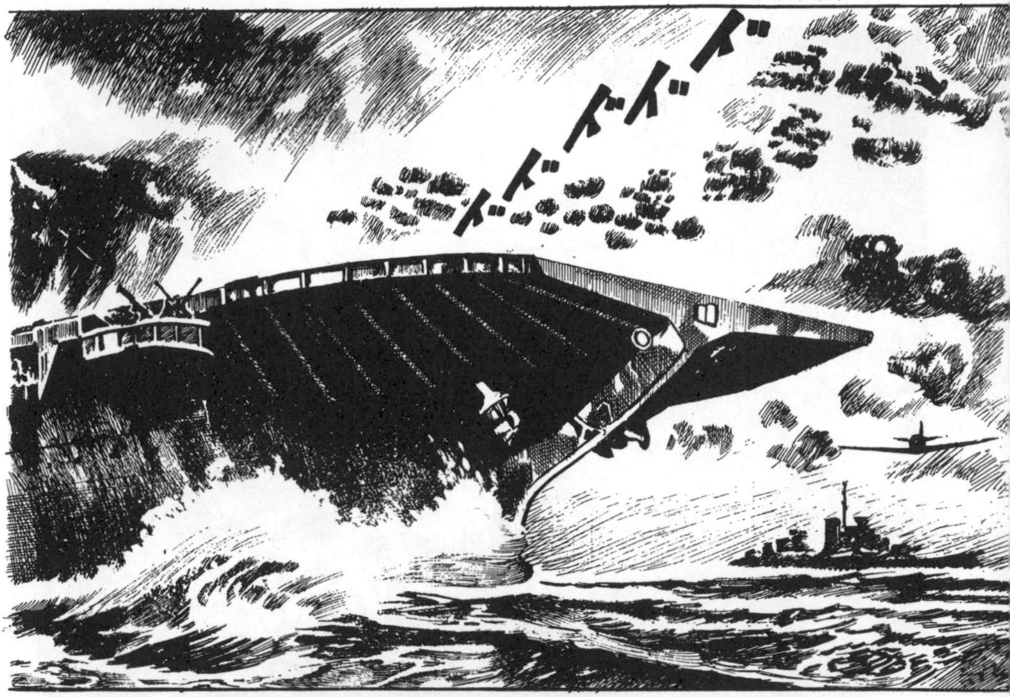

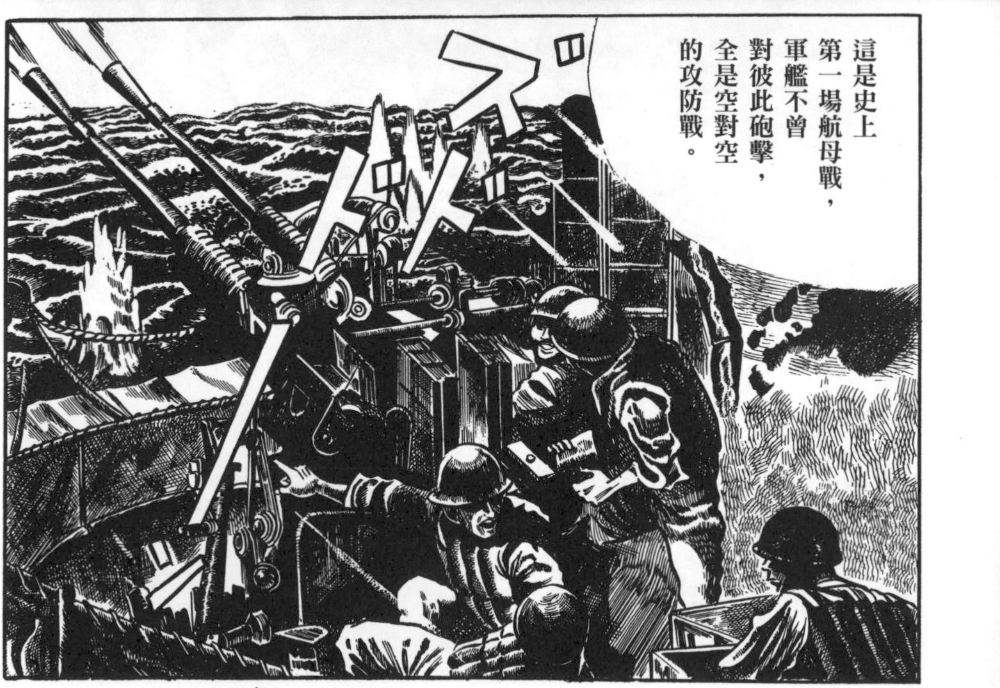
這是史上第一場航母戰，軍艦不曾對彼此砲擊，全是空對空的攻防戰。

＊轟隆—

*砰砰砰砰砰

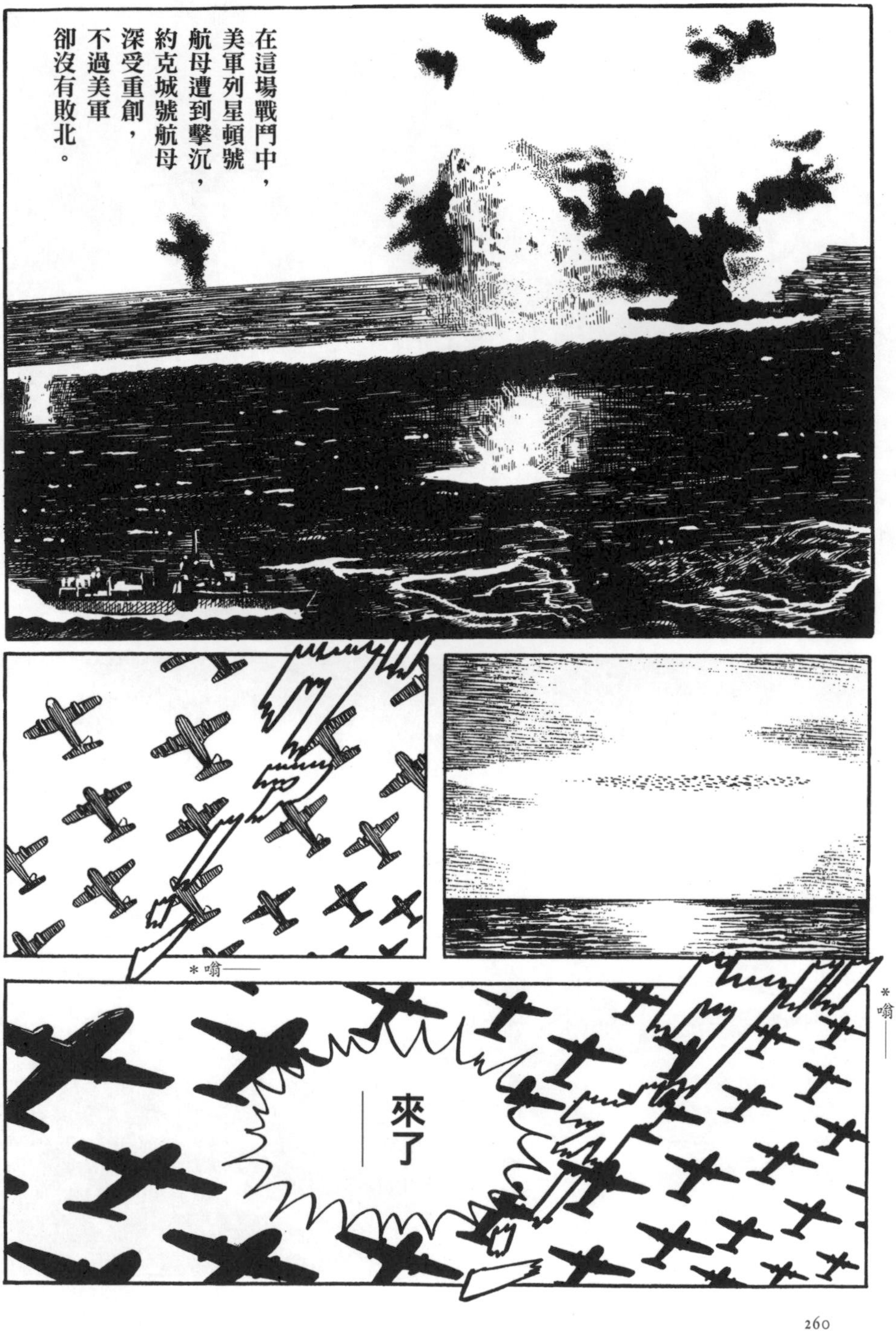
在這場戰鬥中，美軍列星頓號航母遭到擊沉，約克城號航母深受重創，不過美軍卻沒有敗北。
*嗡——
*嗡——
—來了—

＊轟隆——

日本航母
祥鳳沉沒、
翔賀重創，
日軍雖然
佔得上風，
莫士比港
攻略卻
不得不
延期。
這場戰役
以平手收場
…一般都是
這麼認為
……

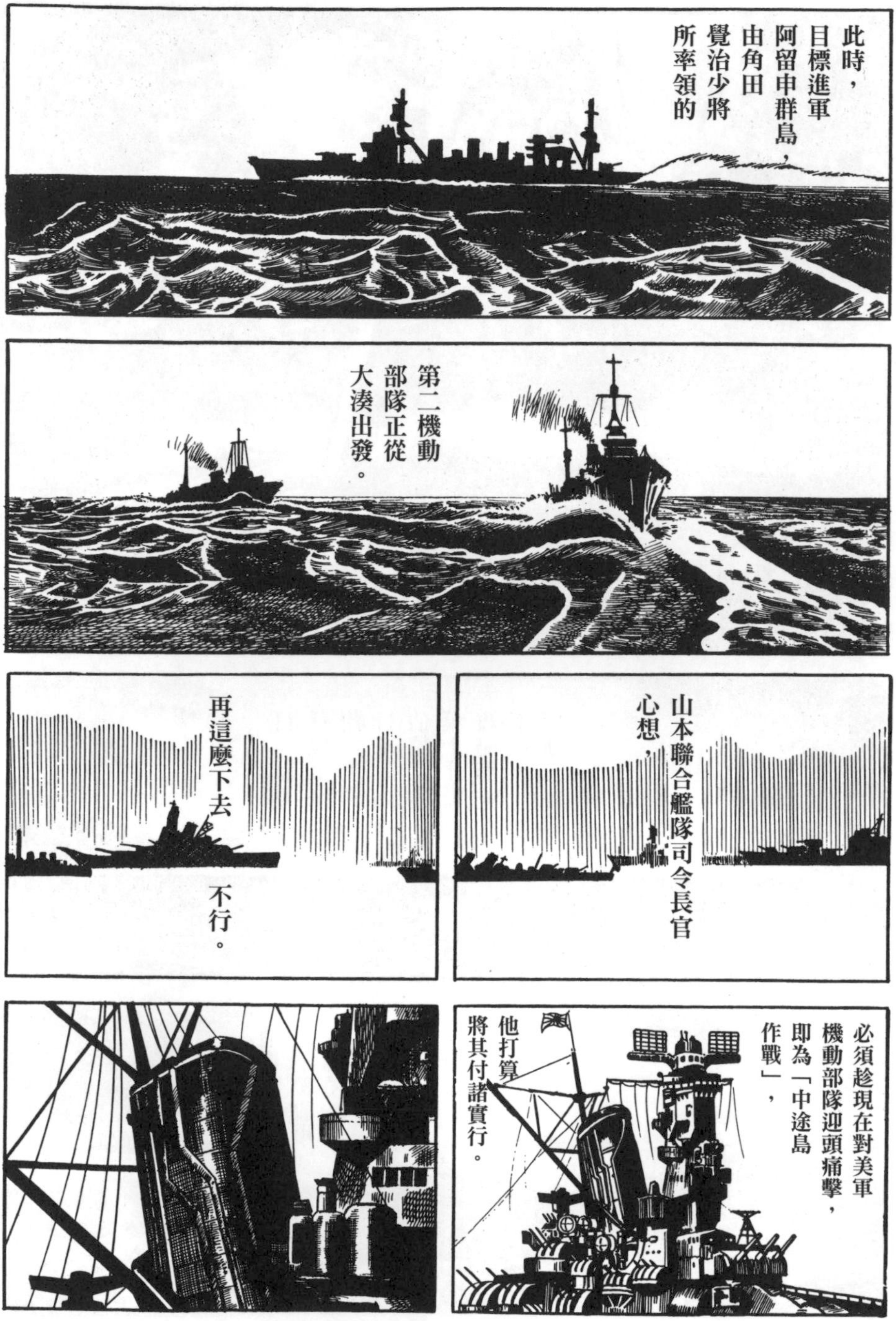
此時，目標進軍阿留申群島，由角田覺治少將所率領的
第二機動部隊正從大湊出發。
山本聯合艦隊司令長官心想，
再這麼下去
不行。
必須趁現在對美軍機動部隊迎頭痛擊，即為「中途島作戰」，
他打算將其付諸實行。

第15章 枕之魚

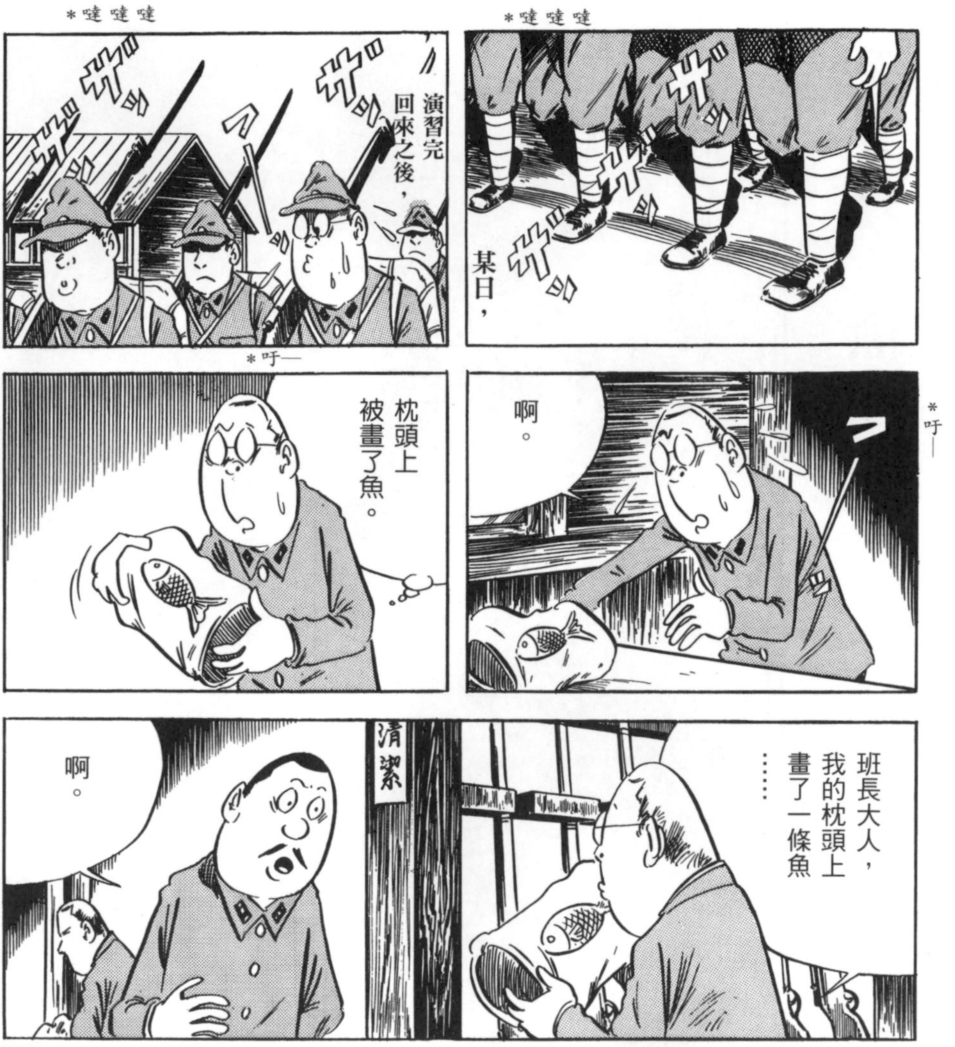
＊噠 噠 噠
某日，
＊噠 噠 噠
演習完回來之後，
＊吁—
啊。
＊吁—
枕頭上被畫了魚。
班長大人，我的枕頭上畫了一條魚……
清潔
啊。
難道是要發鯛魚燒嗎？
枕上有魚，
代表它缺水。

？
缺水。
就是叫你去洗衣服的意思啦。
原來如此，
洗衣服是嗎。
大笨蛋
喂，那裡的阿兵哥。
啊。
啊什麼，就是你啦。
ビビビビビビ
＊啪啪啪啪啪
沒什麼大不了的，不過是隔壁班的上等兵罷了。
給我去各班說：
「被春風吹拂之後，我不禁發起呆了。」
是。

「被春風吹拂之後，我不禁發起呆了。」
哈哈哈哈哈哈
哇哈哈哈哈
＊啪啪啪啪啪
要是清醒了，就快點去洗衣服！
混帳，居然拿我開玩笑……
喂，中隊長大人在找你。

我前來報到。
在武器檢查中發現，全連隊就屬你的步槍狀況最糟糕。
啊。
啊什麼啊！
* 啪啪啪啪啪
你步槍上的準星都積滿了灰塵……
* 暈頭轉向
軍中深信，榻榻米跟士兵一樣，
* 啪啪啪
都是越打越好，巴掌從來沒有停止的一天。
* 啪啪啪啪

＊叭啦叭啦—　＊叭—叭—叭—

就算到了夜裡，也無法放鬆。
緊急集合！
半夜一陣手忙腳亂，
必須穿齊整套軍裝，在三分鐘內整隊完畢。

＊噠噠噠

*啪啪啪啪啪

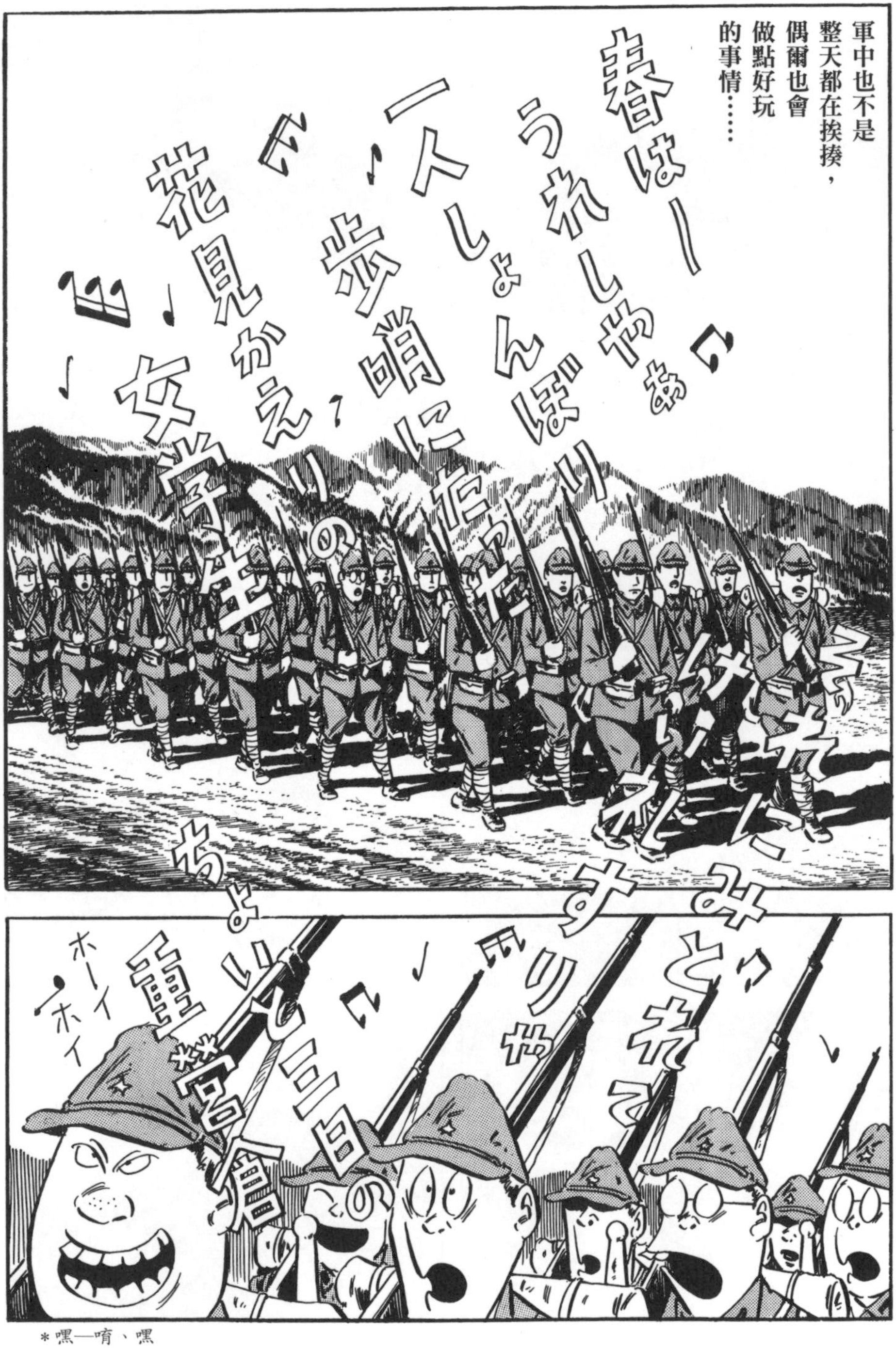
軍中也不是
整天都在挨揍，
偶爾也會
做點好玩
的事情……
春はーうれしやぁ♪
一人しょんぼり
歩哨にたてば♪
花見かえりの
女学生♪
それにみとれて
けい礼すりゃ♪
ちょいと三日の
重営倉♪
ホーイ
ホイ

*春天—／雖令人欣喜／卻一人孤孤單單／站呀站步哨／遇到賞完花的／女學生

*不小心看得入迷／一時有失禮數／就被判了三天的／關禁閉

*嘿—唷、嘿

到了週日終於可以外出……
但這又為我帶來另一場災難。
新兵往往得第一個歸營，我卻比老兵還晚回來。
可怕的是，正當我打算踏入大門時，
衛兵卻同時站起身來，吹起喇叭。
トテチテター
トテチテター
我不禁覺得自己好像變成了陸軍大將，也敬禮回報。
＊叭叭叭叭叭——
問題就出在這裡，
因為那是門限的喇叭。

＊呀—喝—

啊，大家都在操練刺槍術。
今天明明是週日，大家都瘋了嗎？
ヤーホー

一進軍營，我就被帶到了中隊長室。
ナニゴトデスカ
…當喇叭響起時，你的軍靴有踏進營內了嗎？

＊請問有何貴幹

這個嘛，好像是一隻腳在營外，另一隻腳在半空中的樣子。
你在說什麼鬼話，這個士兵有毛病。
中隊長大人話才剛說完，班長大人的巴掌就飛過來了。
不過這位班長骨子裡其實是個好人，大概是那次以後被嚇到了吧，從此成了我的靠山，總是處處替我著想。
最後就連上等兵大人，都會在緊急集合時幫我穿軍裝。真是謝天謝地、謝天謝地。

* 啪啪啪啪啪

每次一有
武器檢查，
班長跟上等兵
就開始
慌忙起來。
真拿你
沒辦法。
大概是被當成
一無是處的傢伙，
於是被派去
當喇叭手。
軍中設有懇親日，
每個月都會
安排兩次。
阿茂，
你變胖了。
嗯，
軍中伙食
太好吃了。
因為
吃得快的人
可以再來
一碗，
我每次
都吃
兩人份。
是——喔。

第16章 吹不響的喇叭

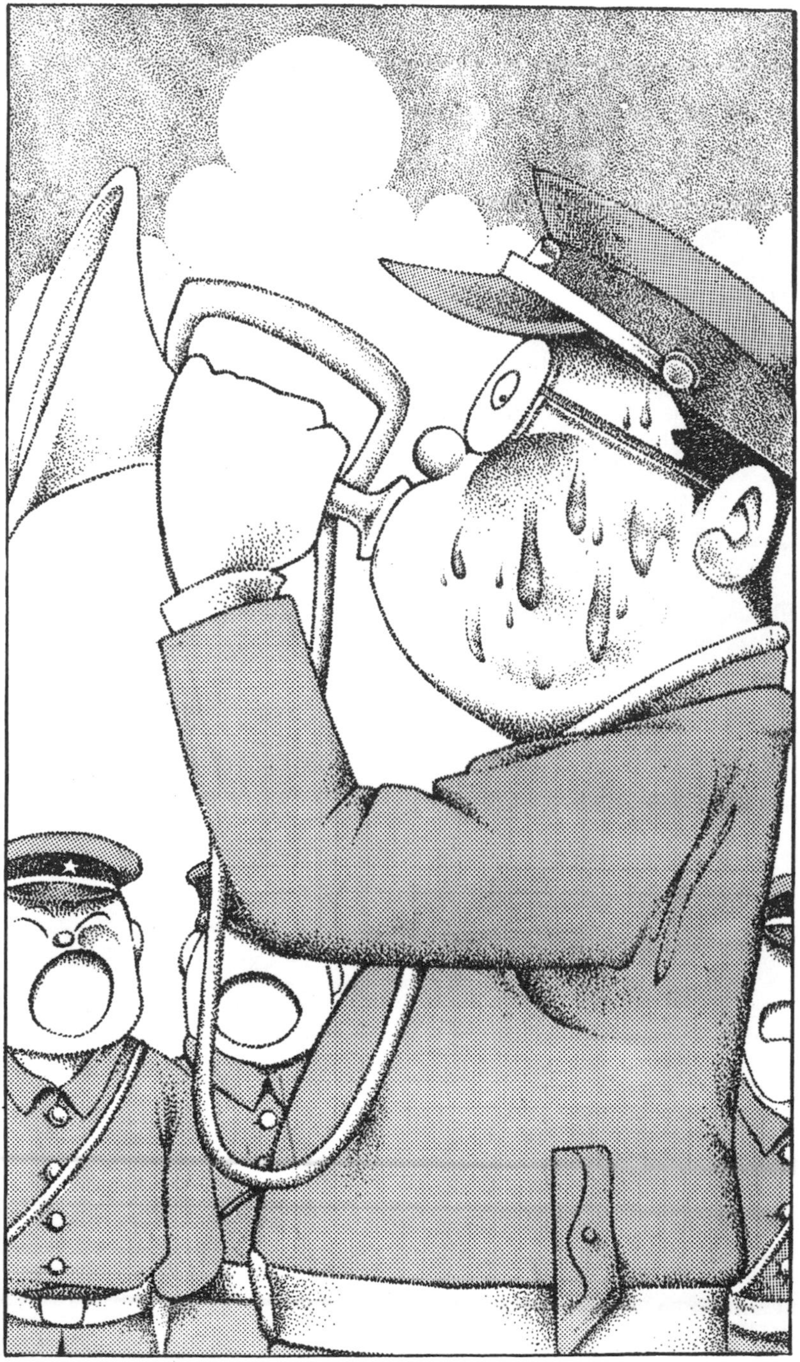

班上有一位叫小林的虛弱士兵。
嚼嚼嚼。
他常躲起來偷吃紅豆麵包。
小林，你在吃紅豆麵包對吧？
分一點給我。
沒辦法我已經吃掉了。
你怎麼有紅豆麵包……
我有親戚在當酒保。
下次不把紅豆麵包分我吃的話，我就揍你一頓。
……
……
不知為何，小林跟我總是排在一起懇親。
這孩子是獨子、身子又差，我實在很擔心。
……
……
……
哈哈，我可是一個抵兩個呢，哈哈哈哈哈。

這孩子不太會交朋友，請多多指教。
小林，振作一點。
阿茂，我今天帶了你喜歡的麻糬。
這年頭還吃什麼麻糬…
もぐもぐ
＊嚼嚼嚼
搞什麼，這也叫吹喇叭嗎？
プーーッ
＊叭—
給我跑軍營三圈。
是。
＊呼—

這種大熱天還得每天受罰跑步，誰受得了呀。
某日，喇叭班的軍曹出現了，我便向他請教。
有沒有什麼辦法讓我不用再吹喇叭呢？
哈哈哈，你去求人事科的曹長吧。
我也沒把人事科曹長這種可怕的大叔放在眼裡，大剌剌地跑去事務室說蠢話。
曹長大人，請把我調離喇叭班！

噫！
曹長大人雖然嚇了一跳，
哎，你就忍一忍吧。
就軍中來說，這已經算很客氣了。
若我肯讓步就好了，我卻偏偏連著三次跑去找曹長大人，要他幫我轉調。
這樣啊，那你比較喜歡南方還是北方？
當然是南方囉，曹長大人。
當晚點完名後，
下個被我叫到的，就準備上戰場吧。
終於來了……
啊，是你的名字。
噫！
噫！

＊噠噠

＊叭叭叭叭叭—

＊噠噠噠噠

ザ゙ ザ゙ ザ゙ ザ゙
*噠噠噠噠
とてちてちてたー
*叭啦叭啦叭—
ザ゙ッ ザ゙ッ ザ゙ッ
往南方的最前線，
意料之外的出陣。
ザ゙ッ ザ゙ッ
*噠 噠 噠
前方究竟有什麼樣的命運等待著我呢？唯有神明才知道——啊啊……
（此時，大家都會掉下眼淚）有不少士兵都已結婚娶妻，而這將是他們最後的道別。但不管遇上任何事，士兵們都會像貝類一樣默默忍耐。

ザッ
ザッ
ザッ
ザッ
*噠噠噠噠
那裡有各式
各樣的極限狀況
正等待著他們……

戰爭才剛開打，
日軍便佔領了菲律賓、
爪哇、緬甸和新幾內亞
的一半領土——
昭和史
太平洋戰爭前半

可是海軍卻在昭和十七年（一九四二）五月的中途島海戰首次吃了大敗仗，日本的連戰連捷也到此為止。

不久便來到了命運的
瓜達康納爾島戰役——
陸軍終於以「轉進」為名，
改朝後方前進。
換言之，「轉進」指的
不是別的意思，
即為「撤退」之意。

美軍從索羅門群島朝新不列顛島前進。我當時每天都在這座島上修築陣地。
不過，若沒有戰爭，這裡簡直是有如「天國」一樣的地方……

不久便被
派往最前線的
※分哨，分隊
遭到團團包圍，
落得全軍覆沒…

※「分哨」……陸軍在前線布陣時，會以分隊為單位，一邊偵察敵情，一邊在此衛戍。

第1章 中途島海戰

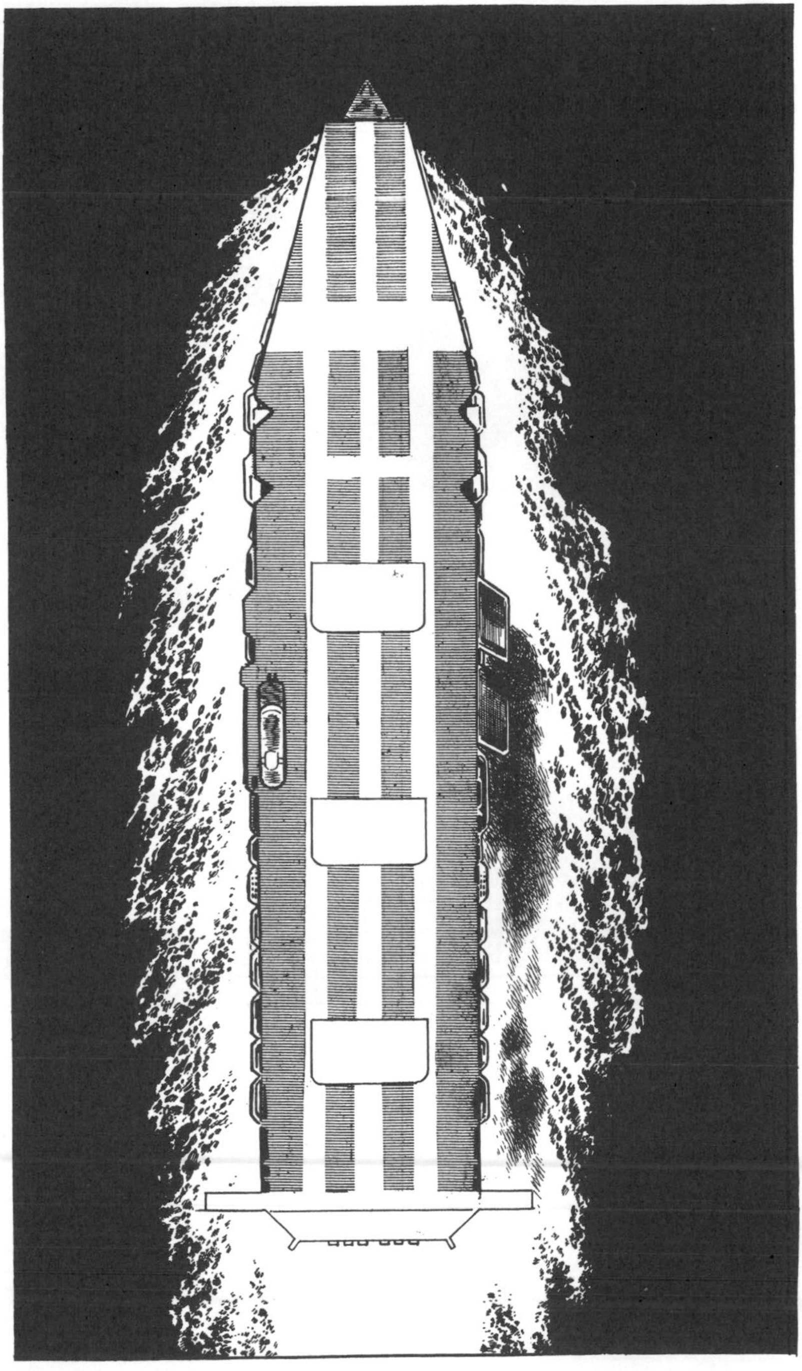

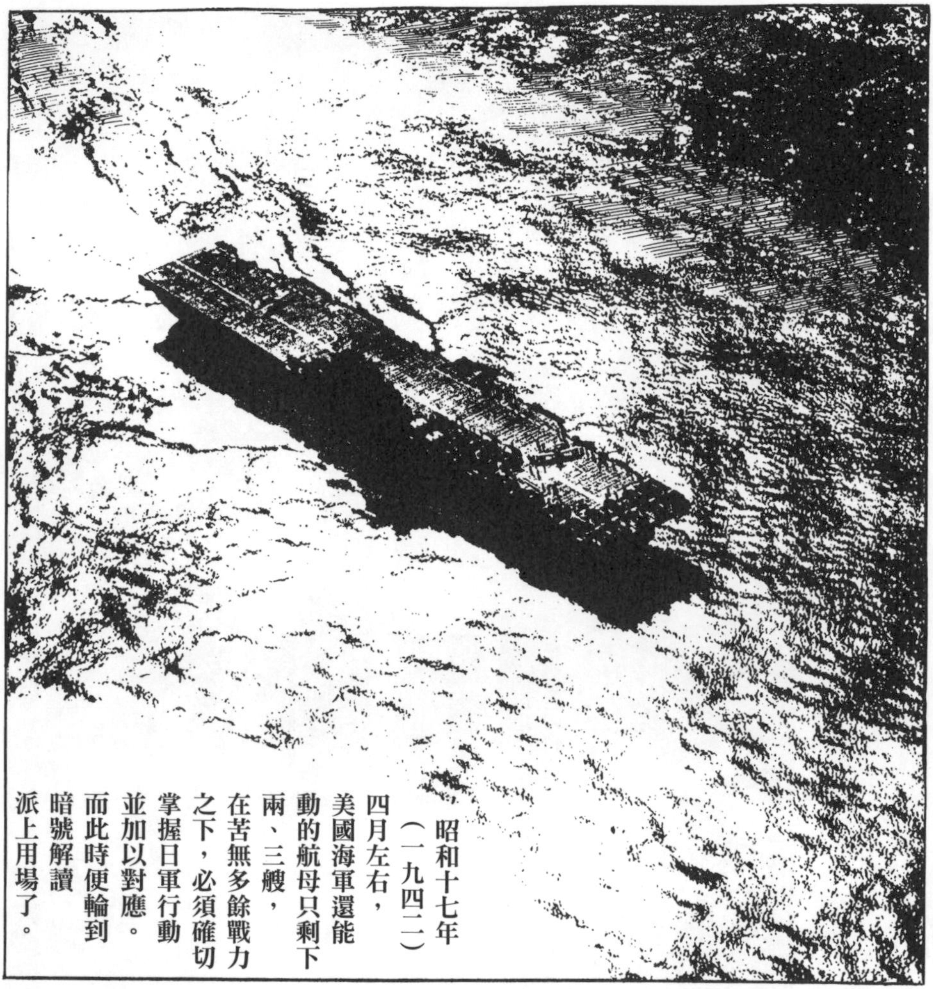
昭和十七年（一九四二）四月左右，美國海軍還能動的航母只剩下兩、三艘，在苦無多餘戰力之下，必須確切掌握日軍行動並加以對應。而此時便輪到暗號解讀派上用場了。

看來日本聯合艦隊似乎有意進攻中途島，立刻加以迎擊。
美國太平洋艦隊總司令 ※尼米茲提督
五月二十八日是史普魯恩斯少將的第十六機動部隊（航母二艘），同月三十日則是弗萊徹少將的第十七機動部隊（航母一艘），雙雙從珍珠港出發，朝中途島前進。

※「尼米茲」（一八八五～一九六六）……美國海軍軍人。元帥。在太平洋戰爭爆發後，美國太平洋艦隊總司令、太平洋戰區盟軍總司令等，主導對日作戰。

五月二十七日，南雲忠一中將所指揮的第一機動部隊（航母四艘）從廣島出發，此後兩天內，後繼部隊也接連從關島、塞班島、廣島出發，朝※中途島前進。
作戰全體共為船艦三五〇艘、飛機一千架、將兵十萬人，組成了空前絕後的大船隊。

※「中途島」……位於太平洋中部的小島。美國領土。在太平洋戰爭中作為戰略重地，以美日中途島戰役而聞名世界。

六月六日
上午九點，
日本運輸船隊
遭美軍發現，
派出九架B17
發動攻擊，
炸彈卻連
半發都沒
命中。
當時，
機動部隊
已經逼近
中途島。
自「赤城號」「加
賀號」「飛龍號」
「蒼龍號」艦上，
中途島空襲的
※戰爆聯合
共一〇八機
開始起飛
離艦，
指揮官是
友永大尉。

※「戰爆聯合」……空戰編隊。由以破壞地面目標的攻擊機或爆擊機，加上護衛的戰鬥機組成。

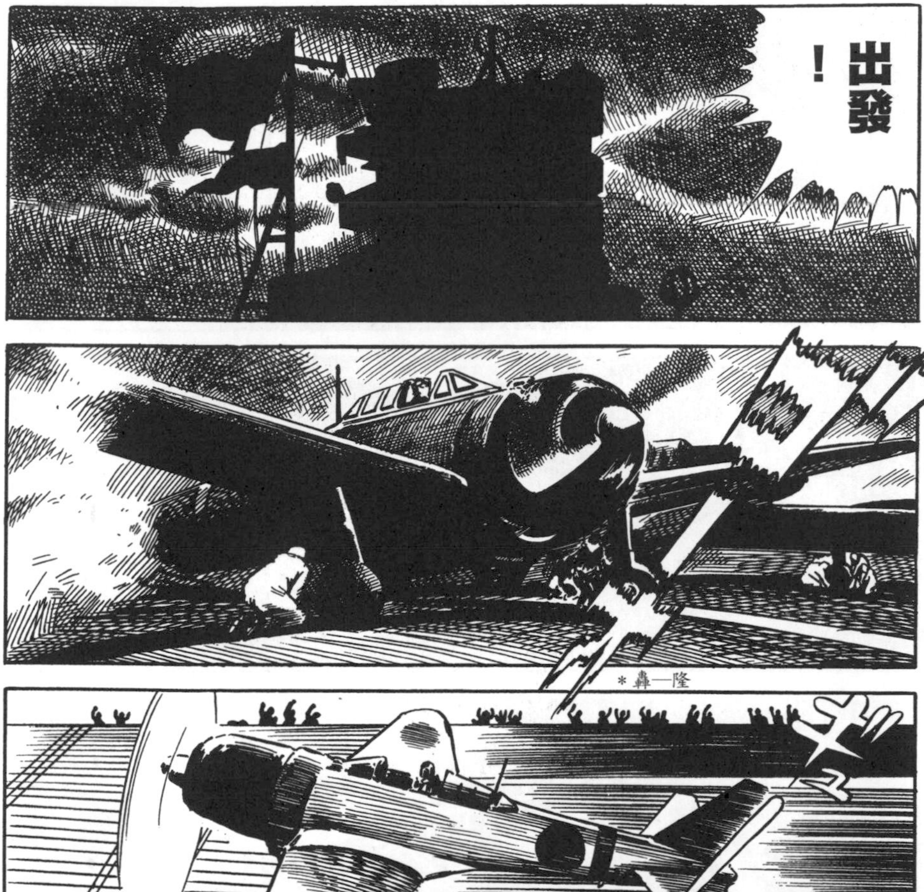
出發！
*轟—隆
ギュ
*咻鳴—鳴

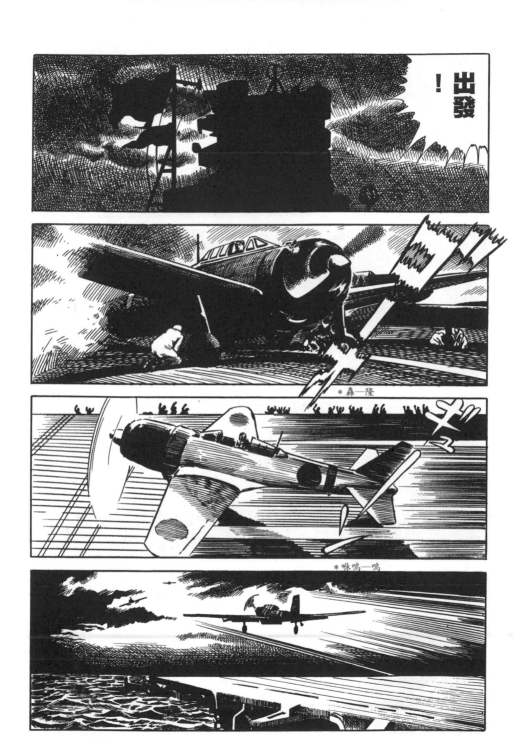

＊嗡——
到達中途島上空時，
雖有二十架敵機
升空迎擊，
但其中有十七架
遭到擊墜。
＊射穿

＊咻——

＊砰砰砰砰砰砰

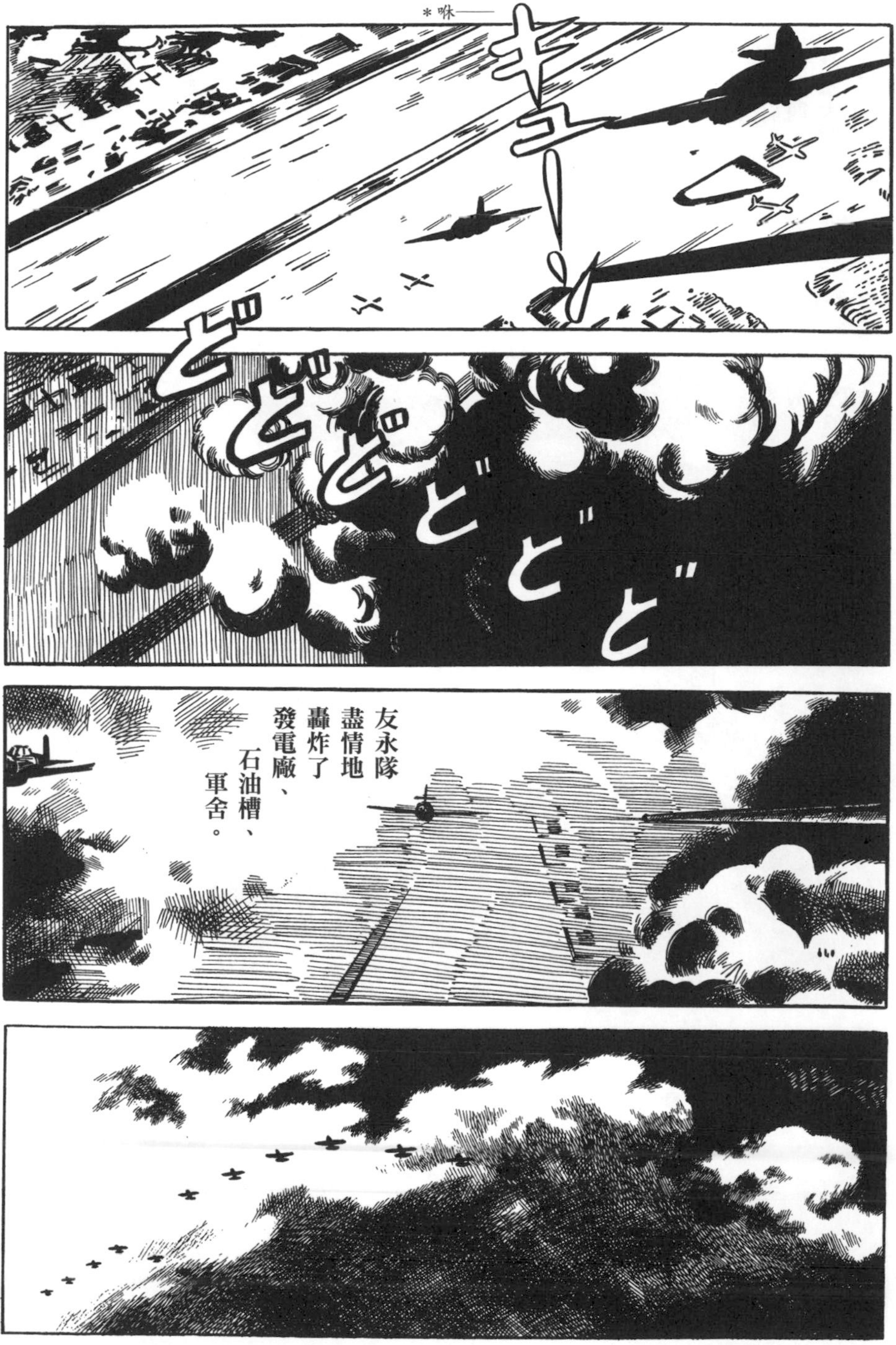
キュー!!
どどどどどど
友永隊盡情地轟炸了發電廠、石油槽、軍舍。

＊嗶嗶嗶
在踏上歸途時，友永大尉——
才發現跑道和飛行基地破壞得還不夠徹底。
需要再做第二次攻擊。
他如此發出電報。
＊嗶嗶嗶嗶嗶
這通電報對此後造成了重大影響——

此時，美軍發現了日本機動部隊的位置（比日本早了一步）。
史普魯恩斯少將認為應該等到日本機動部隊靠近至一百英哩時再發動攻擊。
不過參謀長白朗寧上校則主張立刻攻擊。
只要現在出動的話……

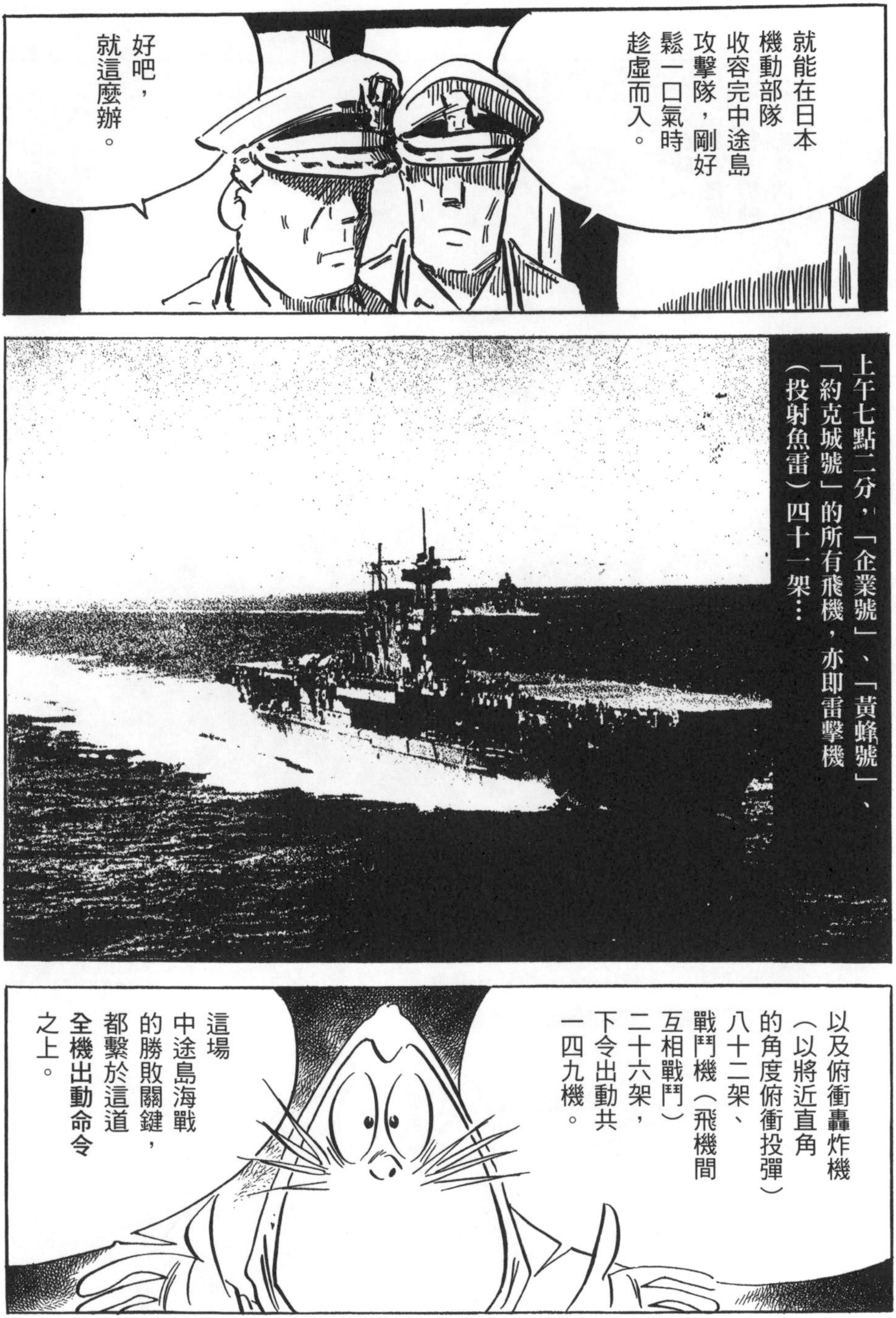
就能在日本機動部隊收容完中途島攻擊隊，剛好鬆一口氣時趁虛而入。
好吧，就這麼辦。
上午七點二分，「企業號」、「黃蜂號」、「約克城號」的所有飛機，亦即雷擊機（投射魚雷）四十一架…
以及俯衝轟炸機（以將近直角的角度俯衝投彈）八十二架、戰鬥機（飛機間互相戰鬥）二十六架，下令出動共一四九機。
這場中途島海戰的勝敗關鍵，都繫於這道全機出動命令之上。

這稱得上是「乾坤一擲」的決策。只要時機稍有差錯，攻擊隊就會任當時性能極為優秀的※零戰所宰割。
此外，在航母大唱空城計之時……

如果遭受日本艦隊襲擊，後果著實不堪設想，航母將會全軍覆沒。不要說是夏威夷了，說不定連加州都會被日軍登陸，光用想像的就令人不寒而慄。

※「零戰」……「零式艦上戰鬥機」的略稱。太平洋戰爭期間，日本海軍的主力艦載戰鬥機。當時享有極為出色的性能，堪稱日本海軍在二戰時最知名的戰鬥機。

「需要再做第二次攻擊。」收到友永大尉的這通無線電之後，「赤城號」認為有必要再度攻擊中途島，因此發下命令。
「第二次攻擊隊」本日實施攻擊。
將待機的攻擊隊改成※爆裝！
換言之，日方判斷敵軍機動部隊就在附近，
因此讓飛機裝上魚雷；這項命令則是把機上的魚雷改成炸彈，而這又耗掉不少時間。

※「爆裝・雷裝」……指戰機搭載的攻擊裝備。爆裝代表在戰機上搭載炸彈，用於俯衝轟炸；雷裝代表在戰機上搭載魚雷，用於攻擊敵艦。

就在此時！
「利根號」的偵察機傳來無線電，「發現十艘敵艦。」
「報告敵軍艦種。」
敵軍兵力為巡洋艦五艘、驅逐艦五艘。
什麼，沒有航母嗎？

＊嗶嗶嗶

※「山口多聞」（一八九二～一九四二）……海軍中將。在太平洋戰爭中以第二航空戰隊司令官的身份奮戰，於中途島海戰中戰死。
※「意見具申」……指突破階級關係，坦白地向上級陳述己見。

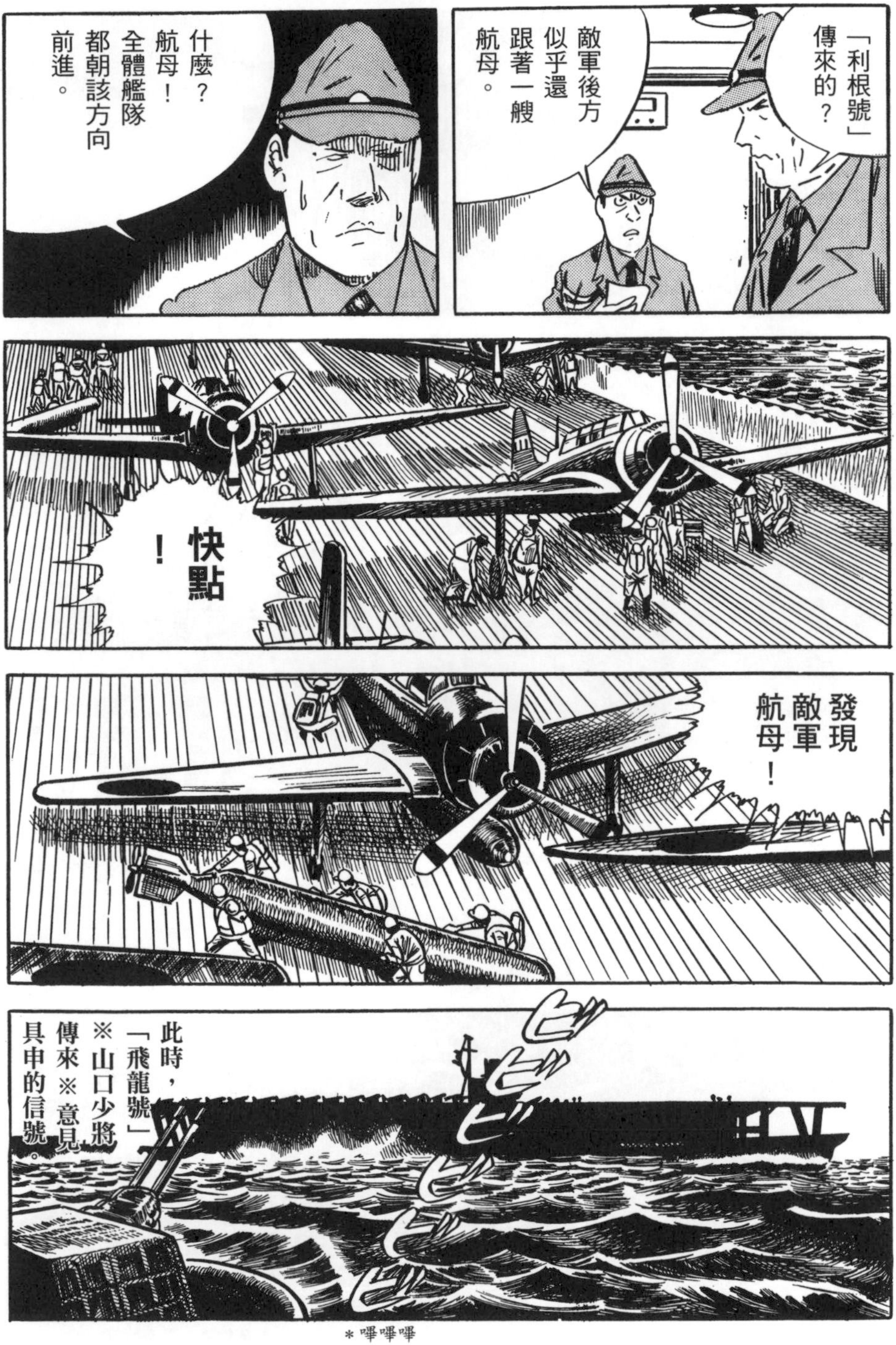
「利根號」傳來的？
敵軍後方似乎還跟著一艘航母。
什麼？航母！全體艦隊都朝該方向前進。
快點！
發現敵軍航母！
此時，「飛龍號」※山口少將傳來※意見具申的信號。
ビ
ビ
ビ
ビ
ビ
ビ

＊嗶嗶嗶

＊啪、啪
請立刻下令出動攻擊隊！
山口少將主張立刻出動攻擊隊，好先發制人。
航母「飛龍號」
你在拖拖拉拉什麼？再這樣下去就要被幹掉了。
第二航空戰隊（飛龍號、蒼龍號）司令官山口多聞少將突然不安了起來。

不過南雲中將卻作出了迴異判斷，而這項決策也注定了日方的敗北。
長官，何不先收容剛返艦的第一次攻擊隊，並將第二次攻擊隊中已經裝上陸用炸彈的艦攻機更換成魚雷，
源田參謀
再以戰爆雷三位一體的巨大攻擊部隊來殲滅美軍機動部隊。
很好，就這麼辦。
「收容完畢後，先朝北方前進，捕捉殲滅敵軍機動部隊。」
速度三〇節！
儘快完成雷爆換裝！

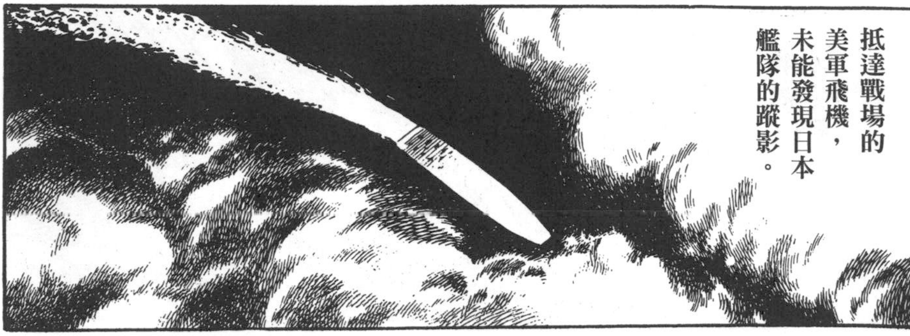
抵達戰場的
美軍飛機，
未能發現日本
艦隊的蹤影。

在俯衝轟炸隊中，
「黃蜂號」隊
三十四機折返，
「約克城號」隊
十七機和「企業號」
三十三機暫時
繼續向西方前進。
魚雷隊四十一機
發現了南雲艦隊
並展開攻擊，
但其中三十五機
遭到擊墜，
就連射出的魚雷
都沒有命中半枚。

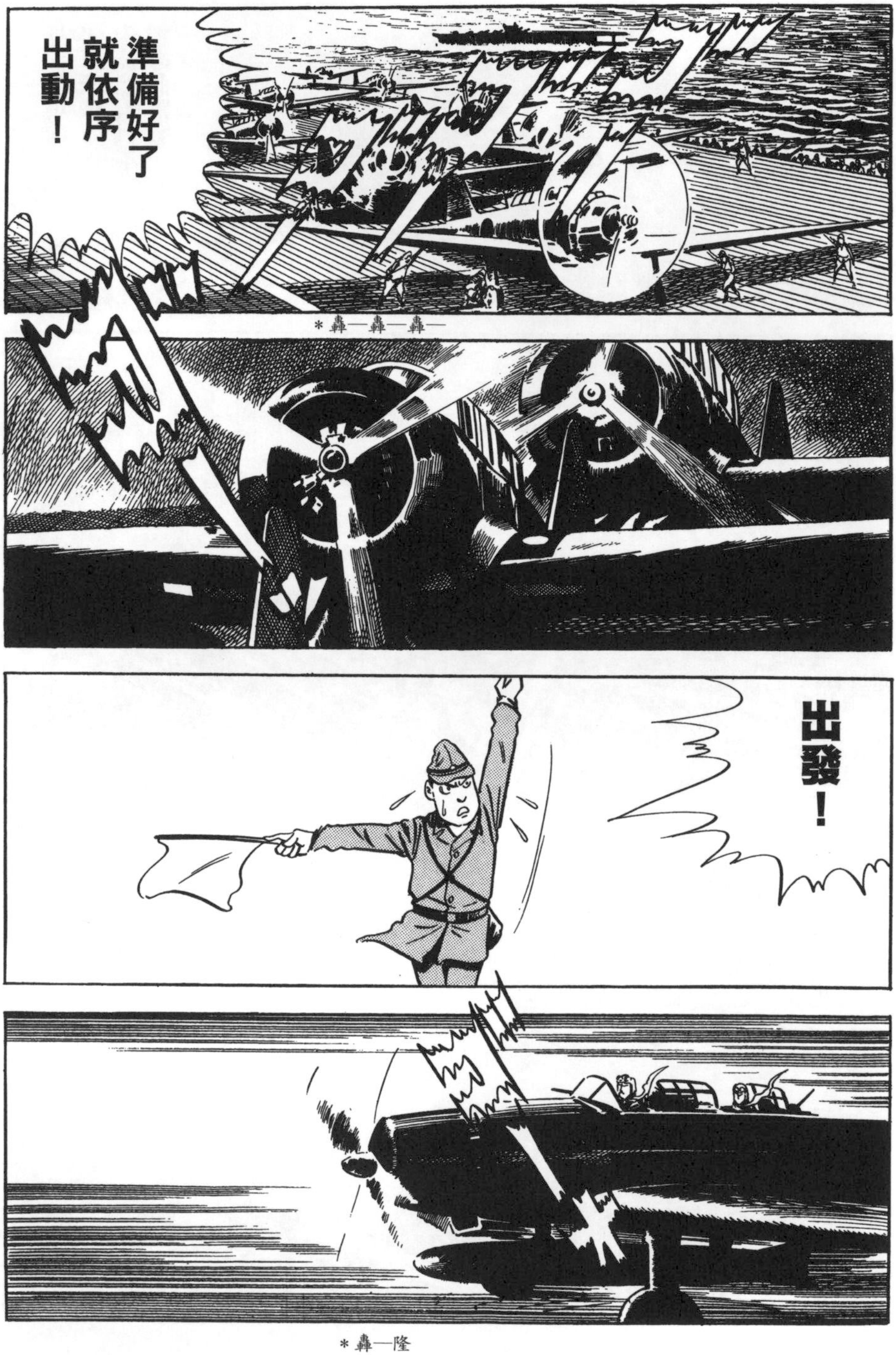
準備好了
就依序
出動！
*轟—轟—轟—
出發！
*轟—隆

啊！
敵機！
從雲端急速俯降！
キイン
＊咻嗚——

這正是所謂的奇襲！機庫在堆滿魚雷炸彈的情況下遭到引爆。
どどどどどどどど

＊砰砰砰砰砰

ばりばりばり

＊劈啪劈啪劈啪

どどどどど
＊砰砰砰砰砰
三艘航母遭到炸燬。
南雲中將也移至※輕巡上……

※「輕巡」……「輕巡洋艦」的略稱。為性能介於巡洋艦與重巡洋艦之間的軍艦。

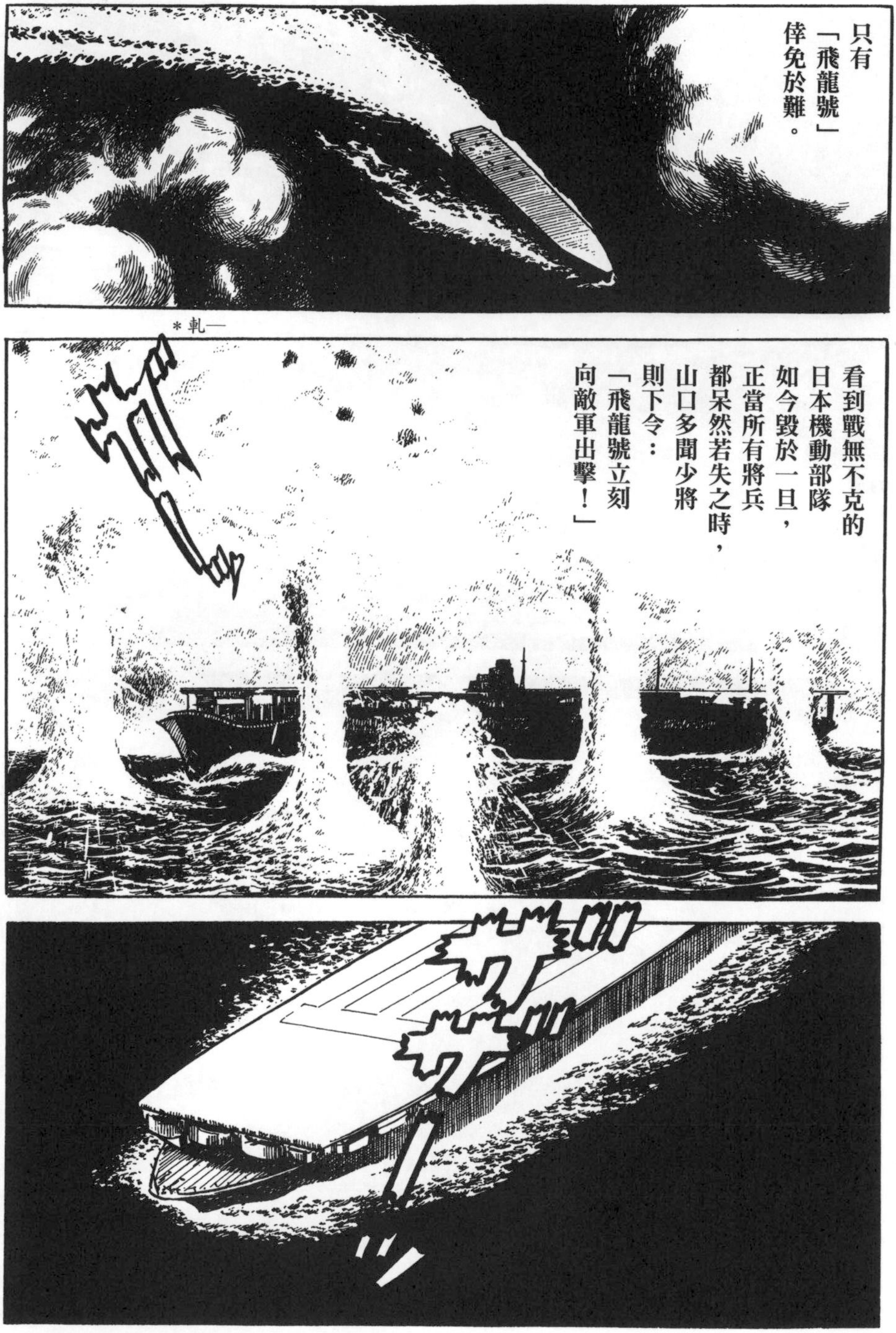
只有「飛龍號」倖免於難。
看到戰無不克的日本機動部隊如今毀於一旦，正當所有將兵都呆然若失之時，山口多聞少將則下令：「飛龍號立刻向敵軍出擊！」

＊軋—

＊唰唰——

第2章

「飛龍號」的突擊

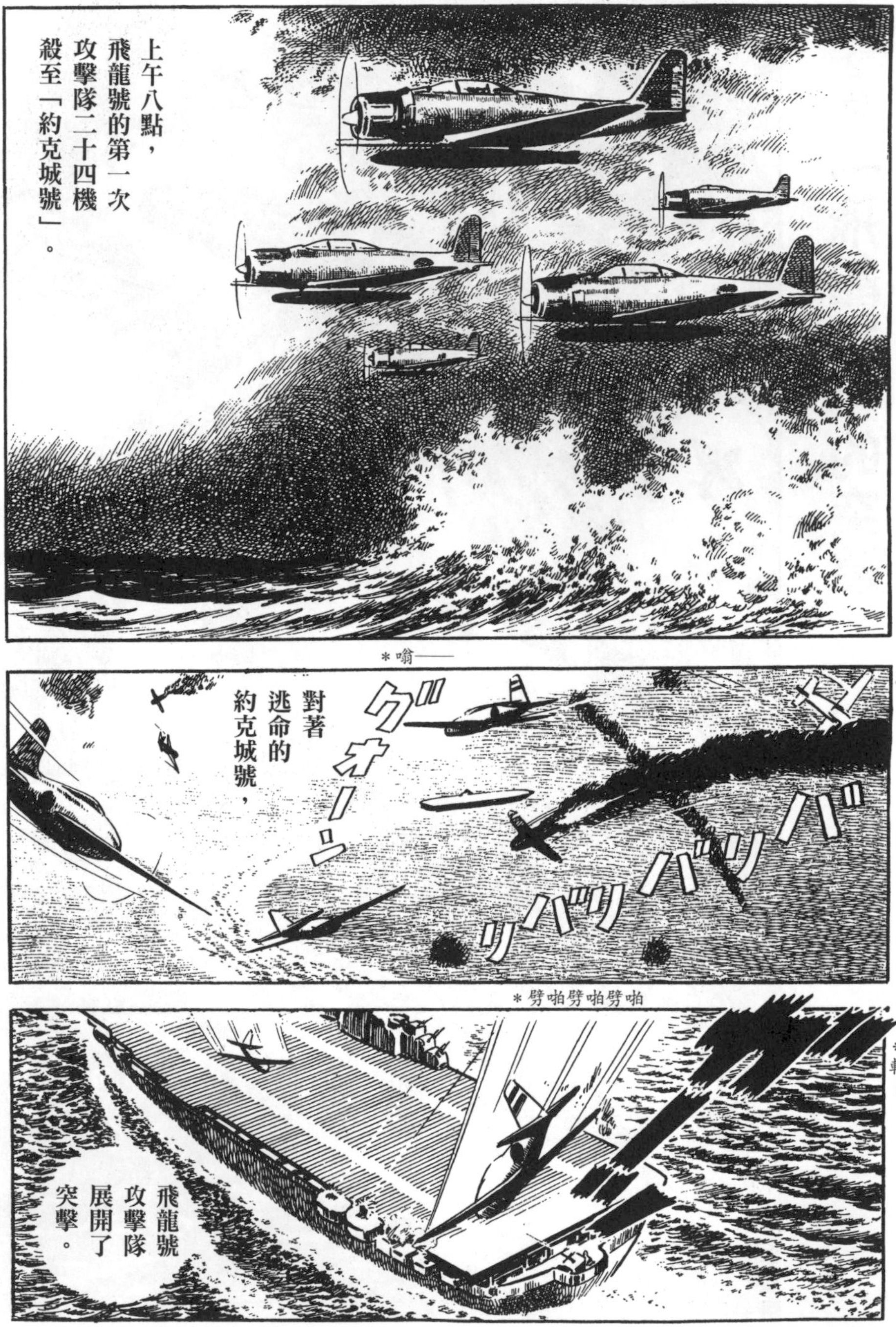
上午八點，飛龍號的第一次攻擊隊二十四機殺至「約克城號」。
グオーーン
＊嗡——
對著逃命的約克城號，
バリバリバリ
＊劈啪劈啪劈啪
＊軋——
飛龍號攻擊隊展開了突擊。

*砰

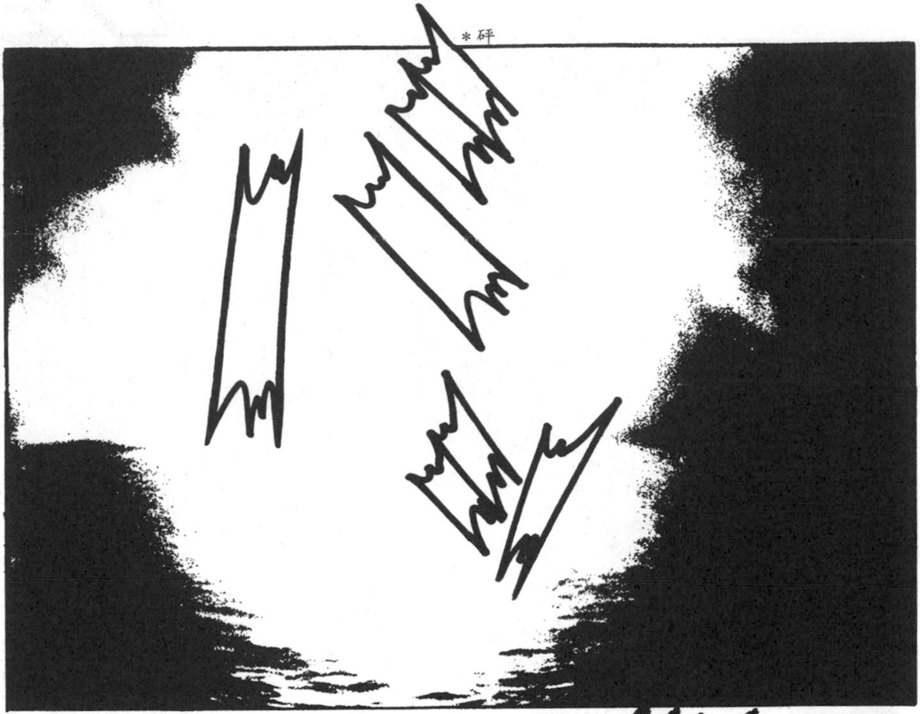

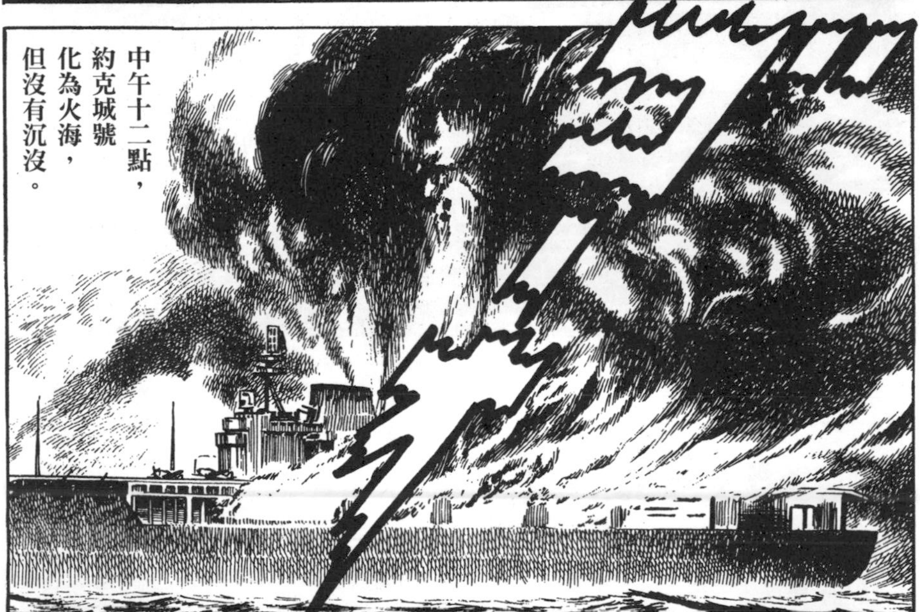
中午十二點，
約克城號
化為火海，
但沒有沉沒。

*轟—隆

*軋—
戰鬥機
直衝而上，
展開防禦。

＊砰砰砰砰　＊嗡—

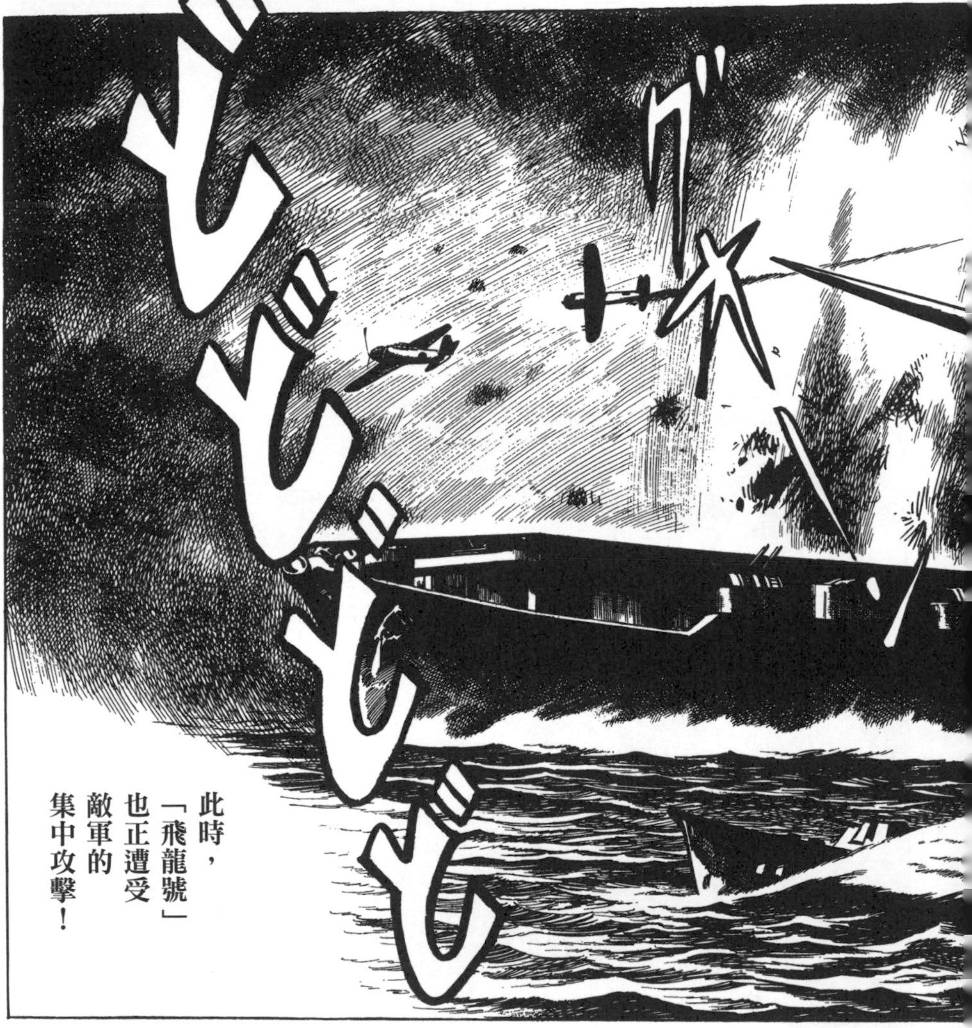
此時，
「飛龍號」
也正遭受
敵軍的
集中攻擊！

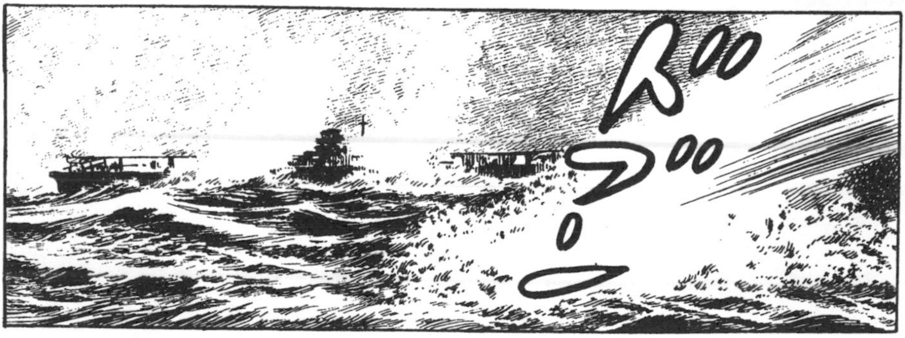

＊噗嘩—

＊唰唰—
數十枚魚雷朝「飛龍號」飛來。
＊軋—
請看
＊砰砰砰砰砰
飛龍號使出絕妙操舵，靠著船首浪閃躲魚雷！

趁敵軍還沒來之前，出動第二攻擊隊！
友永隊長，左翼燃料箱在中彈之後還沒修好……
那就把右翼燃料箱加滿吧。
是，不過……
燃料就只剩單程了。
沒關係，來不及了，動作加快。

上陣了！
*嗡嗡嗡嗡
友永大尉只帶著單程燃料就出發了……
*轟—嗡
不會讓你們白白送死的……
友永，就拜託你了。

*轟—
第二次攻擊隊出動！
*砰砰砰砰砰
*嗡—

*嗡——

＊磅
＊砰砰砰砰砰

＊砰砰砰砰砰

凌晨二點，受到重創的
約克城號中部左舷
遭到空中魚雷擊中，
但日本魚雷隊仍然
全軍覆沒，未能歸返…

遭魚雷擊中
的約克城號
嚴重傾斜，
於是下令
全體撤艦。

*磅——
正當美軍驅逐艦準備接舷救人時，卻被日本潛艦發射的魚雷打個正著。
約克城號沉到了千尋海底，日本潛艦則溜個無影無蹤。
此時，「飛龍號」也正在遭受數百架敵機的襲擊，飛行甲板不久便被命中。
*砰

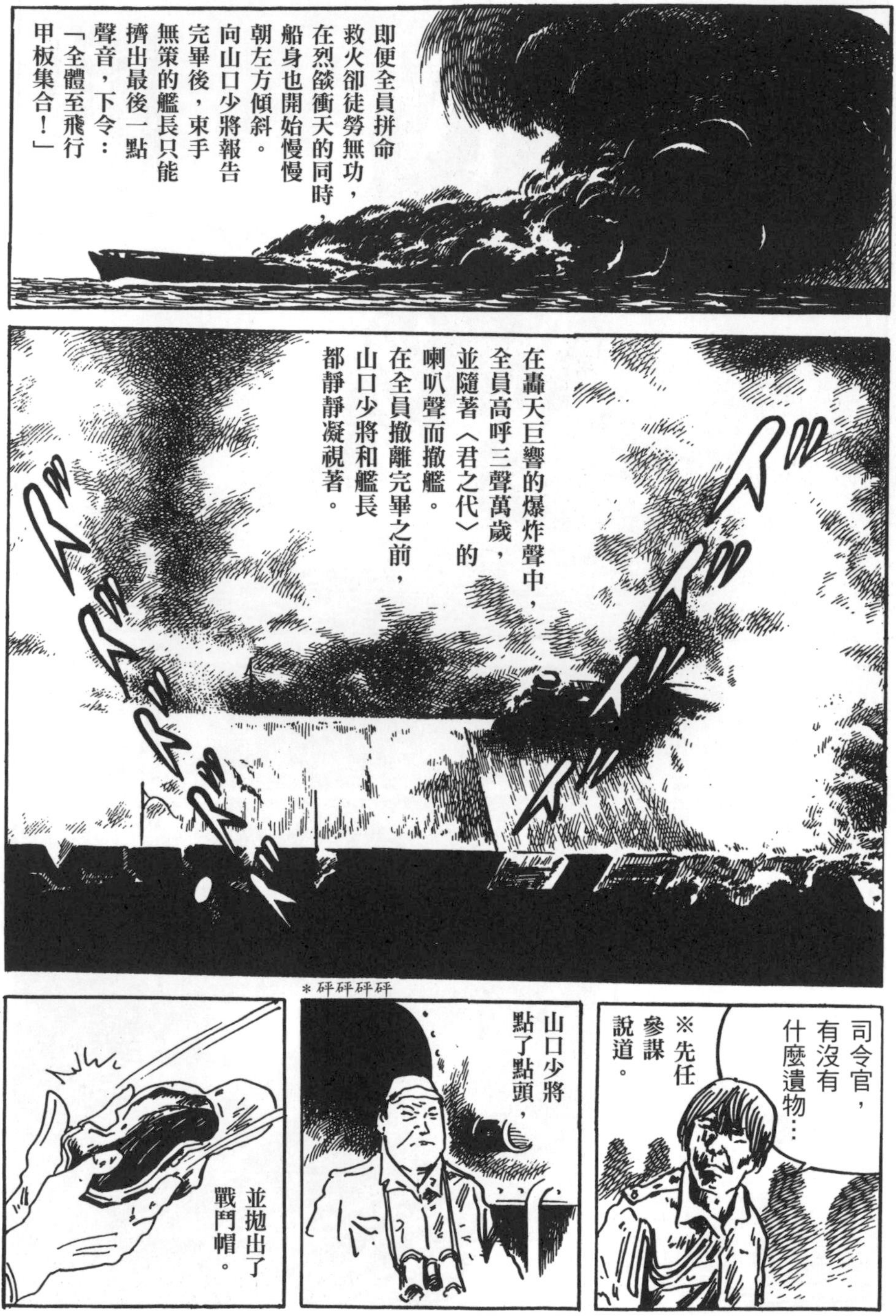
即便全員拼命救火卻徒勞無功，在烈燄衝天的同時，船身也開始慢慢朝左方傾斜。向山口少將報告完畢後，束手無策的艦長只能擠出最後一點聲音，下令：「全體至飛行甲板集合！」
在轟天巨響的爆炸聲中，全員高呼三聲萬歲，並隨著〈君之代〉的喇叭聲而撤艦。在全員撤離完畢之前，山口少將和艦長都靜靜凝視著。
司令官，有沒有什麼遺物…
※先任參謀說道。
山口少將點了點頭，
＊砰砰砰砰
並拋出了戰鬥帽。

※「先任參謀」……指參謀中資歷最深的軍官。非正式職務名。

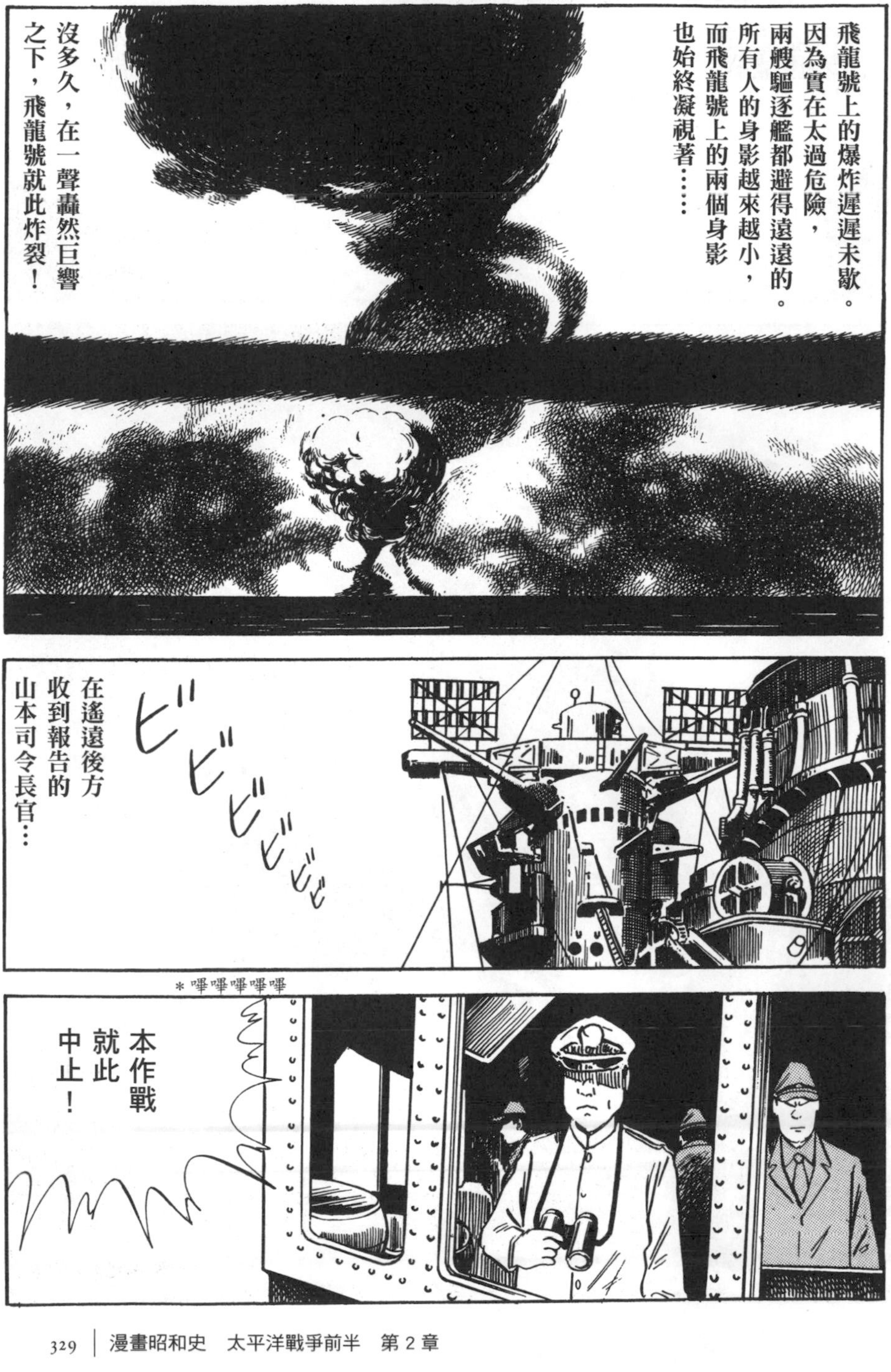
飛龍號上的爆炸遲遲未歇。
因為實在太過危險，
兩艘驅逐艦都避得遠遠的。
所有人的身影越來越小，
而飛龍號上的兩個身影
也始終凝視著……
沒多久，在一聲轟然巨響
之下，飛龍號就此炸裂！
在遙遠後方
收到報告的
山本司令長官…
ビビビビビ
*嗶嗶嗶嗶嗶
本作戰
就此
中止！

長官，不能就這麼厚著臉皮回日本！
絕對不能後退半步！
*轟——

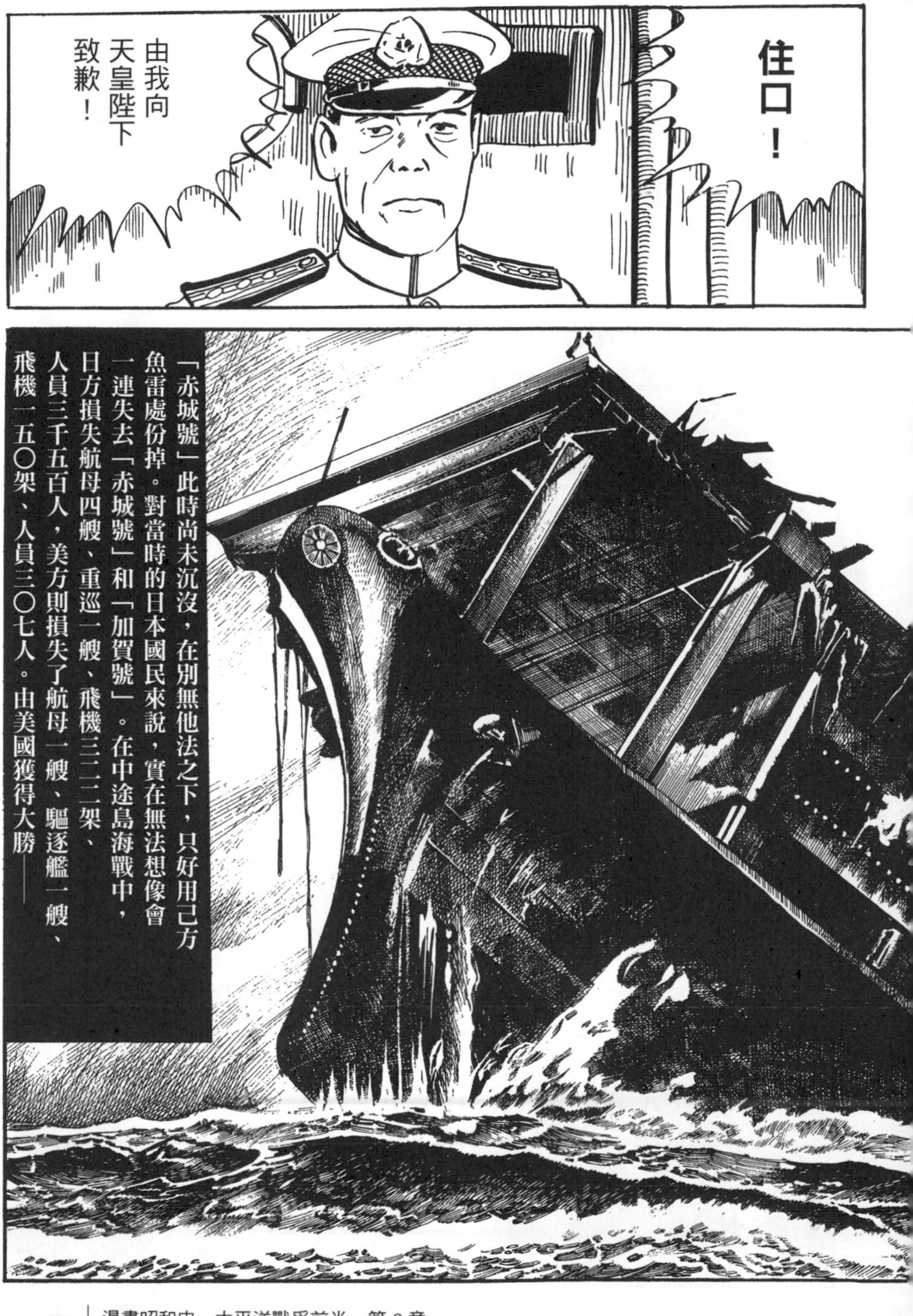
住口！
由我向天皇陛下致歉！
「赤城號」此時尚未沉沒，在別無他法之下，只好用己方魚雷處份掉。對當時的日本國民來說，實在無法想像會一連失去「赤城號」和「加賀號」。在中途島海戰中，日方損失航母四艘、重巡一艘、飛機三二二架、人員三千五百人，美方則損失了航母一艘、驅逐艦一艘、飛機一五〇架、人員三〇七人。由美國獲得大勝——

日本軍方大吃了一驚，
因為他們深信日本是常勝不敗的。
這份訝異足以稱得上是「驚愕」。
據大本營發表，我方航母一艘沉沒、一艘重創，
而美方似乎也受到了同樣的損傷。
東條閣下。
田中兵務局長來訪。
有什麼事？

這場戰爭是因為不能就這麼坐以待斃，才不得不持劍挺身而出，試圖在死中求活，
正是所謂賭上日本命運的一戰。而身為領袖，必須抱持著一億國民全體戰死於富士山下的覺悟，如果做不到的話，這場戰爭終究……
幹什麼，快說重點。
「中途島海戰」很明顯是吃了敗仗，應該將敗北的真相好好向國民公佈。
政治這種東西沒這麼簡單。
只對勝利大肆宣傳，敗北一事卻隱而不宣，這絕非鼓舞國民士氣之道。
少胡說！

大眾都是無知的，一旦知道真相，士氣就會大受打擊。
你這不是日本的思想，
而是中國的思想！
我跟你沒什麼好談的！
就像這樣⋯⋯
國民得要等到戰後，才首次得知中途島海戰的真相。

第3章 終於出征

＊噠噠 噠噠噠

*嗚—

加入二二九連隊之後，
便放我們外宿三天兩夜。
啊，你是在入營時——
一起報到的吧。
這次好像會被派到南方的第一線呢。
是在※瓜達康納爾島附近吧。
那我們應該是同路的。
我叫赤崎，多多指教。
那我先走了。
喔。
怎麼又跟那傢伙湊在一塊了。

*喀啦喀啦

※「瓜達康納爾島」……簡稱「瓜島」。位於南太平洋，為索羅門群島中最大的島嶼。在太平洋戰爭中，曾被日軍占領。美日兩軍經過激戰後，日軍的補給線被切斷，導致多數日軍飢餓至死，因而有「餓島」之稱。

啊，阿茂，怎麼了？
什麼怎麼了，我被派往前線了。
前線？是派到哪裡？
好像是南方的第一線。
南方！這下子不得了了。

大事不妙了！
不用這麼激動啦。
那——麼。
應該是因為我還很有體力的關係吧，
因此心情十分平靜，雙親卻陷入了興奮狀態。
阿茂，這道是鯛魚，這道則是鮪魚天婦羅……
這是醬料。
不用這麼激動啦，唔嗯。
もぐ
もぐ
もぐ

*嚼嚼嚼

說不定這是最後一次回家了。
明天去老地方看看吧。
你要去哪？
我去散步。
ガラ
嗯，這裡是小學……
這裡是常常帶著牡丹餅去的寺院……

＊喀啦

阿茂，你在幹嘛？
啊，爸爸。
親戚們全來了，都在等你。
啊，是喔。
ガヤガヤ
＊吵吵鬧鬧
阿茂，你不立下戰功可不行。
我在※二〇三高地曾經屁股中彈呢。
哈哈哈哈。
還好不是打中肛門。

※「二〇三高地」……位於中國旅順的丘陵，因海拔二〇三米而得名。在日俄戰爭時曾成為激戰之地。

啊，今天終於是最後一天了。
去米子那裡看爺爺吧……
嗯。
阿茂也終於要上戰場啦。
哥哥已經去新幾內亞了。
我送你去連隊報到吧。
嗯。
我也要去。
妳坐火車會暈車，還是算了吧。

不，我說要去，就是要去。
母親暈車了。
明明叫妳別來了。
一到車站，父親就急著想上廁所。
我一看手錶，再五分鐘就是集合時間了，急急忙忙趕回軍舍，但還是來不及。
啊！
你以為現在幾點了？
是。
說是就沒事了嗎？

＊啪啪啪啪啪

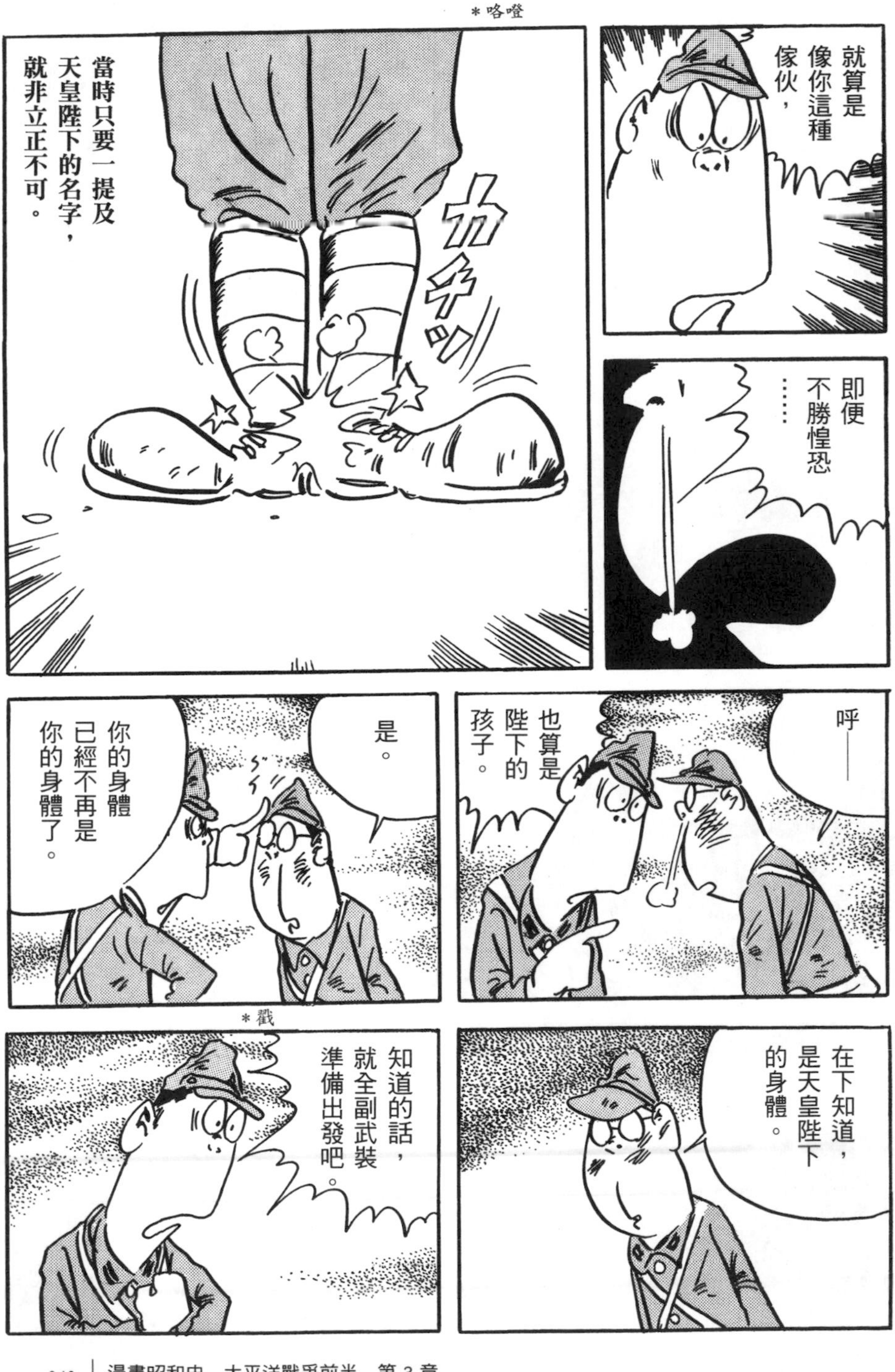
就算是像你這種傢伙，
即便不勝惶恐……
當時只要一提及天皇陛下的名字，就非立正不可。
カチッ
＊咯噔
呼——
也算是陛下的孩子。
是。
你的身體已經不再是你的身體了。
在下知道，是天皇陛下的身體。
知道的話，就全副武裝準備出發吧。
＊戳

我們坐上了火車。
啊，小林，你也在這裡。
赤崎也是。
是喔。
還有我也在呢。
啊，是同鄉的境田。
這次要去的地方……
似乎不太妙喔。
是喔……
這輛火車會開到哪裡……
開到門司。
門司？
再從門司出港。
ガタン
ガタン

＊喀隆、叩隆

第4章 敵軍在索羅門群島登陸！

＊轟隆——

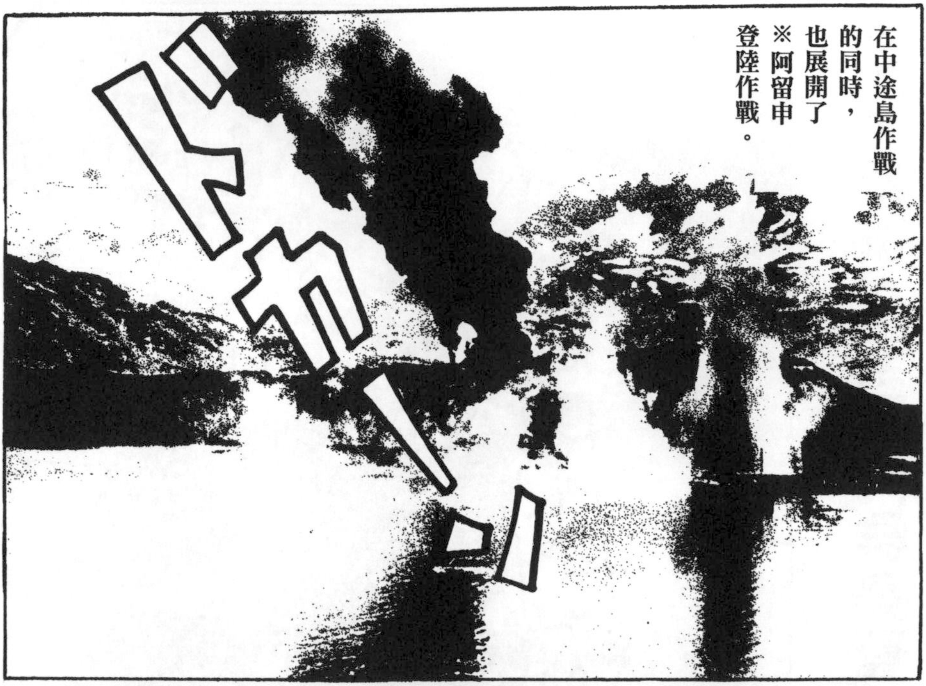
在中途島作戰的同時，也展開了※阿留申登陸作戰。
ドカーン

或許是因為美軍不怎麼重視阿留申作戰的關係，昭和十七年六月七日分別在基斯卡島、阿圖島登陸。
當時，日本海軍在南方攻下了索羅門群島…

※「阿留申群島」……屬於阿拉斯加半島上阿留申山脈的延伸，由超過三百座火山小島組成。西端的阿圖島和基斯卡島在太平洋戰爭中成為激戰之地。

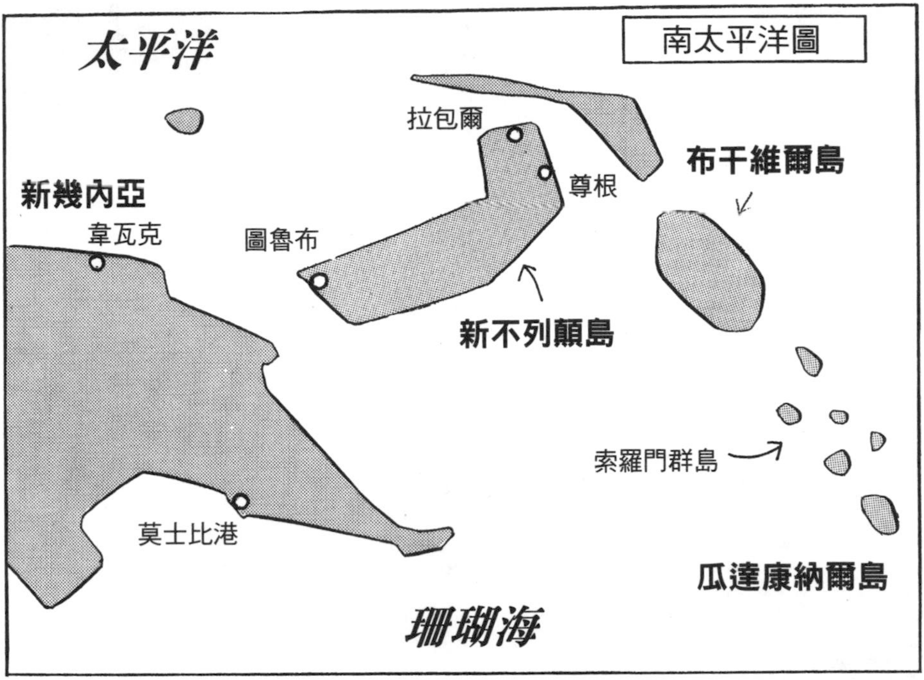
南太平洋圖
太平洋
新幾內亞
韋瓦克
圖魯布
拉包爾
尊根
新不列顛島
布干維爾島
索羅門群島
莫士比港
瓜達康納爾島
珊瑚海

更打算以此地作為橋頭堡，進一步佔領斐濟、薩摩亞群島。

為了確保這座橋頭堡，昭和十七年六月十六日，海軍設營隊在瓜達康納爾島登陸。島上僅有為數不多的原住民。

另一方面，美軍也認為反攻的時機已經成熟。因為不到一個月前，甫於六月六日的中途島海戰中獲得勝利。
在美軍的戰略之下，應當和澳軍緊密合作，好將日本逼到牆角，一路北上。不過，當發現日軍已在瓜達康納爾島建造機場之後，美軍的尼米茲提督則是……
七月十日，
下令進軍瓜達康納爾島。
どどどどん
八月七日早上，

*砰砰砰砰—隆

＊磅磅磅磅磅
＊嗡——
美澳聯軍一萬九千人（約一個師團）
開始在瓜達康納爾島登陸。
32

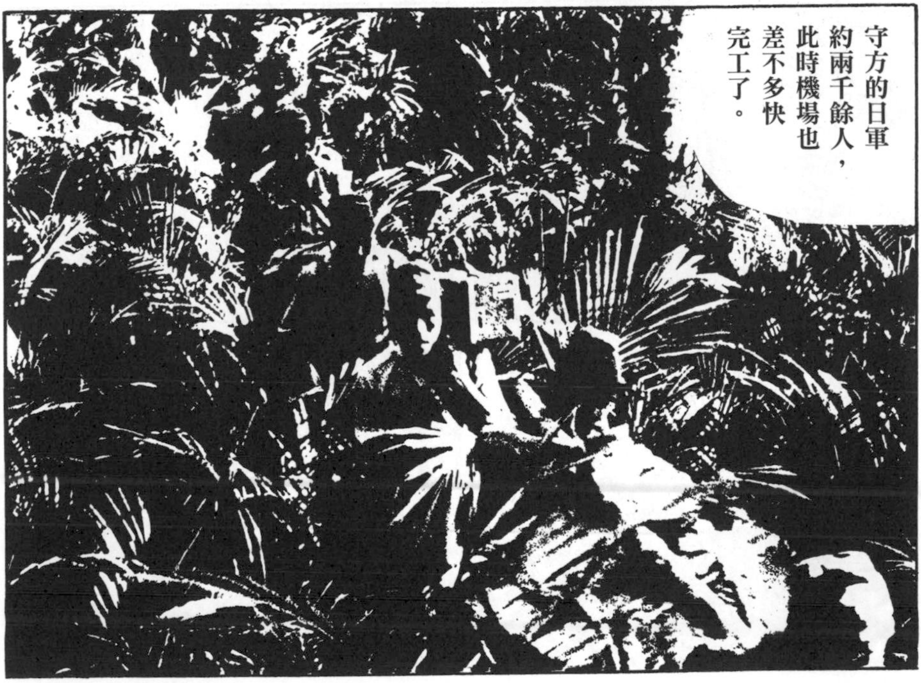
守方的日軍約兩千餘人，此時機場也差不多快完工了。

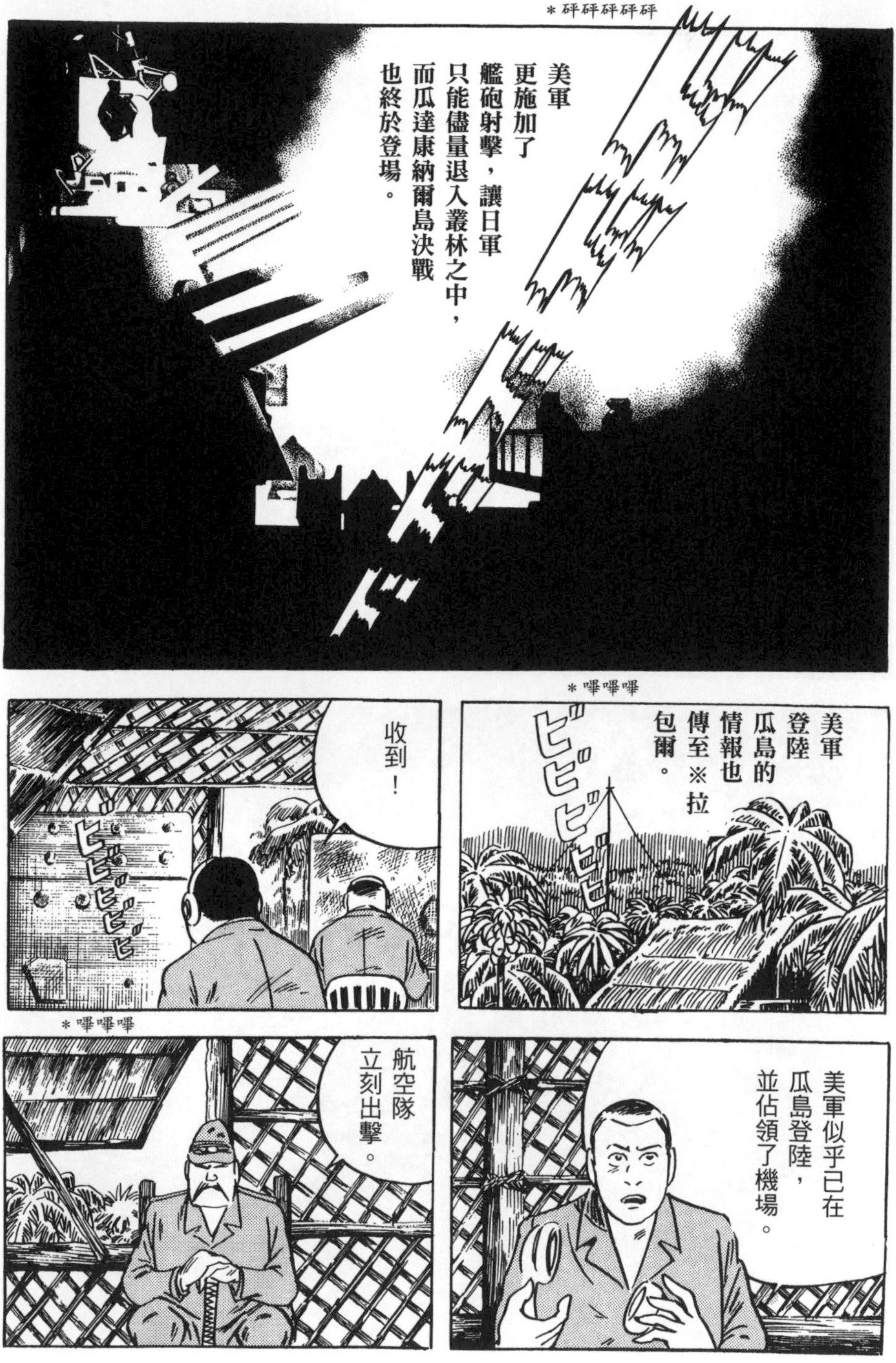
＊砰砰砰砰砰
美軍更施加了艦砲射擊，讓日軍只能儘量退入叢林之中，而瓜達康納爾島決戰也終於登場。
＊嗶嗶嗶
美軍登陸瓜島的情報也傳至※拉包爾。
收到！
美軍似乎已在瓜島登陸，並佔領了機場。
＊嗶嗶嗶
航空隊立刻出擊。

※「拉包爾」……位於巴布亞新幾內亞的新不列顛島。在太平洋戰爭中，日軍將此建設成軍事基地。

＊嗡——
＊轟——
此時，有十二架日機遭到擊墜。
美軍驅逐艦也受重創。
＊咻咻咻咻咻咻

根據位於瓜達康納爾島的
陸戰隊報告指出，敵軍
集結了航母一艘、戰艦一艘、
重巡三艘、驅逐艦十五艘、
運輸船四十艘。

拉包爾的
第八艦隊司令官
三川軍一中將則
下令立即出擊。
這是在收到情報
一小時之後的
快速回應。

再見了，
拉包爾，
直到再次
回來為止⋯⋯
※旗艦「鳥海號」的
桅杆上升起了信號旗。
夜戰作為
帝國海軍的傳統，
此番為求必勝而展開突擊，
各員必當保持沉著冷靜，
全力以赴。

※「旗艦」⋯⋯亦稱指揮艦。由艦隊司令官或司令長官所搭乘的軍艦。依海軍傳統，會將指揮官的旗幟懸掛於桅杆，故稱為旗艦。

右方十度出現艦影！

突擊方向九十五度！

＊砰隆

＊磅—

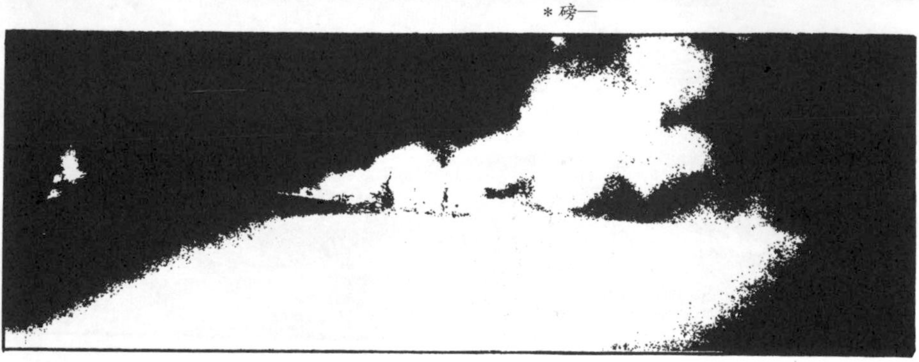

三川艦隊一射出
曳光彈之後，
盟軍也隨之應戰。
どどど
＊砰砰砰
砰
命中！

＊啪啦——

＊砰砰砰砰砰

這就是「第一次索羅門海戰」，戰果為美軍重巡三艘、澳軍重巡一艘遭到擊沉！
還有重巡一艘、驅逐艦二艘重創，日軍則重巡一艘沉沒、二艘輕傷。
就像小次郎、武藏的嚴流島決鬥一樣，這場海戰也在短短十六分鐘內就分出勝負。
雖然事後也有人說，此時如果有攻擊位於瓜達康納爾島的運輸船隊就好了……
在三川艦隊中，還有一艘只轟了一發大砲就停電的中古艦「天龍」，
但實在不可能向三川中將追究這份責任。

此時，參謀本部尚未察覺到美軍已經正式展開反攻了，
只將其視為局部戰。換言之，就是不認為此役有多麼重要。
八月十八日，從中途島海戰撤退的一木清直大佐率領了支隊九百人，
轉調至瓜達康納爾島展開登陸作戰。
然而在二十一日激戰之後，落得全軍覆沒，一木支隊長也以手槍自殺。

第5章 帛琉

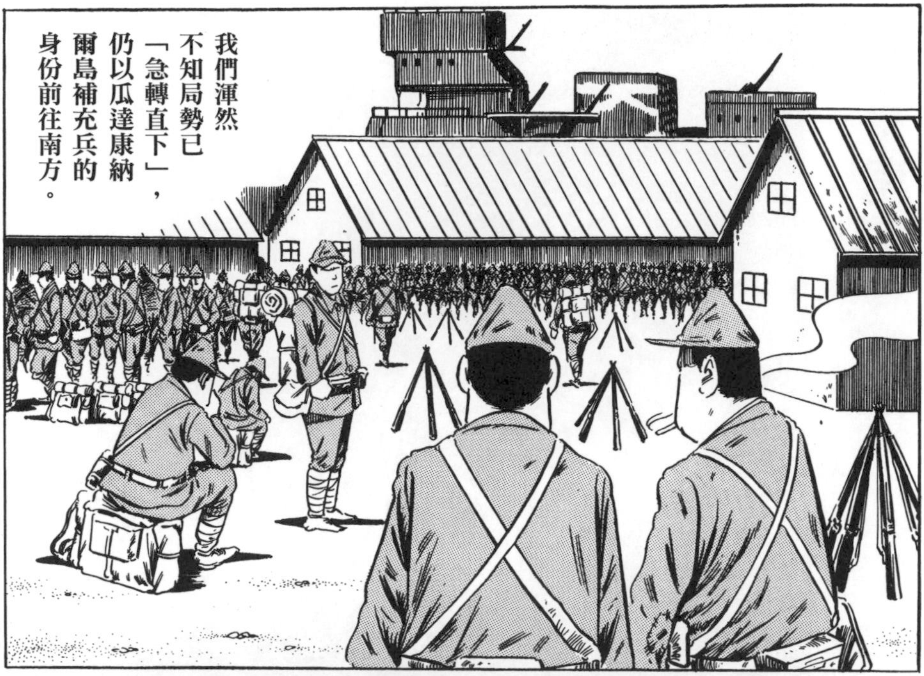
我們渾然
不知局勢已
「急轉直下」，
仍以瓜達康納
爾島補充兵的
身份前往南方。

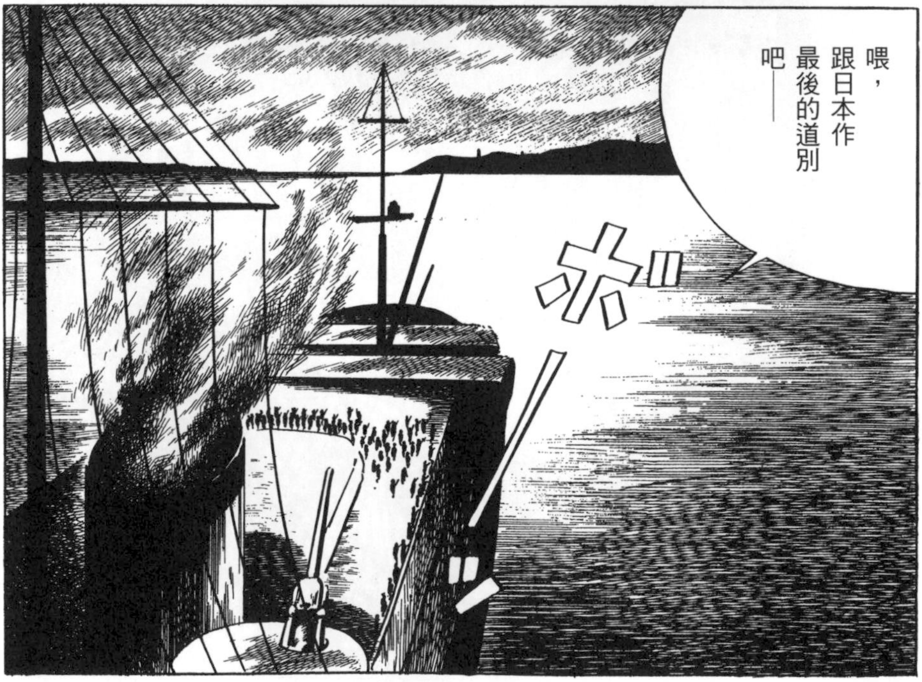
喂，
跟日本作
最後的道別
吧——
ボッ

＊嗚——

＊拍手鼓譟

＊吁——

船艙內分成三區，簡直就像豬圈的柵欄一樣，不過上頭還有發下啤酒。
船艙位於煙囪附近，隨著越來越靠近南方，實在熱得令人受不了……
急忙跑出艙外之後……
新兵要待在裡面！

*吁——

就因為老兵不懷好意的一句話，又得重回艙內。
船艦為了躲避敵軍潛艦，也加快速度航行。
船內熱到快燒起來了。
雖然好不容易抵達了※帛琉，

※「帛琉」……位於西太平洋密克羅尼西亞的小島群。歷經日本的委任統治領、美國的信託統治領，現已於一九九四年完全獨立。

一下船卻得立刻行軍，
士兵們也因此一一不支倒地。
抵達了一個叫雅龐的地方。
我們將暫時駐紮此地。
不是要去瓜達康納爾島嗎？
我們什麼都不知道，所以也無可奉告。

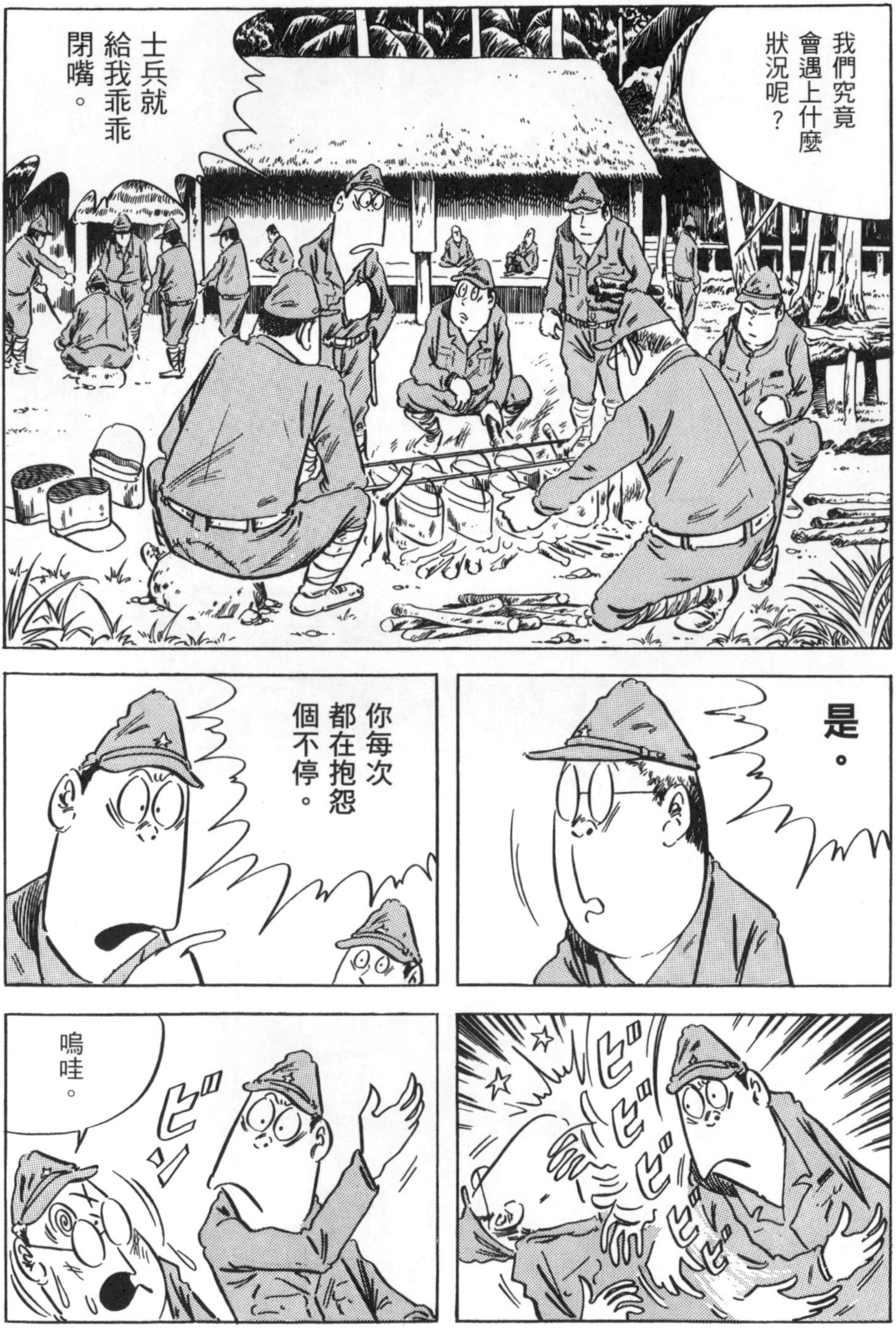
我們究竟會遇上什麼狀況呢？
士兵就給我乖乖閉嘴。
是。
你每次都在抱怨個不停。
嗚哇。
ビン

＊啪嗒

＊啪啪啪啪啪

＊唰唰──

此時，我們原本
要登陸的瓜達康
納爾島附近，
爆發了第二次
索羅門海戰……

昭和十七年（一九四二）
八月二十四日正午出頭，
以弗萊徹提督率領的
薩拉托加號、企業號、胡蜂號
三艘航母作為核心的美軍機動
部隊行蹤曝光，而由南雲中將
指揮的日本艦隊也開始南下，
這是包含了航母六艘、
戰艦以下三十三艘
的巨大部隊。
兩軍雖在
瓜島北方遭遇，
弗萊徹提督卻
沒有攻擊南雲本隊，

＊嗡──

＊噠噠噠噠噠噠

反而襲擊了負責攻擊瓜島機場的「龍驤號」，並加以擊沉——
どどどどどどど

日機則襲擊了「企業號」，造成中度損傷。
T
T62-5

＊砰砰砰砰砰砰砰

八月二十八日，代替全軍覆沒的一木支隊，由川口清健少將所率領的支隊開始朝瓜島前進。
＊嗡——
＊磅磅磅磅
＊噗嘩——
不過島上的制空權卻掌握在美軍手中，因此登陸始終進行得不順利。

即便如此，到了九月二日，川口支隊四千人仍然登陸集結完畢。
隊上僅持有三門火砲，因此勢必會演變成白刃戰。
九月十三日晚間，朝機場南方山丘展開突擊。

面對著不顧死活直衝而來的日本兵，美軍在恐懼之下也不禁瘋狂亂射一通。

待東方大白，山丘上已染得一片血紅。日軍戰死五百人、戰傷四百人，美軍戰死四十人、戰傷百人。

殘存的日軍則退至叢林中。
ガサ
ガサ

＊沙沙、沙沙

八月三十一日，航母「薩拉托加號」遭日軍潛艦重創。九月十五日，航母「胡蜂號」遭潛艦擊沉，「企業號」也受到中度損傷。

殘存的航母只剩「大黃蜂號」一艘。瓜島上的美軍都認為大勢已去…

美軍雖然仍掌有島上的制空權，
卻僅剩不過百機了。若日軍全力進攻的話，勢必全軍覆沒。
而且登陸一個多月以來，毫無補給，不僅缺乏糧食，士兵們也開始浮現疲態。
制海權也搖搖欲墜，正當以為要束手就擒之時，期待已久的美軍增援部隊終於出現。

糧食、彈藥、
兵員都獲得補強
（一個連隊），
美軍也因此
變得勇氣百倍。
九月二十九日，在爪哇攻略中
大為活躍、由丸山政男中將
所率領的第二師團抵達拉包爾，
並被編入第十七軍。
ザッ
ザッ
ザッ

*噠噠噠

百武軍司令官
儘速朝瓜島前進，以待進攻該島的機會，並在十月十七日之前，
作好攻擊機場周遭的準備。
儘管敵軍兵力不明，但應該是在一個旅團上下。我也將以指揮官的身份一同前往瓜島。
我方則有一個師團的兩萬精兵，必當讓范德格里夫特少將高舉白旗。
「陸軍已經與打贏無異」當時便是秉持著這種決心。山本聯合艦隊司令長官也對此期待不已，傾全艦隊之力協助運輸。

儘管成功登陸，他們卻在此遇上了瀕臨餓死的川口支隊殘兵。
我們已經一個月沒收到補給了…
搞什麼，這裡不是瓜島，而是「餓島」。
但丸山師團絲毫不曾動搖。
只要給我一個師團的精兵……
佔領瓜島只不過是遲早的問題。

十月十一日，「薩沃島海戰」登場。為了成功運輸至瓜達康納爾島，日本艦隊前往美軍機場展開砲擊，並和全力阻止的
美軍艦隊之間爆發海戰！

*轟隆——

雙方展開一場不分敵我的混戰，
儘管如此，日軍還是成功將
六門火砲送上岸。

十月十三日，美軍
收到三千人（一個
連隊）的援兵
而大喜過望，
丸山師團卻對他們
展開了砲擊。

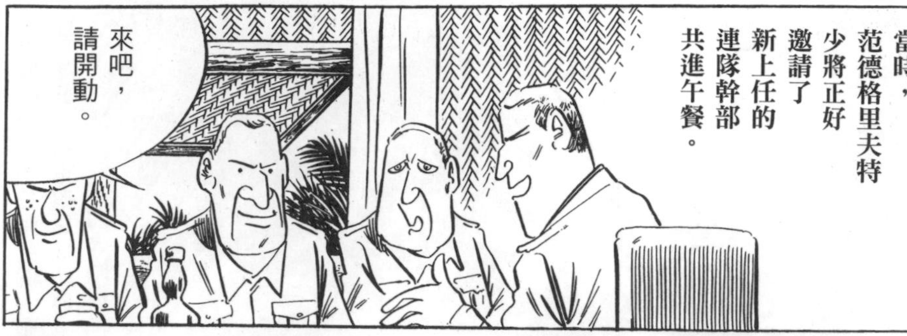
當時，范德格里夫特少將正好邀請了新上任的連隊幹部共進午餐。
來吧，請開動。

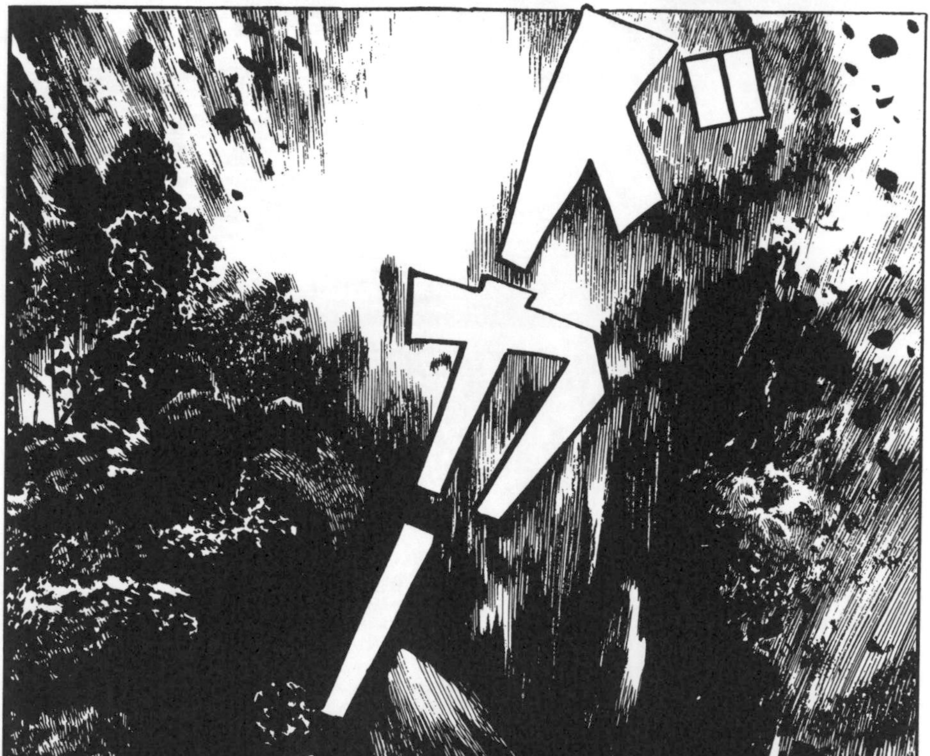
ズカーン

＊轟隆——

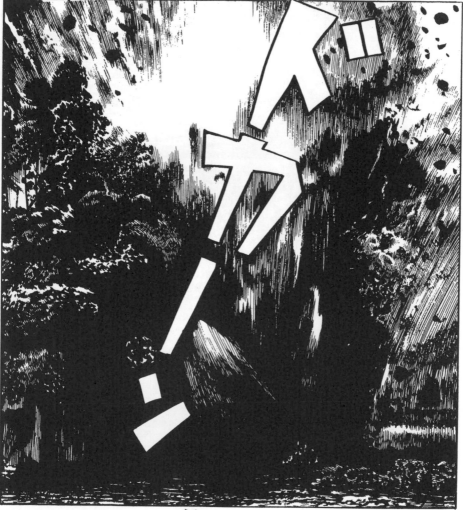

什、什麼聲音？
機場遭到轟炸！
豈有此理，日軍不可能有大砲！
司令官，物資囤積處被炸飛了，機場上也到處坑坑巴巴的。
美軍火砲一同發射，日軍有二門大砲遭到破壞。
バーン

*磅——

＊轟隆——

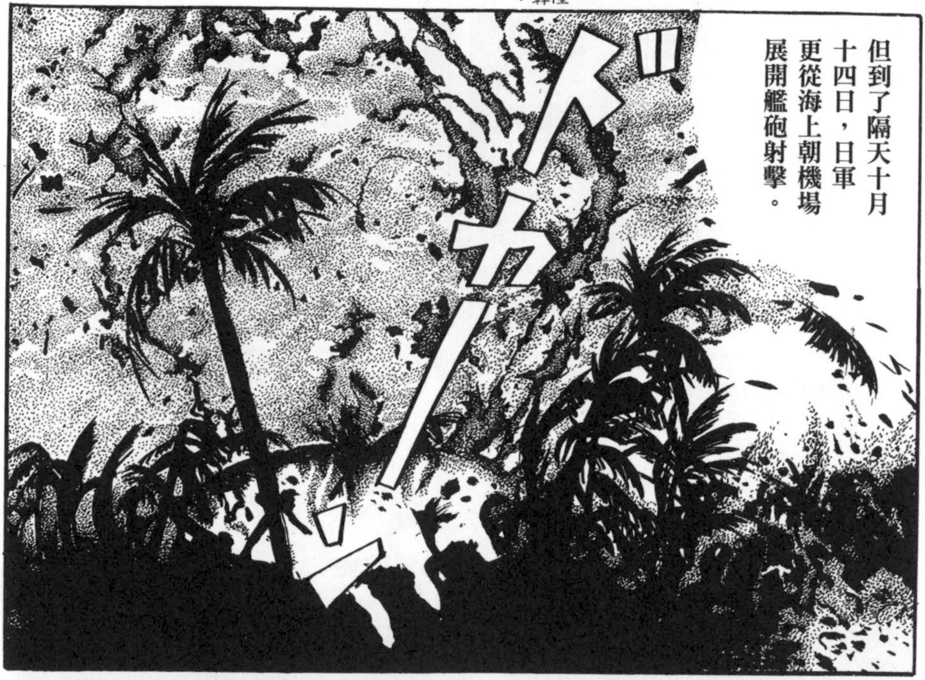
但到了隔天十月十四日，日軍更從海上朝機場展開艦砲射擊。
ドカーン

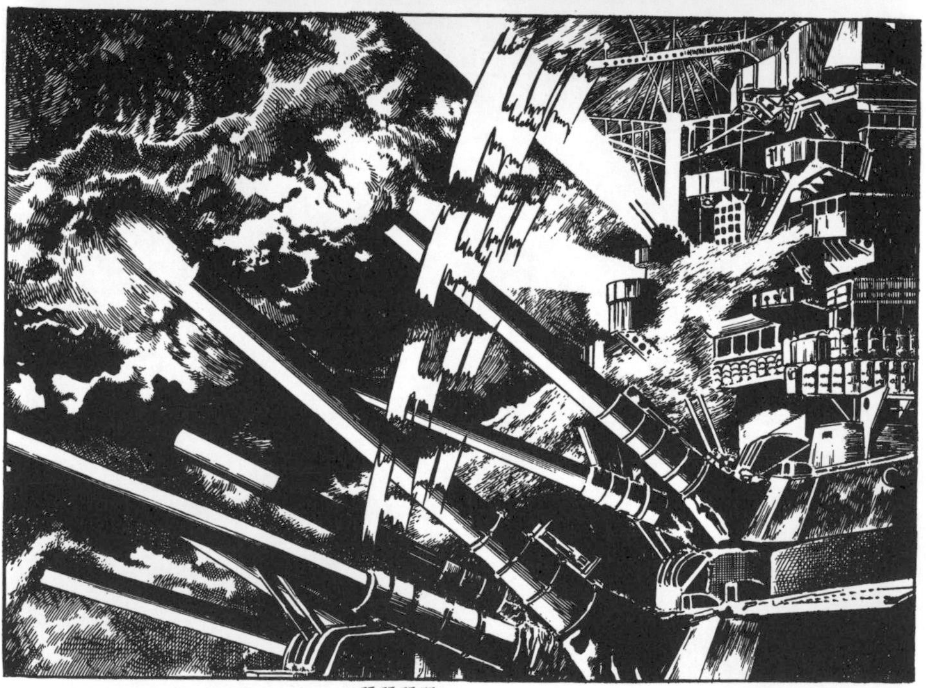

＊砰砰砰砰

＊噠噠——
栗田中將指揮的第三戰隊戰艦「金剛號」、「榛名號」其三十六厘米砲，一小時內發射了近千發。
機場也化為一片火海。

從當晚到隔天十五日早上之間，日軍運輸船隊冒險衝鋒，將兵員、彈藥、糧食送上岸。

十月十五日，丸山師團發下出擊命令。在十六日至十八日之間，各隊一一出發。

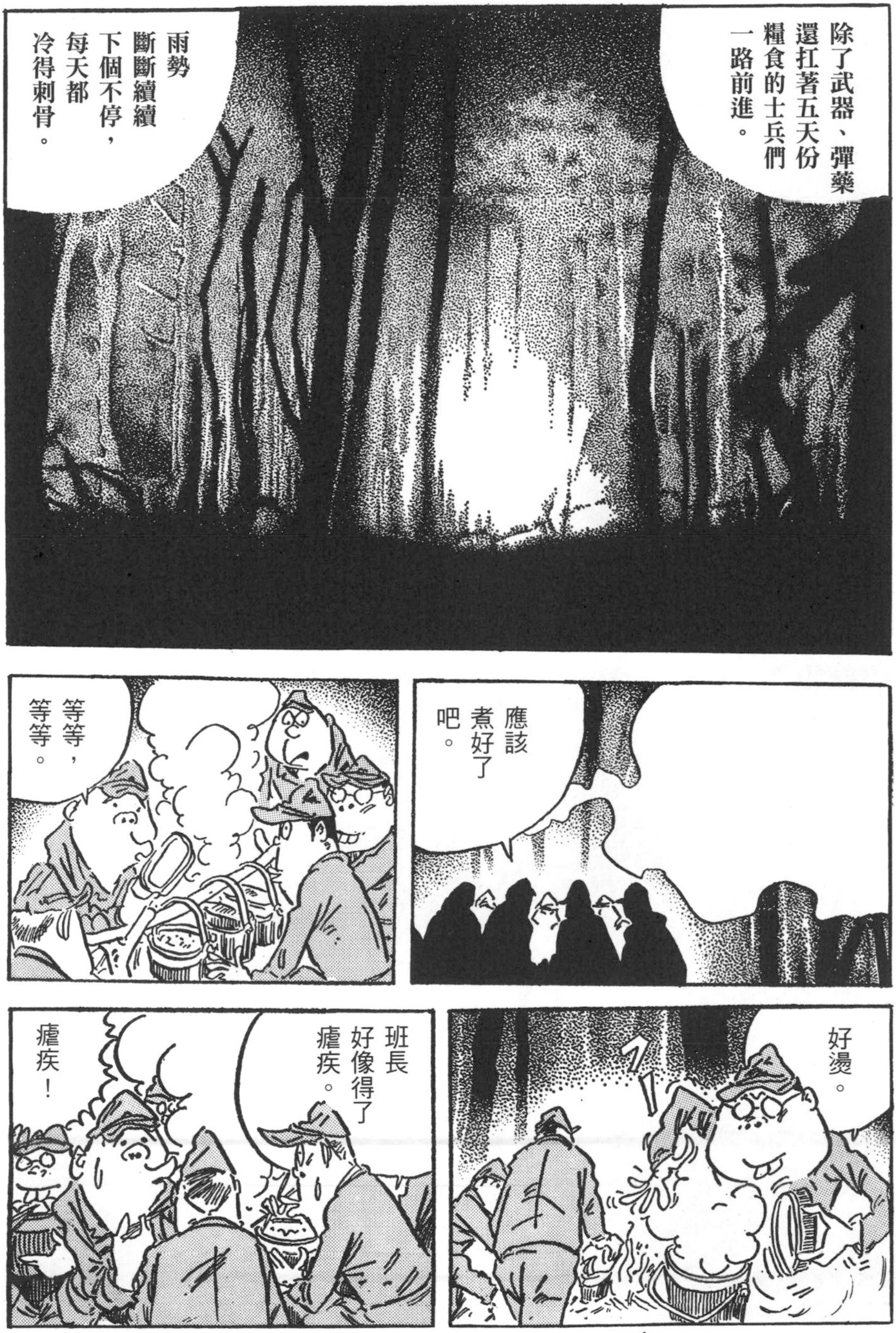
除了武器、彈藥還扛著五天份糧食的士兵們一路前進。
雨勢斷斷續續下個不停，每天都冷得刺骨。
應該煮好了吧。
等等，等等。
好燙。
班長好像得了瘧疾。
瘧疾！

＊呼—

儘管瘧疾開始蔓延，
十月二十四日，
各部隊仍於攻擊
起始地點集結。
晚間九點，連綿
的雨勢終於
停歇，

月光乍現，
深夜十二點，
突擊行動開始。
面對不顧生死
突擊的日軍，
美軍也如發狂
一般地應戰。

＊砰砰砰砰砰砰

＊劈啪劈啪劈啪

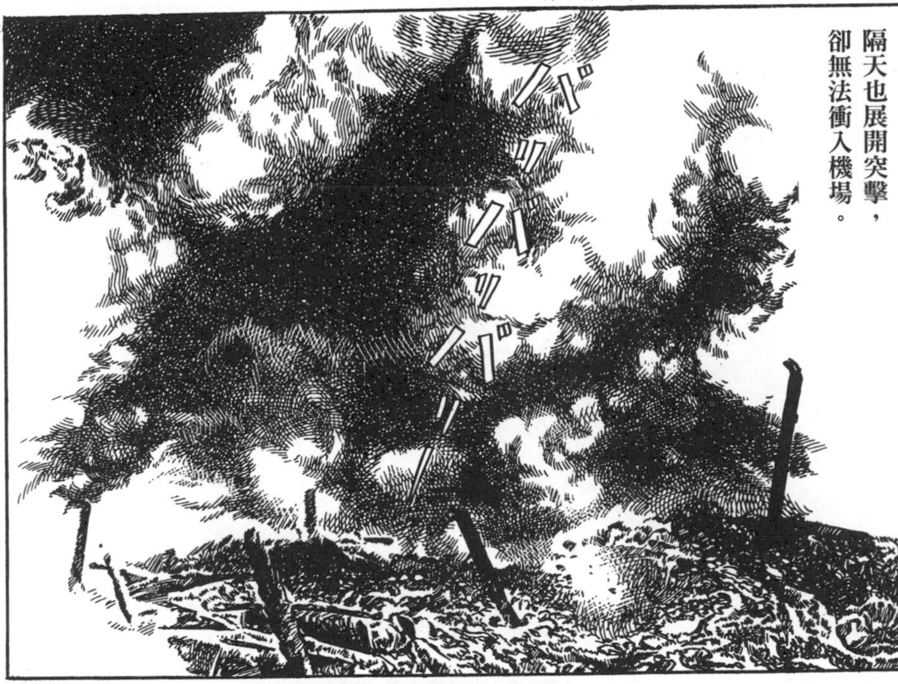
隔天也展開突擊，
卻無法衝入機場。

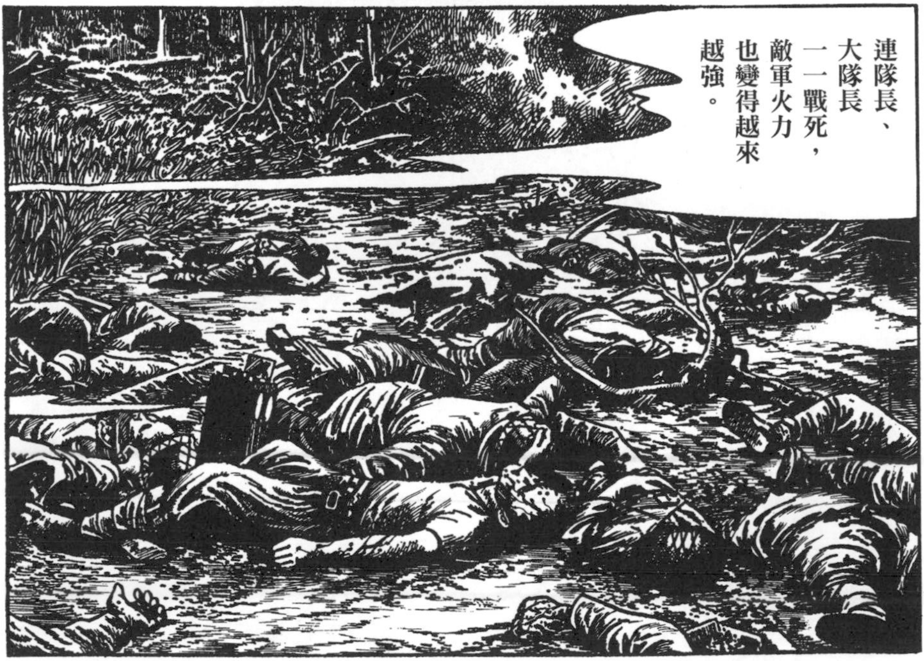
連隊長、
大隊長
一一戰死，
敵軍火力
也變得越來
越強。

丸山中將決定暫時後退。
第二師團戰敗的消息，對參謀本部帶來巨大的衝擊。
對天皇陛下拍胸脯保證這次絕對妥當的※杉山參謀總長（元帥），臉色不禁一僵。
元帥的個性十分認真，因此極度恐懼會遭到天皇斥責。
至於日本內地的國民們，此時究竟過著什麼樣的生活……

※「杉山元」（一八八〇～一九四五）……元帥、陸軍大將。歷任陸軍大臣、參謀總長等職位，是日軍決策中心的核心人物之一。敗戰後，自殺身亡。

第6章 勝利之前什麼都不要

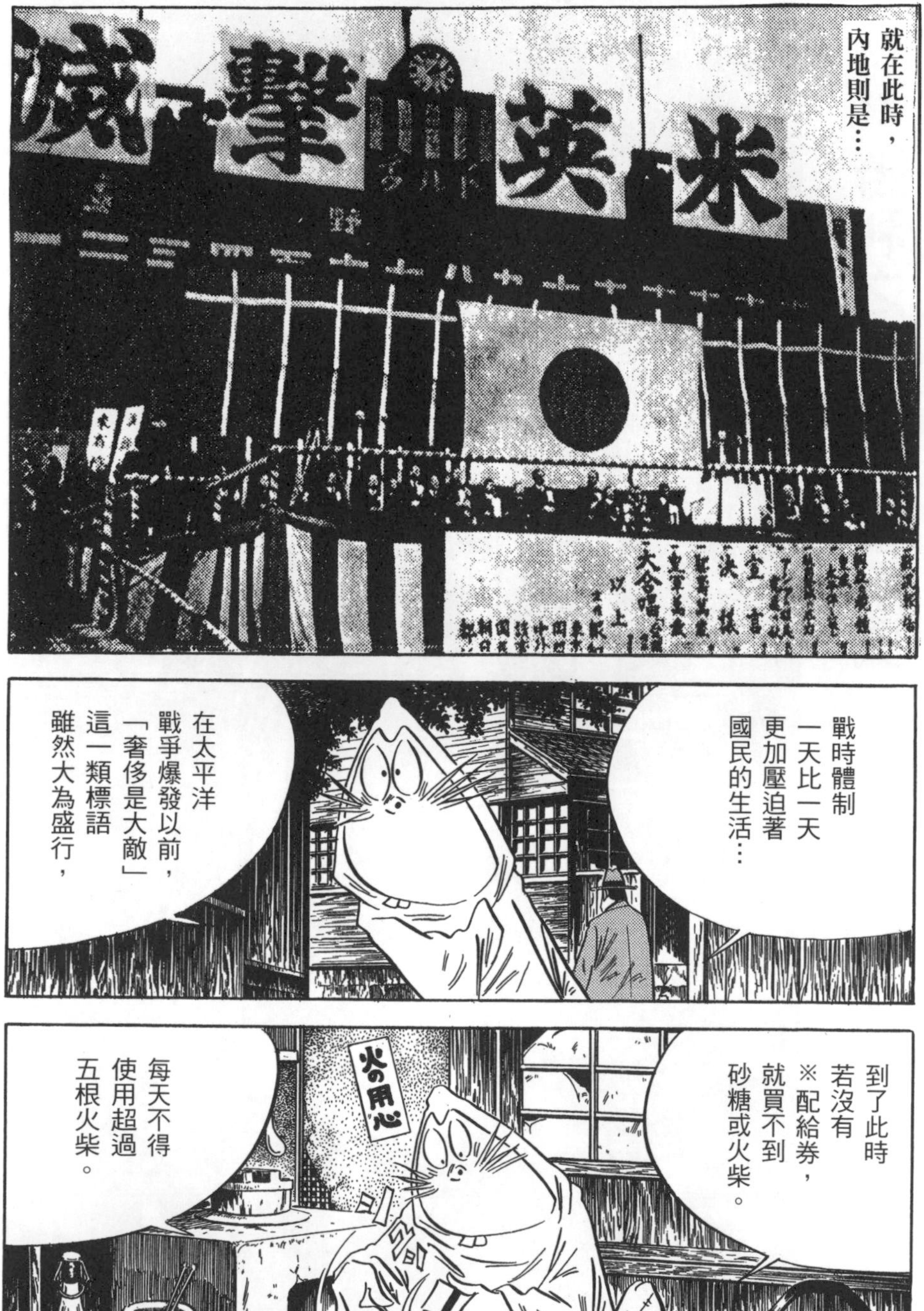
就在此時，
內地則是……
戰時體制
一天比一天
更加壓迫著
國民的生活……
在太平洋
戰爭爆發以前，
「奢侈是大敵」
這一類標語
雖然大為盛行，
火の用心
到了此時
若沒有
※配給券，
就買不到
砂糖或火柴。
每天不得
使用超過
五根火柴。

※「配給券」……二戰期間至戰後為止，日本因應非常時期，對生活必需品和日用品採取配給制，只能憑券購買一定數量。

「勝利之前什麼都不要」是舉國推行的宣傳標語。
酒類也採取配給制，因此酒館即使開店也做不成生意——
天栄
天栄
當然，不只是經濟生活，舉凡出版、報導、娛樂、文化、政治，全都受到了戰時體制的影響。
喂，要舉行翼贊選舉了。
翼贊選舉？
這是指對明治以來的自由選舉，施加合法性限制的選舉方式。

形式上是由翼贊團體這個民間團體向國民舉派推薦者。
翼贊團體不只能挪用軍事費，在鄉軍人會等也參與助陣。
那獨立候選人呢……
他們會被施加各式各樣的壓力。這是一場以納粹一國一黨作為範本的選舉。

這場翼贊選舉有八成二是由推薦候選人當選，確實讓軍方達到了目的。
另外還組織了屬於文人的團體，由※內閣情報局加以掌控，要是不加入的話，就找不到地方能寫稿了。
此外，昭和十八年（一九四三）五月，谷崎潤一郎在《中央公論》連載的《細雪》，也以太過軟弱為由而被迫中斷。
真傷腦筋。
我曾偶然在舊書店遇到戰時經營米店的大叔。
谷崎先生他呀，一直積欠米錢，遲遲沒有付帳。
是喔，即使是大文豪也很難混口飯吃呀。
我雖然不太清楚，但或許是這樣吧。
這樣啊。

※「內閣情報局」……二戰期間收集情報、政治宣傳的內閣直屬機關，為控制國內思想言論的中樞。設置於昭和十五年（一九四〇），敗戰後廢止。

至於瓜達康納爾島，在第二師團發動總攻擊的同時，昭和十七年十月二十六日
也爆發了「南太平洋海戰」，海軍獲得了極大戰果。
在海爾賽中將的命令之下，美軍以航母「企業號」「大黃蜂號」作為核心，出動戰艦一艘、重巡三艘、輕巡三艘、驅逐艦十三艘。
＊軋——
日軍則由近藤中將擔任總指揮官，以栗田中將的第三戰隊、南雲中將的第一第二航空戰隊為首，組成了航母四艘、戰艦四艘、重巡八艘、輕巡三艘、驅逐艦二十八艘的巨大部隊。

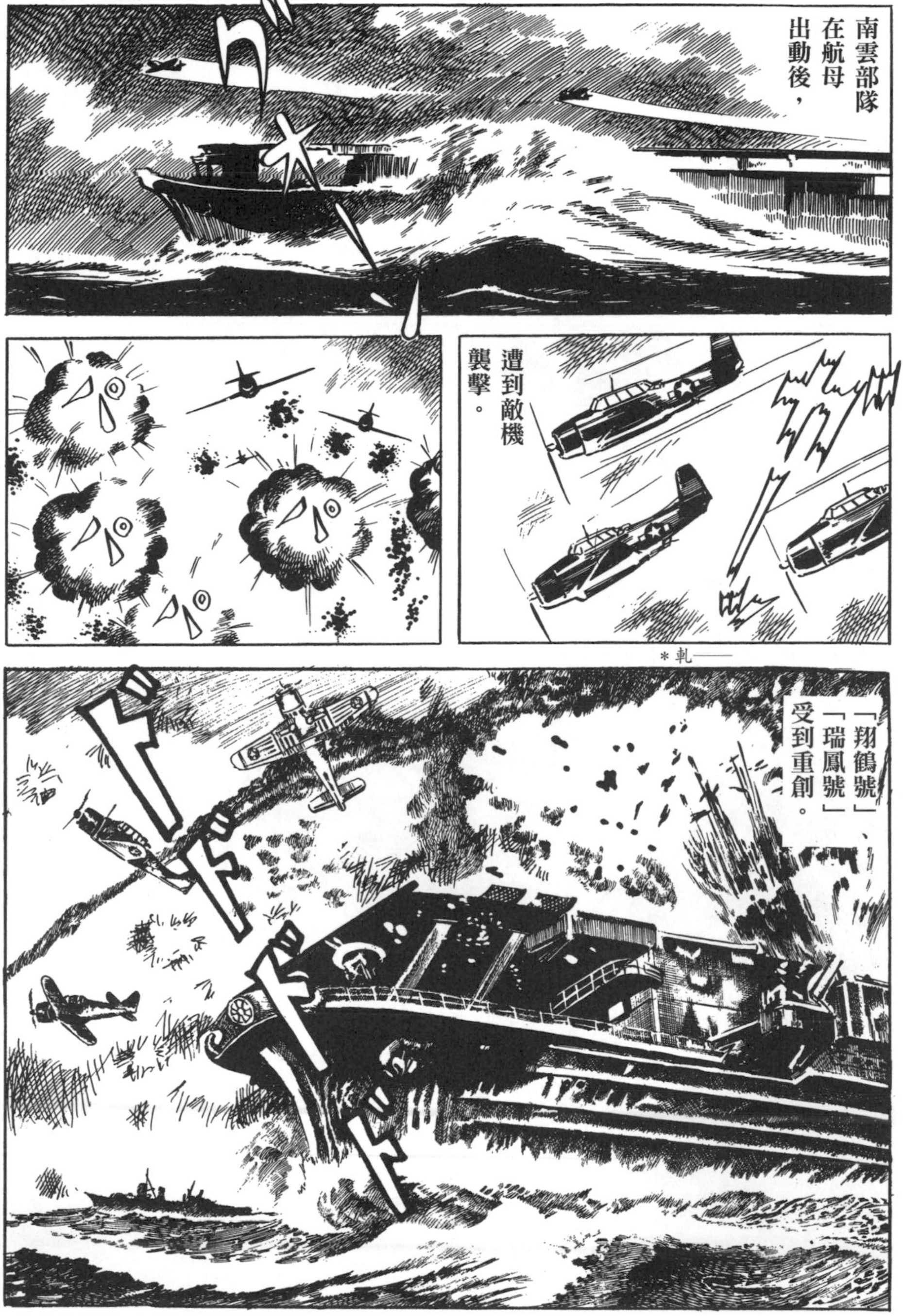
＊嗡——
南雲部隊在航母出動後，
＊磅磅磅磅
遭到敵機襲擊。
＊軋——
＊砰砰砰砰
「翔鶴號」、「瑞鳳號」受到重創。

大吃一驚的
南雲部隊打算
退往北方，
但※宇垣聯合
艦隊參謀長
則說——

不要屈服於
一時的損傷，
去攻擊敵軍
航母部隊！

＊嗡——

因為這道命令，導致
航母「大黃蜂號」沉沒，
「企業號」和驅逐艦四艘
遭重創，「南達科他
號」戰艦遭輕傷
等損害。

＊砰砰砰

※「宇垣纏」（一八九〇～一九四五）……海軍中將。太平洋戰爭爆發後任聯合艦隊參謀長。在日本接受波茨坦宣言投降當天，搭乘特攻機出擊而戰死。

＊嗡——

グオーン
日軍雖然沒有船艦沉沒，但有航母二艘、重巡遭到重創，幾乎呈現平手的局面。
大本營居然又再次……
位於南太平洋的帝國海軍擊沉了航母四艘、戰艦一艘、艦型不詳一艘！戰艦一艘、重巡三艘、驅逐艦一艘受中度損傷，擊墜敵機兩百架以上，此外更造成其他損傷。

……作出以上聲明。
陸軍第二師團雖然未能攻下瓜島機場而顯得垂頭喪氣，卻因此重振氣勢，並投入了三十八師團和二十一旅團。
十一月十日晚間，
*砰砰砰
在香港攻略中大為活躍、佐野中將率領的第三十八師團司令部和另一個連隊登上了瓜島。

美軍也在五日
由海軍第八陸
戰團、十一日
由美國陸軍的
一個連隊登陸，
兵力獲得補強。

十二日，載有第三十八
師團主力的十一艘運輸船
從肖特蘭群島出發，
負責加以護衛並砲擊機場
的日本艦隊，則和美軍
艦隊之間爆發了
「第三次索羅門海戰」。

在收到日軍艦隊南下的消息之後，海爾賽中將下令…
由卡拉漢少將的部隊（重巡五艘、驅逐艦八艘）出擊！

此時的日本艦隊包括了戰艦二艘、輕巡一艘、驅逐艦十六艘。

戰艦的目標是砲擊機場。
戰艦「比叡號」

＊砰砰砰砰砰砰

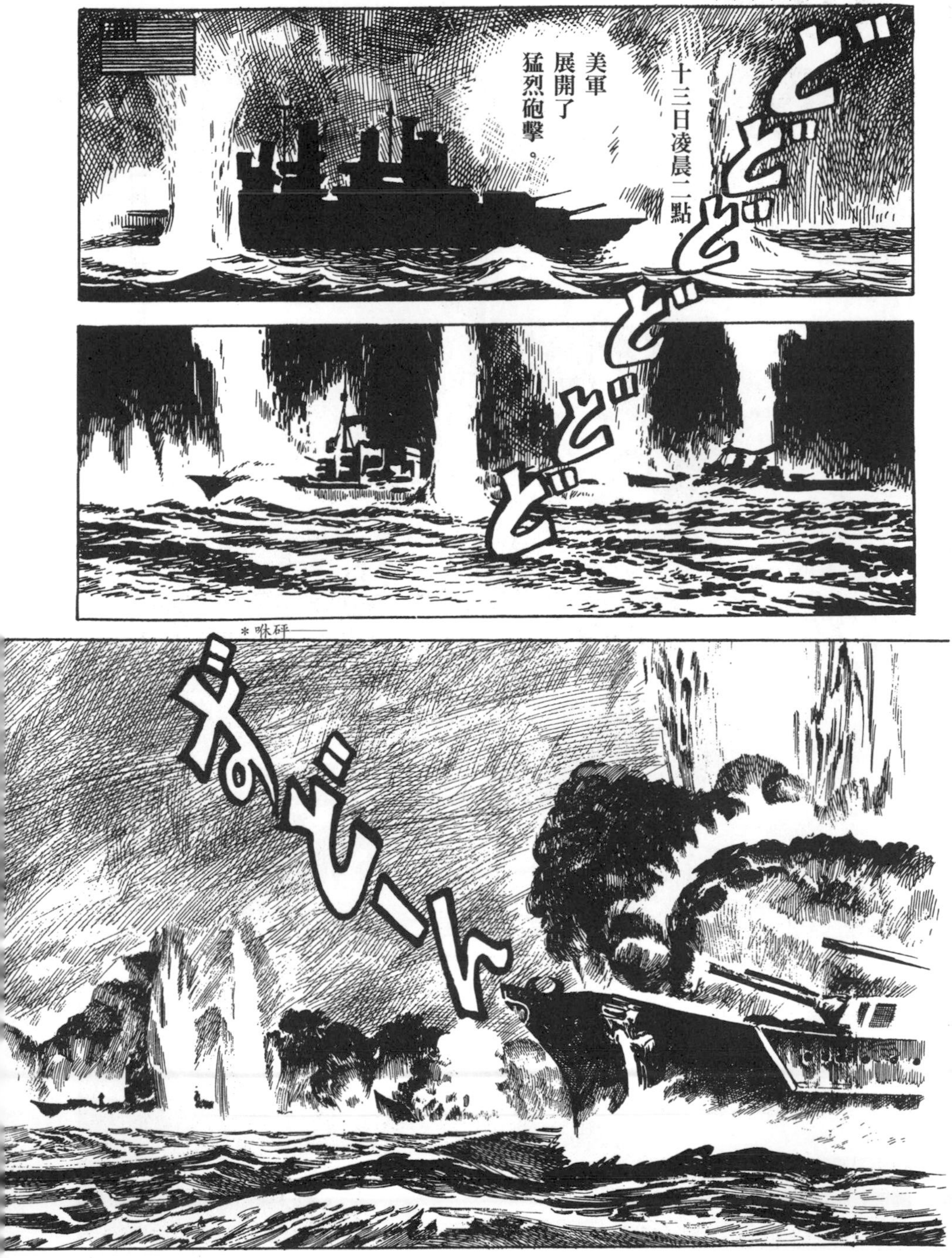
十三日凌晨二點，
美軍
展開了
猛烈砲擊。
どどどどどど
ずどーん

＊咻砰——

ドカーン
＊轟隆——
戰艦「比叡號」的主砲彈
命中了重巡「舊金山號」，
司令官戰死。
「舊金山號」的主砲失去控制，
誤擊友軍輕巡「亞特蘭大號」
以致沉沒，此外還有
四艘驅逐艦沉沒。

日方則
失去了戰艦
「比叡號」和
二艘驅逐艦。

十四日，朝瓜島前進的日本船隊遭受
一百零六機的空襲！
*咻——
*磅唧
*轟——

造成
六艘沉沒、
一艘脫隊。
最後只剩下四艘，
如果這還無法抵達瓜島
的話，事情就不妙了。
也因如此，
日軍海軍派出
戰艦一艘、重巡二艘、
輕巡二艘、驅逐艦九艘
來護衛船隊。

＊磅噠磅噠磅噠

＊砰砰砰砰砰
十五日凌晨一點，守在薩沃島的美軍戰艦二艘、驅逐艦四艘，發現了日軍蹤跡。
ドドドドド
雙方艦隊的砲彈此起彼落，開戰一小時之後，
＊砰砰砰砰砰砰砰
どどどどどどど
日方損失戰艦一艘、驅逐艦一艘，美軍則是戰艦一艘重創、驅逐艦二艘重創沉沒。

*嗡——
此時，四艘運輸船雖然抵達了瓜島，卻在黎明時分遭受空襲。

啊，敵機！
即便如此，還是讓兵員二千人、彈藥二百六十箱、米一千五百俵成功上岸，但四艘船都陷入火海。

＊嗡——
＊砰砰砰砰砰

之後在十一月三十日，
由田中賴三少將指揮的驅逐艦八艘，
遭遇了美軍重巡四艘、輕巡一艘、
驅逐艦六艘，上頭載著裝滿米的
鐵桶，雙方開始交戰。

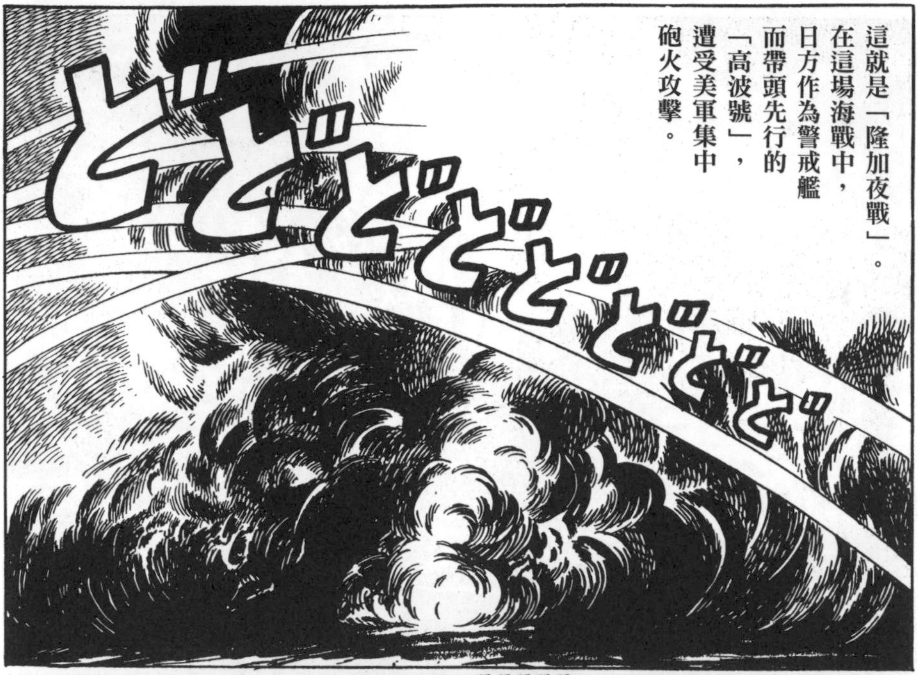
這就是「隆加夜戰」。
在這場海戰中，日方作為警戒艦而帶頭先行的「高波號」，遭受美軍集中砲火攻擊。
どどどどどどどど

＊砰砰砰砰砰

發射魚雷！
どどどどど

＊砰砰砰砰砰砰
全艦撤離！
＊轟—
＊咻嗚—
＊磅

日軍發射了
三十六支魚雷，
使美方重巡一艘
沉沒、三艘重創，
造成重大損傷。
日方則只有
「高波號」一艘
沉沒，獲得大勝。
不過自此之後，
日方卻因燃料、
船隻不足而無法
相助瓜島。
＊砰—隆

第7章 瓜達康納爾島轉進

昭和十七年（一九四二）十一月二十六日，新幾內亞的戰況變得事關重大，
因此成立了第八方面軍和第十八軍。
第十七軍（百武中將）負責瓜島，新幾內亞方面則交由第十八軍（安達中將），
並由第八方面軍（今村大將）來統轄兩軍和拉包爾。
今村大將向第十七軍下令，
加速現在進行的作戰準備，目標在一月中旬扭轉攻勢。
瓜島上一共只有三十八門火砲，每門火砲則備有五十至一百發砲彈。
如果亂開砲的話，彈藥一下子就耗盡了，於是便派出敢死隊。

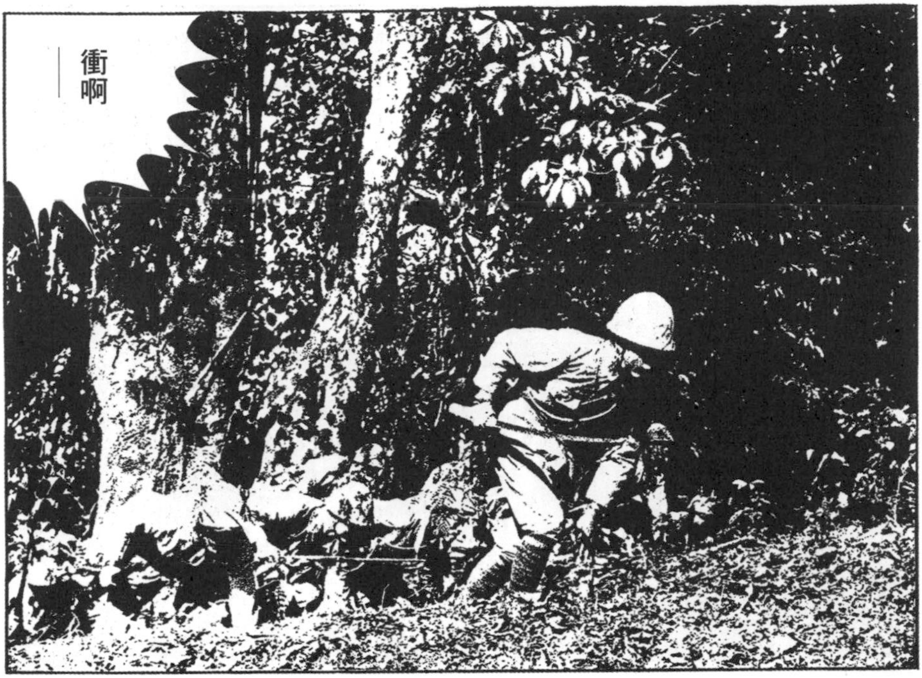
衝啊

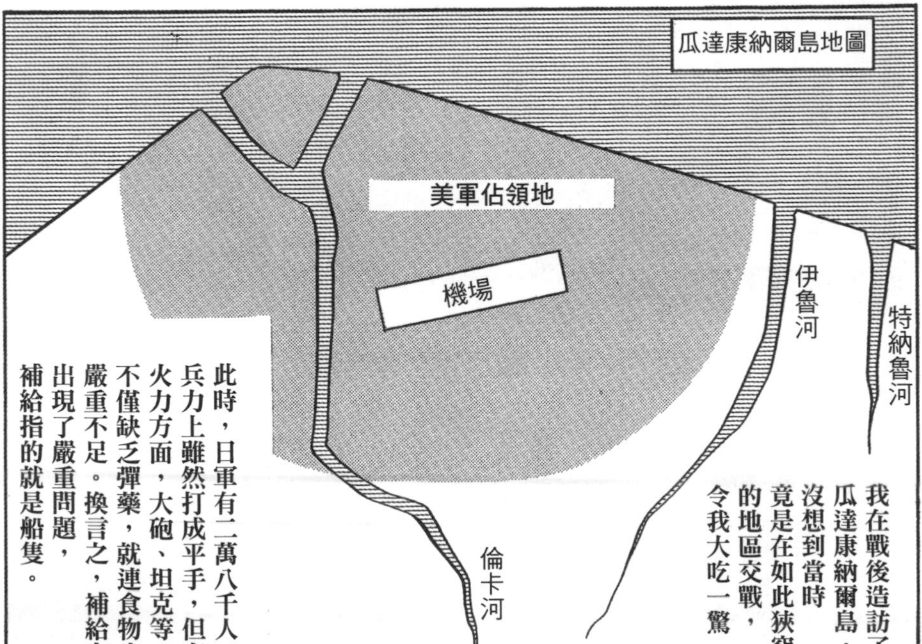
瓜達康納爾島地圖
美軍佔領地
機場
特納魯河
伊魯河
倫卡河
我在戰後造訪了瓜達康納爾島，沒想到當時竟是在如此狹窄的地區交戰，令我大吃一驚。
此時，日軍有二萬八千人，兵力上雖然打成平手，但在火力方面，大砲、坦克等不僅缺乏彈藥，就連食物也嚴重不足。換言之，補給上出現了嚴重問題，補給指的就是船隻。

昭和十八年（一九四三）三月二十五日，為了在重視索羅門的海軍，和重視新幾內亞的陸軍之間取得協調，而訂立了「陸海軍中央協定」，讓全體都轉為守勢，內容十分消極。
其中只有海軍獨力上演的索羅門方面航空戰「伊號作戰」，稱得上是唯一的積極策略。
四月三日，山本五十六聯合艦隊司令長官從楚克群島來到了拉包爾。
*轟—
他擔任「伊號作戰」的陣頭指揮。
看到山本長官的英姿，將兵們也戰意百倍。

*嗡——
四月七日，作戰開始！
*轟——
*嗡——
聯合艦隊司令長官親自送行，
好好加油吧。

＊緊握
＊磅磅磅磅磅磅磅
＊咻嗚

嗶嗶嗶嗶——
戰果回報。
我方，
擊沉敵軍驅逐艦
一艘及大型運輸船。
我方，
攻擊瓜達康納爾島機場，
機場陷入一片火海。
嗯。
啊，
又有一機
回來了。
又是
一機。
＊嗡——
ブ
零戰
三〇一。

還有幾架飛機未返？
本日十三機，合計共五十六機。
直到十四日為止，總共出動了六八二機，前往瓜達康納爾島和莫士比港的美軍設施攻擊。根據報告顯示，戰果十分顯赫。
四月十四日，※永野修身軍令部總長將天皇的「御旨」轉告給山本長官。
內容是：「朕感到非常滿意，繼續擴大戰果。」

※「永野修身」（一八八〇～一九四七）……元帥、海軍大將。為日本歷史上唯一一個歷任海軍大臣、聯合艦隊司令長官和海軍軍令部總長三大要職的將領。戰後雖被定為甲級戰犯，卻在審判中病死。

此時，哥哥正在
新幾內亞擔任
高射砲隊長。
ゴオ——ッ

高度五十，
發射——

＊砰隆砰—隆

＊軋—　＊劈啪劈啪劈啪

把敵軍抓起來！
隊長，抓到了。
在司令官下令前，先關在宿舍。
因為這次美軍機組員的問題，害得哥哥日後以戰犯身份遭到審判。
不過，會變得幸或不幸人又怎麼會知道呢。
此事暫且按下不表，參謀本部則因船隻不足而頭痛不已。
如果缺乏船隻的話，好不容易到手的石油等南方資源，就無法派上用場了。

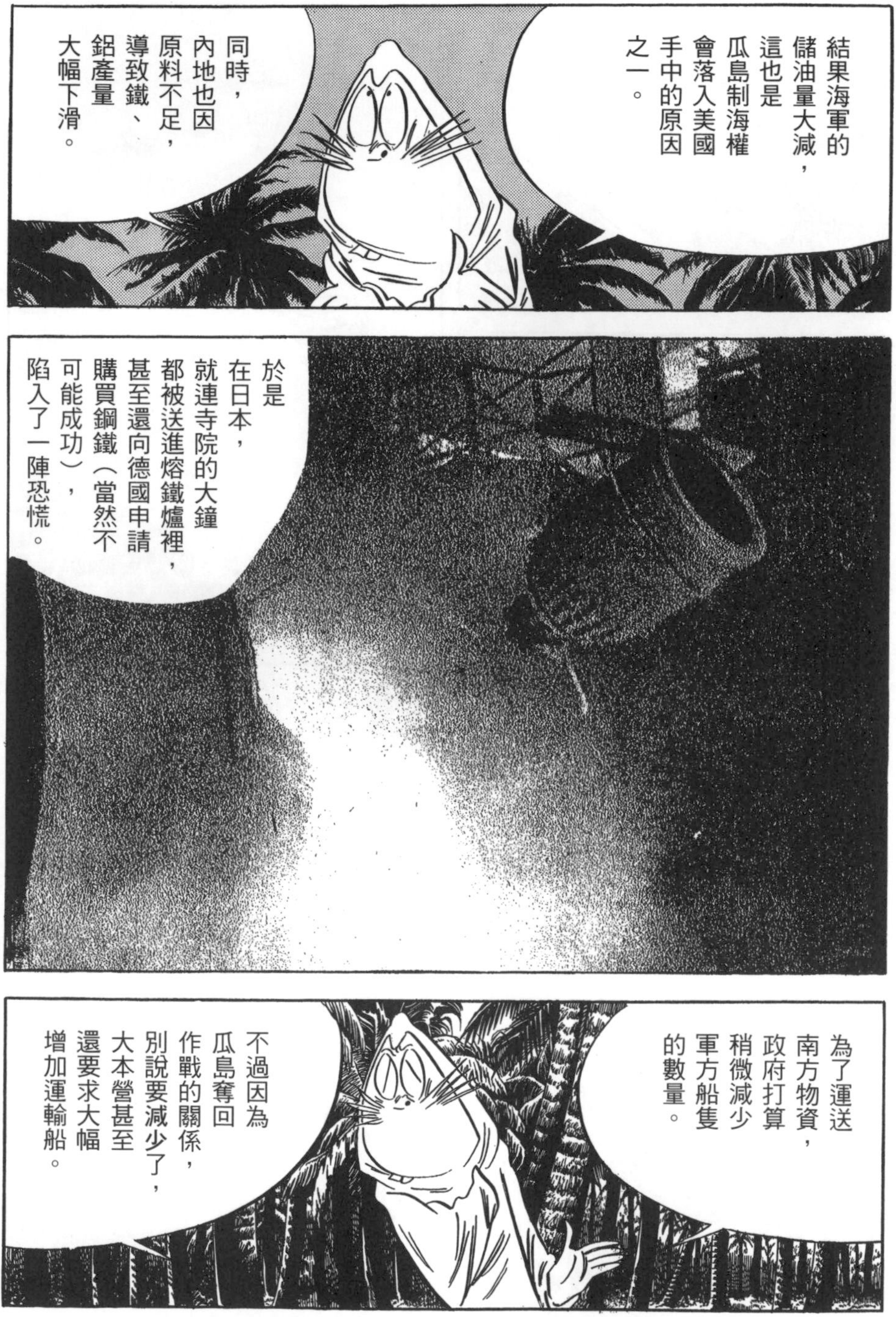
結果海軍的儲油量大減，這也是瓜島制海權會落入美國手中的原因之一。
同時，內地也因原料不足，導致鐵、鋁產量大幅下滑。
於是在日本，就連寺院的大鐘都被送進熔鐵爐裡，甚至還向德國申請購買鋼鐵（當然不可能成功），陷入了一陣恐慌。
為了運送南方物資，政府打算稍微減少軍方船隻的數量。
不過因為瓜島奪回作戰的關係，別說要減少了，大本營甚至還要求大幅增加運輸船。

美軍正在認真反攻瓜島，只要能在瓜島勝過美軍的話，就能提振全軍的戰意。
田中大本營第一部長（作戰）
無論如何，都必須把瓜島守下來。
鋼鐵生產再這麼低落下去，以後就什麼都補充不了了。為了增進生產力，將船隻用於運送南方物資，才是當務之急。
※佐藤陸軍軍務局長
海軍也因為船隻不足而傷透了腦筋。
昭和十七年十一月二十一日，東條首相在大本營和政府的聯絡會議上…
再這樣下去，國家就會陷入破產狀態。
也因如此，儘管會議一開再開，但大本營別說是要增加船隻了，甚至還落得船隻大減的下場。
受命攻打瓜島的第十七軍將兵又該如何是好！

※「佐藤賢了」（一八九五～一九七五）……陸軍中將。作為東條英機的親信，廣為人知。戰後雖被定為甲級戰犯而被判處終身監禁，但日後獲得釋放。

這是在干涉統帥權！
ポカリ
ポカリ
田中部長和佐藤局長最後還大打出手。
＊碰咚、碰咚
陸軍省和大本營之間的激辯，持續到了凌晨三點。
隔天，在大臣、次官、軍務局長等人面前，田中大本營第一部長談到……
對索羅門方面第一線將兵所應盡的義務，認真闡述了自己的意見。當晚一番爭論之後，田中部長則是……
混帳東西！
對首相如此怒罵。
東條首相在隔天跟杉山參謀總長會面，
田中那傢伙居然敢對首相口出暴言，應立刻撤換……
田中被調去當南方總軍的司令部付，但相對的，用於瓜島的船隻也稍微增加了。

美軍也在新幾內亞現身，巴沙布亞的日軍則是玉碎身亡。
瓜達康納爾島的將兵們一直未能收到糧食彈藥，
身患瘧疾，又只能吃樹根果腹。
軍人這種玩意兒，向來非常害怕「撤退」這個字眼，就算明知已經不行了……
也不可能由陸軍來下達命令。
因此便以瓜島奪回作戰的名義，和海軍取得協議。

海軍之所以遲遲沒有下令撤退，不只是出自面子問題，而是因為撤退作戰實在難如登天。
軍司令部總長永野大將
無論如何，瓜島最終仍選擇撤退，而且還算是損傷不重的成功撤退…
大本營卻宣稱這是「轉進」。
原來如此，開倒車也能稱之為「轉進」。換言之，不是往前，只是往「後方」前進而已。
為了負起責任，百武司令官曾打算自殺謝罪…

今村大將卻要他暫緩自殺。
何不提筆寫下瓜島作戰失誤的來龍去脈，以留作後世的資產……
百武聽進了勸告，並留下《戰爭終結》這份紀錄，
卻不幸罹患腦出血，落得半身不遂，無法完成宿願。
而在不久之後，便爆發了山本聯合艦隊司令長官戰死的大事件……
給我好好幹吧。

＊轟—隆

ゴーォ
請向大本營回報，不是說美軍帶了一百架飛機，我方也就需要百機嗎？
若對方有十機，至少要有三機…不，即使是二機也沒關係。
要他們儘快派到拉包爾來……
沒多久之後，大本營便派來使者…
實在很抱歉，回覆是飛機一架都不會派，請用當地部隊加以對應…
連飛機都不給、卻叫我們打勝仗，哪有這麼亂來的要求。
我們可是傾聯合艦隊之力，集結所有艦載機來打仗，卻只夠跟一艘航母對抗。

大本營跟現在的內閣究竟想不想打贏這場戰爭呀？
不，他們到底把這份責任當成什麼了？
……
＊靜默——
山本長官只嘆了一聲。此時，長官已經決定要將防衛線後撤了。當時山本長官在日記上寫道：「彼我之間的戰力差距越來越顯著，局勢已進入最終階段，小生將抱著只剩下百日性命的覺悟，鞠躬盡瘁、死而後已。」
數日後——
長官現在正在校閱殘留部隊。
此地的作戰已經結束了是吧。
明天早上六點出發，校閱東南方面的各個基地，再回到楚克群島的「大和號」上。
校閱各基地……
說是校閱，實為跟大家作最後的道別。
沒錯……留下來的各個基地說不定會落得全體玉碎。
長官應該是想一一審視每個人的面容吧。

向長官閣下敬禮！
就拜託你們了。
要好好保重……

*嗡——
就這樣，山本長官
放棄了沒有飛機補給
的拉包爾作戰，
將本部移至楚克群島，
為了向各地殘留的
部下作最後道別，
在離開拉包爾後，
朝布干維爾島
前進……
山本長官雖然
在布干維爾島的
上空遭到擊墜……
但背後究竟是
怎麼一回事呢……
美方截收到
日本的
密碼電報。

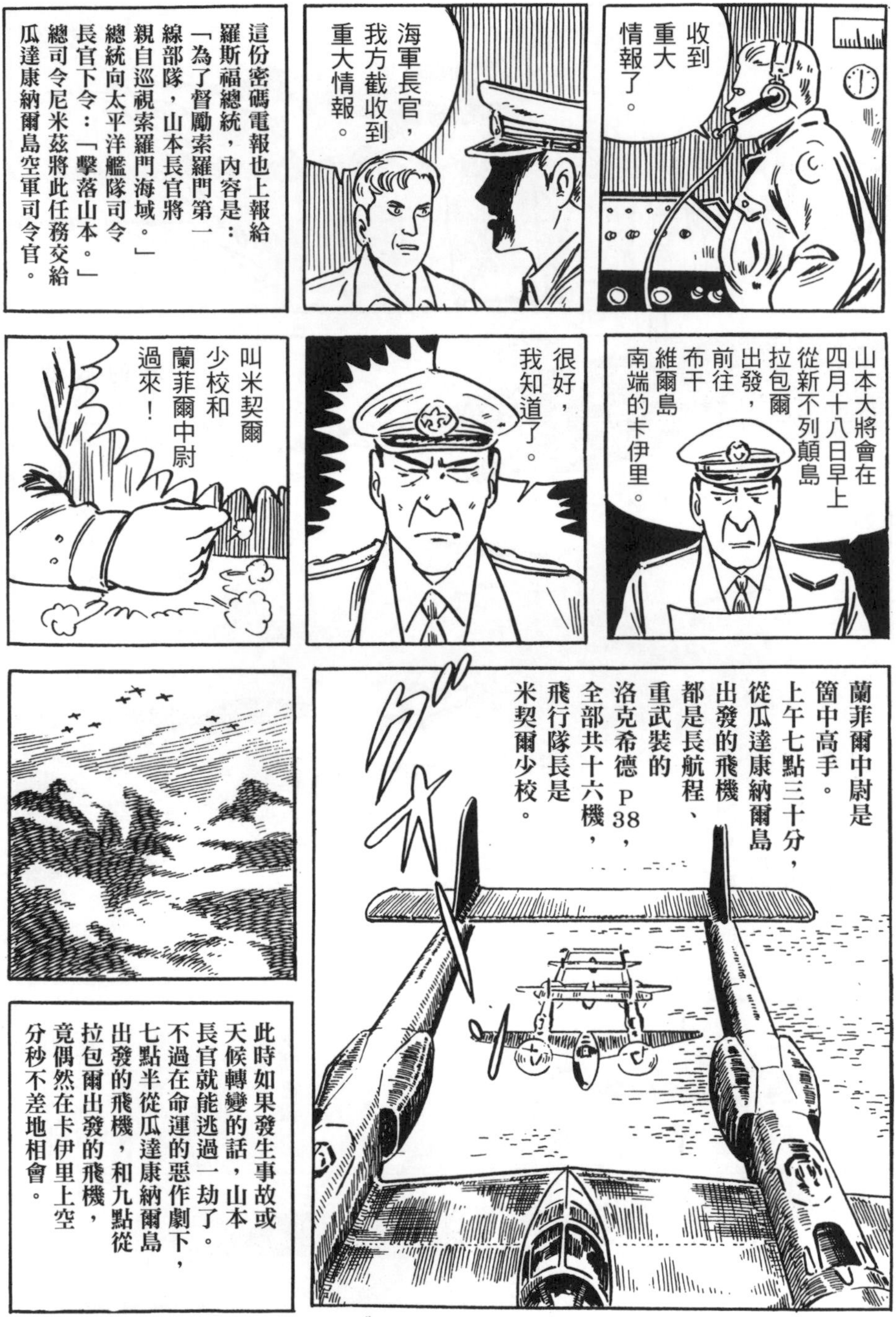
收到重大情報了。
海軍長官，我方截收到重大情報。
這份密碼電報也上報給羅斯福總統，內容是：「為了督勵索羅門第一線部隊，山本長官將親自巡視索羅門海域。」總統向太平洋艦隊司令長官下令：「擊落山本。」總司令尼米茲將此任務交給瓜達康納爾島空軍司令官。
山本大將會在四月十八日早上從新不列顛島拉包爾出發，前往布干維爾島南端的卡伊里。
很好，我知道了。
叫米契爾少校和蘭菲爾中尉過來！
蘭菲爾中尉是箇中高手。
上午七點三十分，從瓜達康納爾島出發的飛機都是長航程、重武裝的洛克希德Ｐ38，全部共十六機，飛行隊長是米契爾少校。
此時如果發生事故或天候轉變的話，山本長官就能逃過一劫了。不過在命運的惡作劇下，七點半從瓜達康納爾島出發的飛機，和九點從拉包爾出發的飛機，竟偶然在卡伊里上空分秒不差地相會。

＊嗡——

米契爾少校出現在
護衛戰鬥機的面前，
而蘭菲爾中尉等人
則躲在雲中…
負責護衛山本長官
的六架零戰，
朝著米契爾
少校率領的
飛機襲來。
此時，護衛的零戰
沒有察覺到躲在
雲中的蘭菲爾中尉
等四機。
準備上
了！
＊咻嗚—嗚
ギュー！
山本長官機

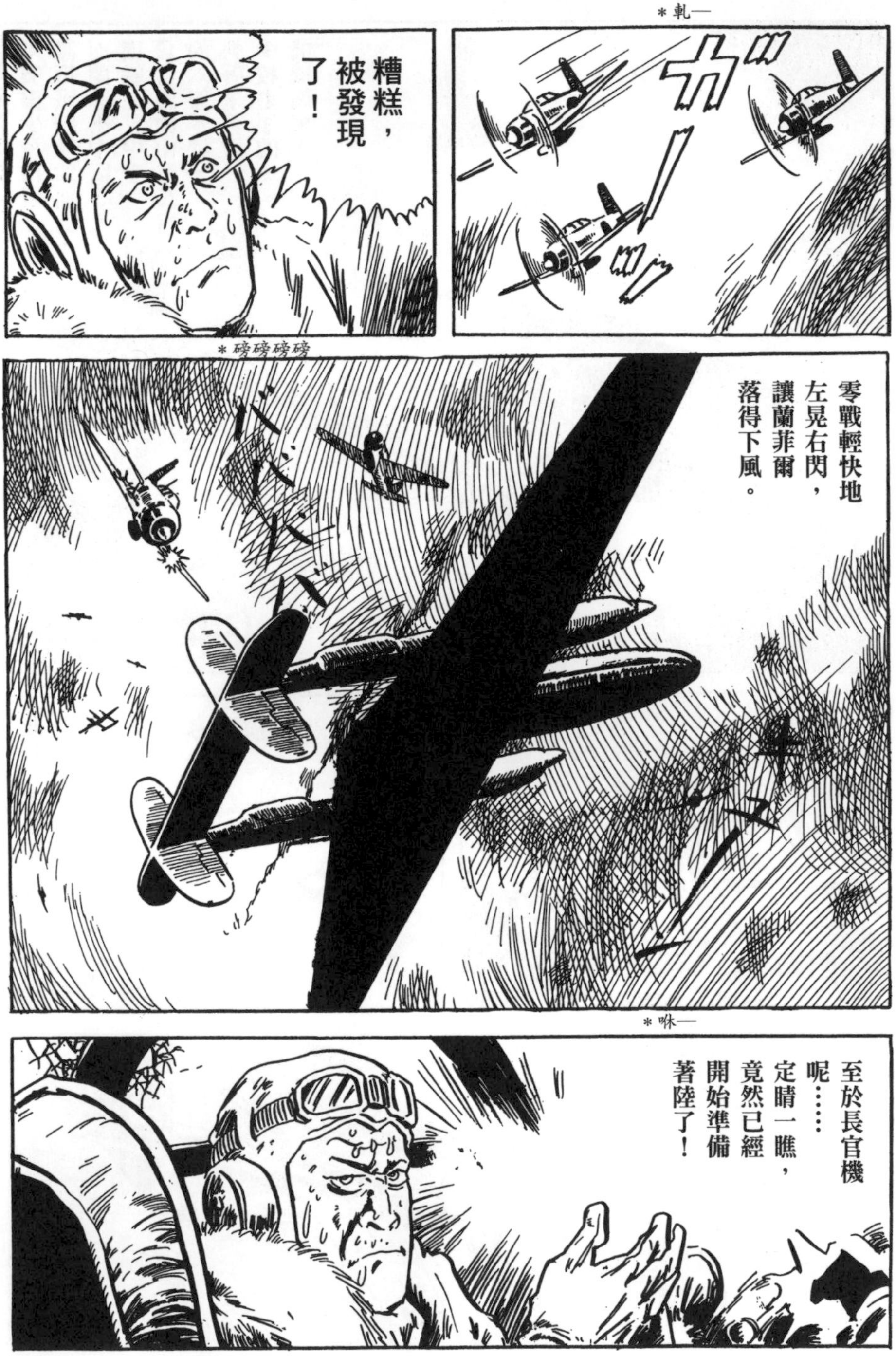
＊軋—
糟糕，被發現了！
＊磅磅磅磅
零戰輕快地左晃右閃，讓蘭菲爾落得下風。
＊咻—
至於長官機呢……定睛一瞧，竟然已經開始準備著陸了！

哦——
如果錯過這次，
就不會再有
下次機會了！
是生，
是死！
＊軋—
＊磅磅磅磅磅
＊噠噠噠噠

不幸的是，山本長官機
和山官長官本人都被命中！
當日本國民得知「山本司令長官
已壯烈戰死於南布干維爾」時，
已經是一個月之後的事了。
蘭菲爾中尉為了裝出「沒有破解
密碼、一切只是『偶然』」的樣子，
不得不多次出動前往布干維爾島
以作為掩飾。
山本大將被升為「元帥」，
在昭和十八年（一九四三）
六月五日舉行了國葬——

＊砰隆

山本死後，立刻由※古賀峯一大將就任新長官。
在擊墜山本長官之後，美國也開始出現反攻阿留申群島的聲浪。
昭和十八年五月十一日，一萬一千人的部隊在阿圖島登陸。日軍山崎大佐率領的兩千五百人玉碎身亡。
阿圖島隔壁的基斯卡島上，雖然駐有五、六百人的守備隊，卻趁著大霧全員撤退。
當三萬名美軍在八月十五日登陸時，島上已經空無一人。

※「古賀峯一」（一八八五～一九四四）……元帥、海軍大將。作為山本五十六的後繼聯合艦隊司令長官，在海軍乙事件中殉職。

第8章 從帛琉到拉包爾

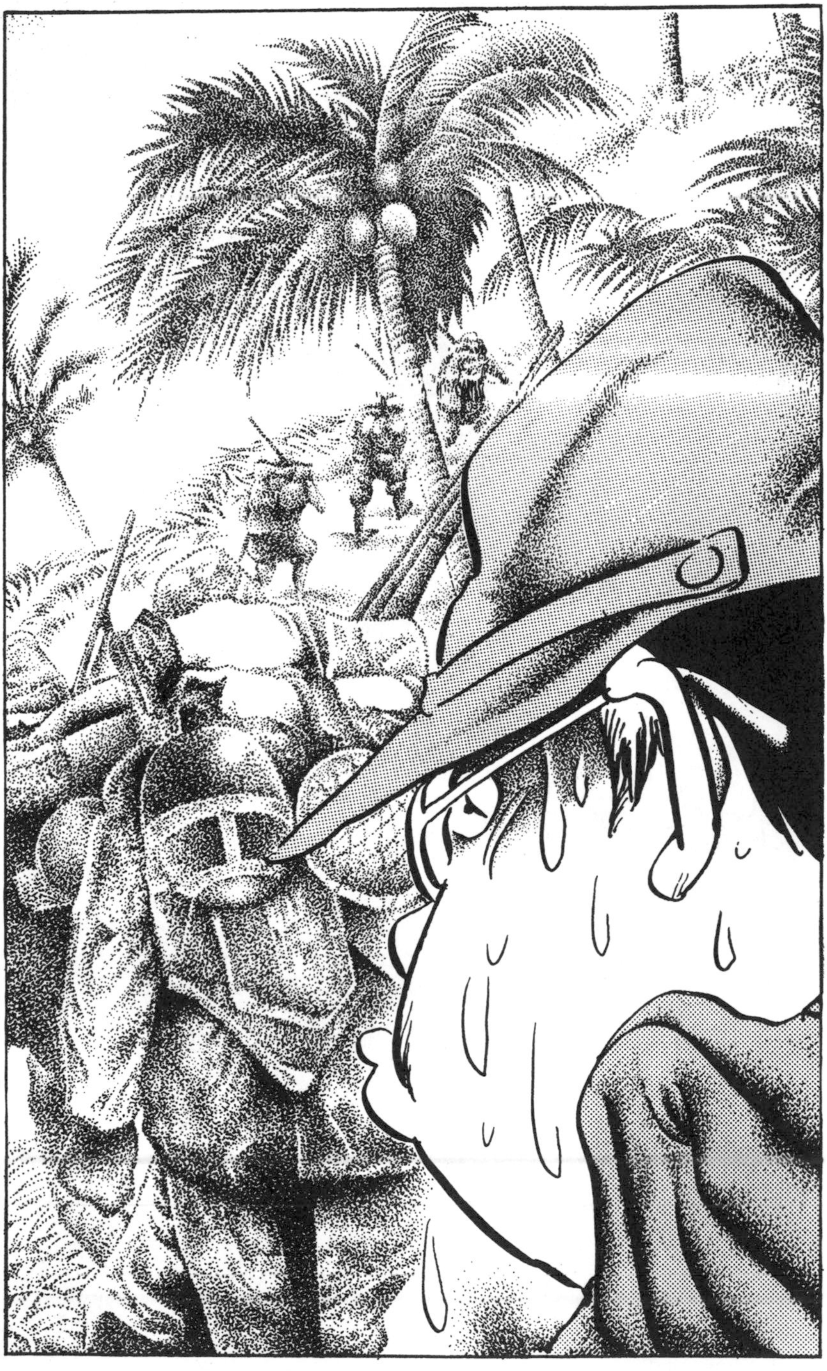

我當時在帛琉的雅麗。什麼都不知道也是一種福氣，整天悠哉度日。
幫老兵洗衣服真無趣。
我們究竟會遇上什麼事，又要在這裡待到何時？
每天都吃乾燥蔬菜，實在撐不下去了。
聽說山裡有蝸牛。
蝸牛！

提到蝸牛，在法國料理中好像會拿來吃呢。
什麼？可以吃！
畢竟已經半年都沒吃過肉了呢……
啊，找到了！
搞什麼，根本多到令人噁心的程度嘛。
有蝸牛妖怪唷。
喂，來生火吧。

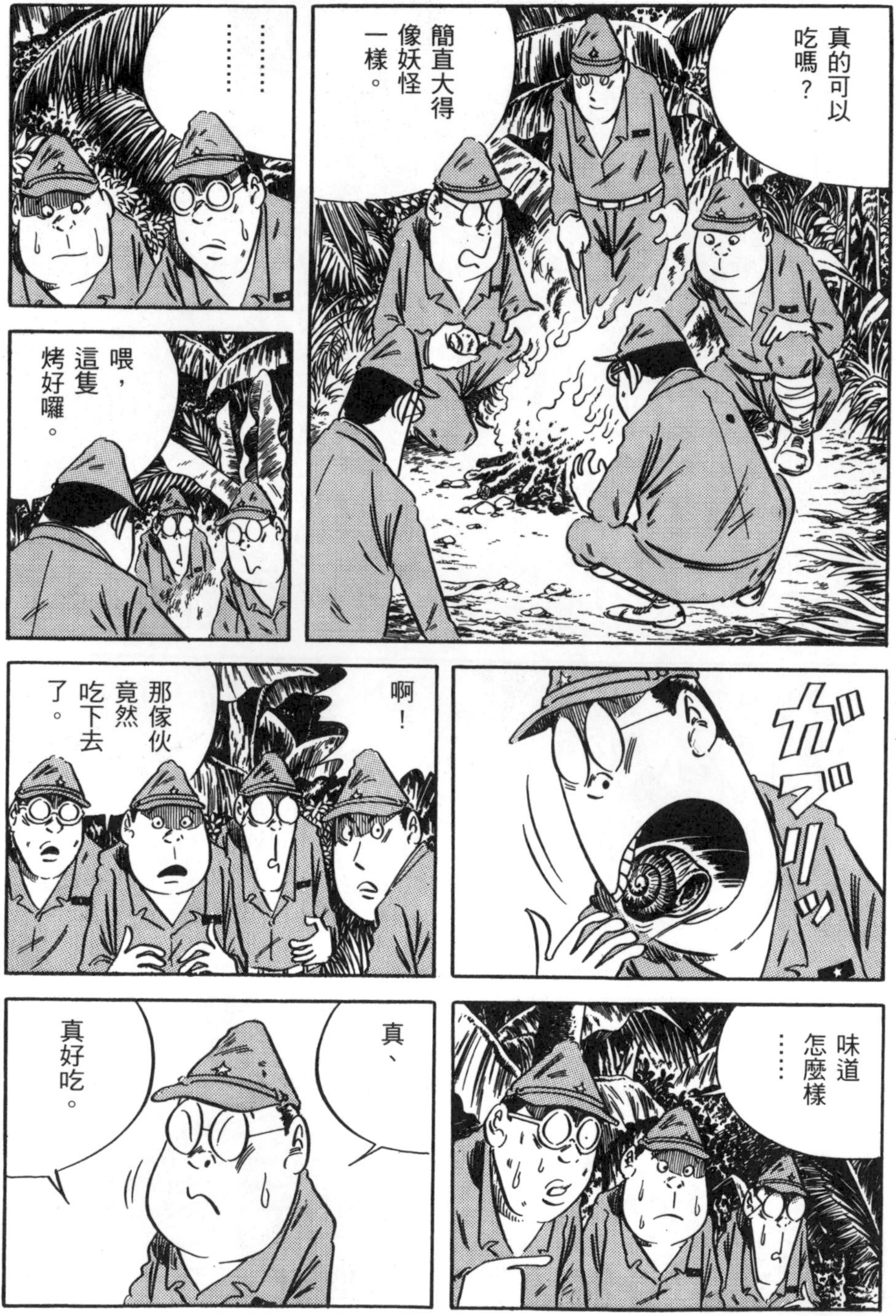

真的可以吃嗎？
簡直大得像妖怪一樣。
……
……
喂，這隻烤好囉。
ガブリッ
啊！
那傢伙竟然吃下去了。
味道怎麼樣……
真、
真好吃。

*大口吞

等到我吃了五、六隻之後，大家才覺得安全了，急急忙忙開動。
嗯，真好吃。
新兵整隊！
今天在山裡吃蝸牛的
有誰？
有。
第一個吃的人是誰？
有。

* 啪啪啪啪啪啪
* 啪
如果得了阿米巴痢疾該怎麼辦？
* 呼哈
全員整隊！
敬禮！
明天早上出發前往第一線。

終於要完蛋了。
同鄉的境田是三十歲的老兵。
哈哈，只要會游泳就有救啦。
因為我才二十歲，所以還很有精神。
你打算游過太平洋嗎？
不用操心啦。
要是這樣就好。
聽說從帛琉出發的船隊，從來無法平安抵達拉包爾。
之前的那一批也……
再之前的也全都沉到海底了。
嗚咽……
小林，你怎麼了，打起精神來。
拉肚子。
怎麼了是蝸牛害的嗎？

＊嗚—

隔天，我們在大太陽下從雅龐一路行軍至柯羅。抵達港口後，那裡停著五、六艘前所未見的破船。
在我們搭的那艘船上，想說好玩就刮了一下※船舷，居然就這麼剝落了。光用手就能破壞船身，這真是前所未聞。
ボーッ
？
啪嚓

※「船舷」……船體兩側的邊緣。

船員大哥，我稍微碰了一下船舷，鐵片就掉下來了，這是怎麼一回事？
哈哈哈哈。
阿兵哥，這艘船光是還能浮在水上，就已經是奇蹟了。
你的意思是？
在日俄戰爭中率先發現俄軍艦隊，並傳出「發現敵艦」信號的
「信濃丸」，就是這艘船。
啊，那艘「信濃丸」還在服役呀？
哈哈，光是魚雷從旁邊射過，這艘船就會沉沒唷，哈哈哈。

未免也太可怕了吧。
當時的日本極度缺乏「船隻」。

從帛琉出港二、三小時後，景色卻始終未曾改變。我覺得不太對勁，跑去船頭一看……

因為我懷疑船是不是根本沒在動。
啊，船頭的確有在稍微破浪……這艘船真的有在前進。
阿兵哥，這艘船如果開太快的話就會故障。
真嚇人。
新兵給我回位置上！
位置指的是，
昏暗悶熱的船底。
就算靜止不動，也會全身不停冒汗。
老兵們都待在甲板上。

我們也上去吧。
再這樣下去會死人的。
準備打飯！
喂，把飯盒拿出來。
啊，今天又是紅蘿蔔。
這艘船上只有裝乾燥紅蘿蔔唷。
該不會是把我們當成軍馬了吧？
廢話少說。
ビビビビビ

＊啪啪啪啪啪

每一天、
每一天，
都是大海、
天空和
紅蘿蔔……
終於接近
敵軍潛艦
的活動
地帶了。
危急時
會響三聲
汽笛，
知道了嗎？
是。
新兵
全都
進船底。
*嗚—
ボーッ

*嗚—
*嗚—
啊！是魚雷！
ウウーッ
*嗚哇—

繩梯上都是人，根本爬不上去，感覺魚雷隨時要爆炸了。
我就要沒命了。
大家稍安勿躁，剛才只是練習！
*呼——

練習！
開什麼玩笑。
我差點就要沒命了。
在這種船底搞什麼練習！
簡直是亂來。
甲板上跟船底不同，微風徐徐吹來，感覺十分暢快。

※「步哨」……指軍隊駐紮時負責警戒任務的士兵。

那群老兵真是的，居然獨自享受甲板。
喂，那邊的阿兵哥。
是。
你來站※步哨。
步哨？
你要負責監視潛艦。
這麼點小事。
混帳！
是，我來站哨。
上甲板的時機真不巧。
直到傍晚，我都被迫擔任監視海面的蠢職務。
＊啪啪啪啪啪
＊啪
＊咚隆、咚隆

當外頭的士兵們都在偷閒，只有我一個人被安排勤務，心中憤憤不平，所以都在打瞌睡。不經意地往海上一瞧，居然看到潛艦發射的魚雷！
啊！

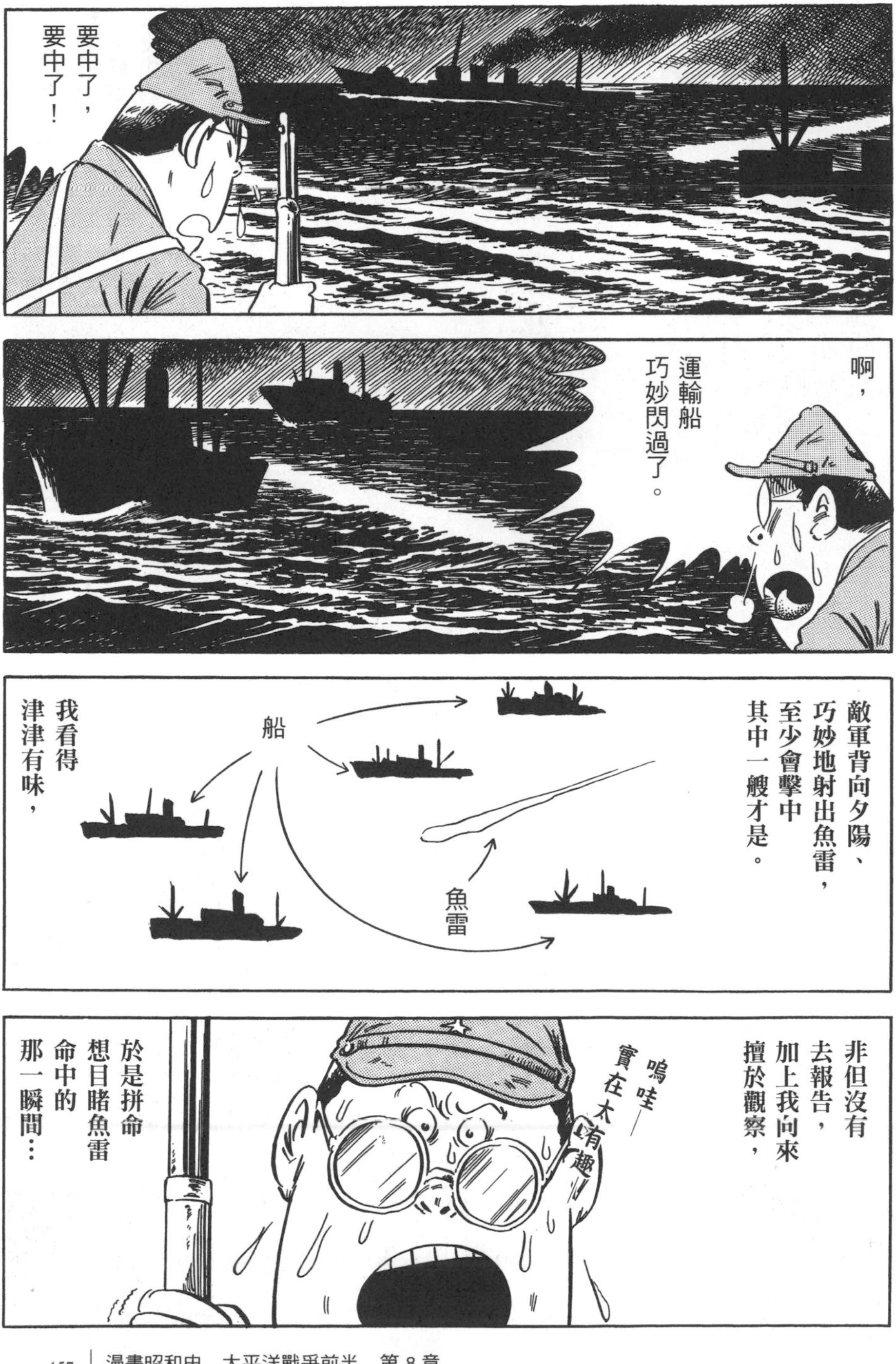

要中了，
要中了！
啊，
運輸船
巧妙閃過了。
敵軍背向夕陽、
巧妙地射出魚雷，
至少會擊中
其中一艘才是。
船
魚雷
我看得
津津有味，
非但沒有
去報告，
加上我向來
擅於觀察，
嗚哇—
實在太有趣—
於是拼命
想目睹魚雷
命中的
那一瞬間…

＊嗚—
還以為就要擊中我們搭的這艘船了，沒想到本船雖然動作遲緩，卻在千鈞一髮之際巧妙閃避過去。
呼，戰爭還真是有趣呢……
＊嘩嘩
當我正大感佩服之際……
＊啪啪啪啪啪
你在搞什麼鬼？
啊。
一發現魚雷，就應該馬上來報告才對。
是。
就是這樣。

我當時絲毫沒有反省，反而深信全世界都是為了我的興趣而存在，因此跟軍方始終衝突不斷，直到最後都是如此。
喂，看到新愛爾蘭島了！
＊萬歲——
空襲！
準備全副武裝登陸！
＊蹚蹚蹚蹚

＊咻嗚—

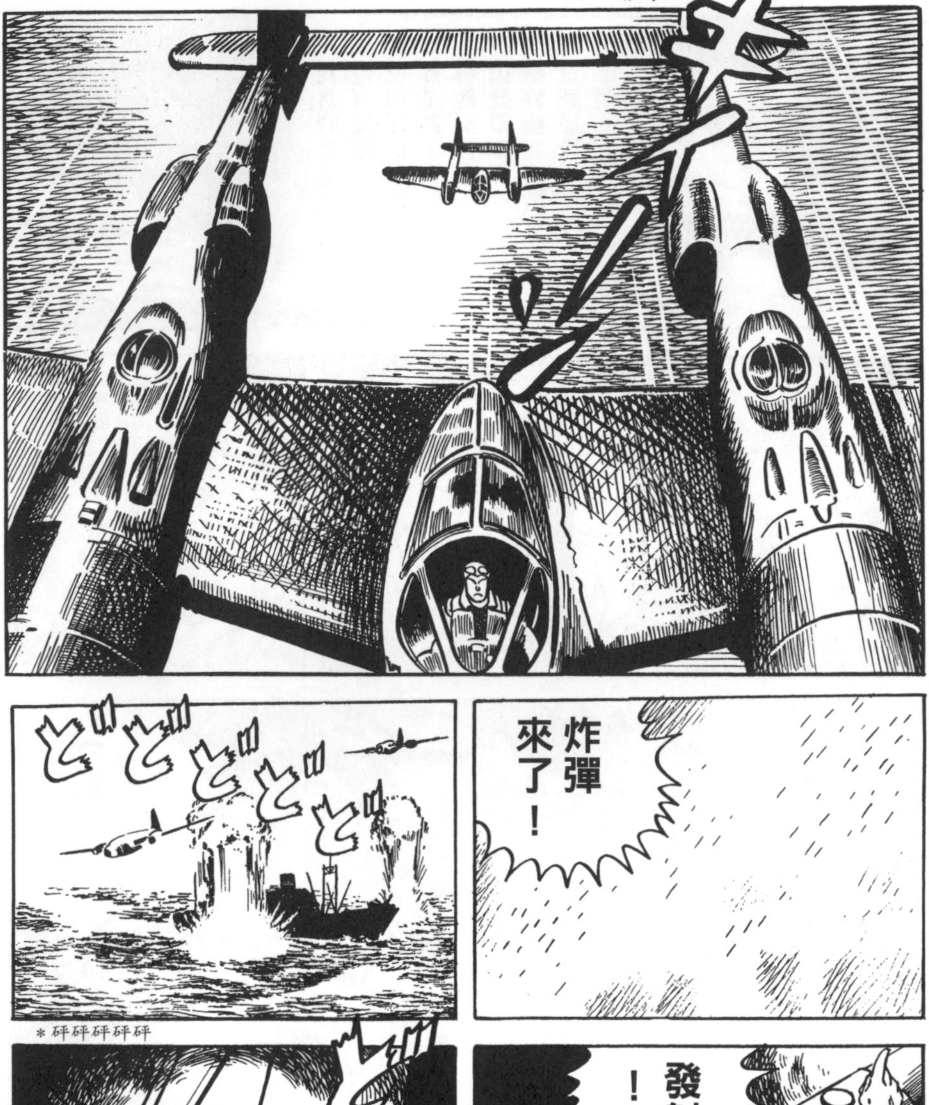

＊砰砰砰砰砰

＊砰—隆

※運輸船的前後裝有高角砲。

＊砰砰砰砰砰砰

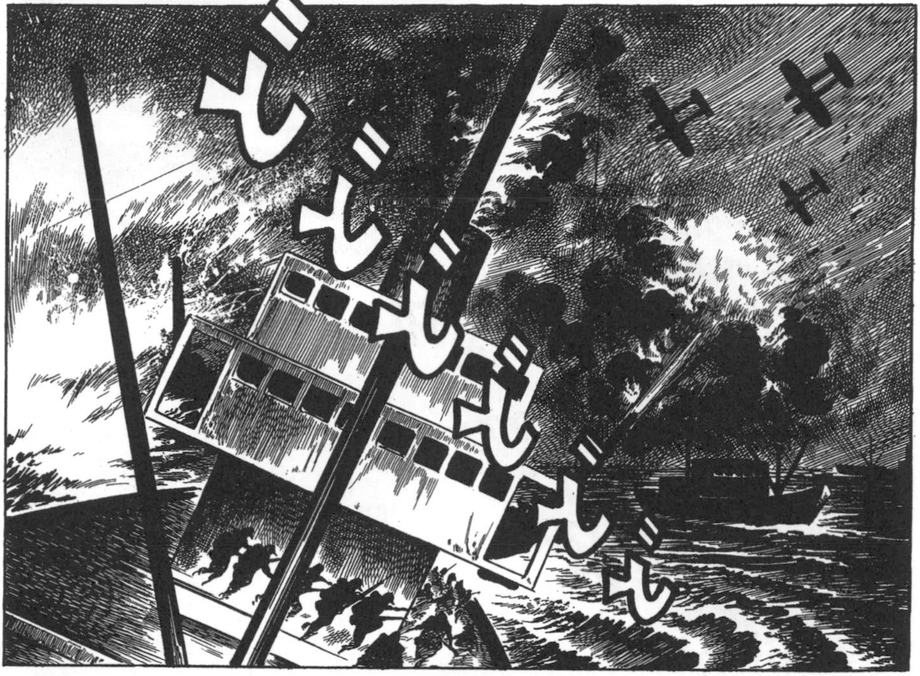

＊嗡——

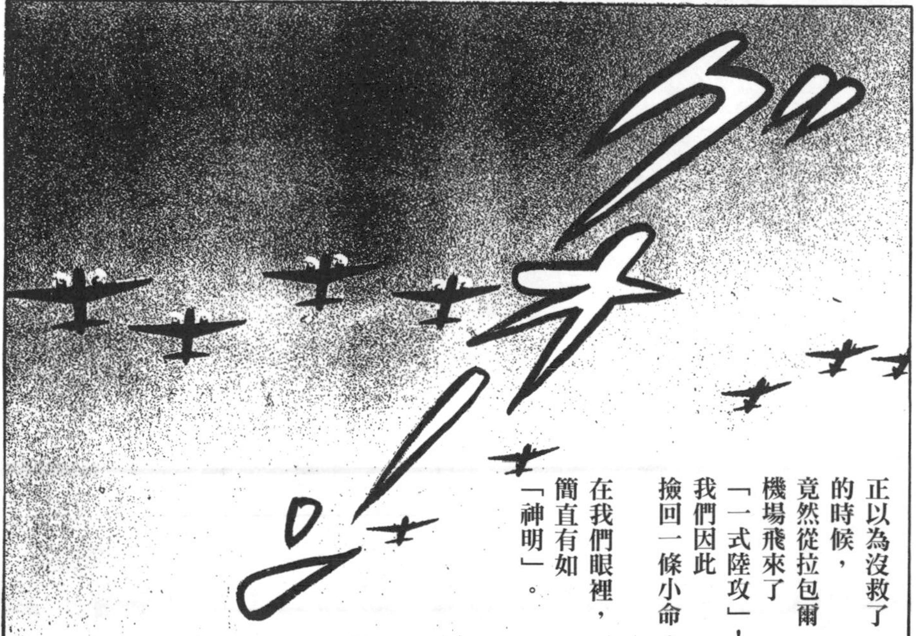
正以為沒救了
的時候，
竟然從拉包爾
機場飛來了
「一式陸攻」！
我們因此
撿回一條小命。
在我們眼裡，
簡直有如
「神明」。

＊砰砰砰砰砰
一場激烈空戰就此登場，
更有二架「一式陸攻」
在眼前冒火墜落。
雖然不知飛行員
是何方神聖，
但看在我們眼中
就是神姿。
洛克希德共有
二、三十機，
友軍卻只有
不到十機。
＊磅磅磅磅
可惡！
全員登陸！
啊，終於抵達了。
這裡挺不錯的嘛。

「一式陸攻」原本不是用於空戰的飛機，海軍卻為了我們而打起空戰。
拜此之賜，船隊才能安全抵達。
無論在此之前或之後，都僅有這支船隊順利抵達。
不快點下船，空襲就要來了！
はははは
沒錯，我來到南方的第一線了。

*哈哈哈哈

哦，這夕陽也太美了……
當時我才剛滿二十歲、是什麼都不懂的士兵，所以才這麼悠哉。
你在搞什麼鬼？
ビビビビビ—！
＊呃
＊啪啪啪啪
我作夢也沒想到，此地竟是世上最可怕的地獄之島……

第9章 中部太平洋攻防戰

昭和十八年（一九四三）六月，阿留申反攻的
一個月後，美軍終於正式展開攻勢——

儘管近代戰爭是在比總體戰，
但日本的工業力根本不足以補充失去的船艦飛機。

彈藥、物資、糧食生產也趕不上消耗的速度。
另一方面，美國則發揮了礦工業生產力的潛能。隨著戰爭一路演進，產量也不斷增加，兵器的性能更是越來越出色。
*磅磅磅磅
日本至今引以為傲的零戰也漸漸失去優勢，洛克希德Ｐ38、Ｐ40，格魯曼Ｆ6、Ｆ4海盜等戰鬥機都擁有了超越零戰的能力……
*嗡——

*轟——

此外，B17、B25等
大型轟炸機的防禦機能
也十分優秀，就算遭受攻擊
也不太會被擊墜。
相較之下，日本軍機
卻不具防禦機能。
日美之間的戰力差距
也就變得越來越明顯。
又墜機了！
是火柴！
我們在前線都將日本軍機稱為「火柴」。

＊噠噠噠噠達

而戰爭執行能力上的差距，也顯現在人力資源上。昭和十八年（一九四三）十月，學生也受到動員，
這就是「學徒動員」。在此之前，學生雖暫時不用服兵役，但如今就連這一點都辦不到了。
美國的金恩上將（作戰部長）將自己構思的中部太平洋路線，暗中告訴了海軍的尼米茲、海爾賽，以及陸軍的麥克阿瑟。
愚蠢至極。
麥克阿瑟
陸軍總司令官
中部太平洋作戰的目的是為了拯救菲律賓。
我的夢想是在菲律賓國民的面前高喊：「我必當歸來。」

不只是麥克阿瑟將軍，海爾賽、尼米茲兩位提督也大表反對。
統合參謀本部召開會議，決定採用麥克阿瑟將軍的「車輪作戰」。
將新幾內亞、索羅門群島當成兩座車輪，就這麼一路輾過去，
把日軍打得七葷八素。
昭和十八年六月三日，「車輪作戰」分兩線開始進行。
ドドドドドド

＊砰砰砰砰砰砰

＊砰砰砰砰砰砰

作戰內容是由麥克阿瑟
指揮的美澳陸軍
從新幾內亞東部北上，
海爾賽指揮的美國海軍
則從索羅門群島
東南部北上。
六月三十日，
在新幾內亞納索灣
登陸的麥克阿瑟軍⋯

最初雖然出自
對日軍的恐懼，
而落得不斷
誤擊友軍
的下場。

到了七月四日，終於完成登陸、準備萬全，麥克阿瑟軍卻飽受叢林和瘧疾所苦。他們仍然反覆展開轟炸砲擊，緩緩逼近日軍。

日軍方面是由安達二十三中將所指揮的第十八軍、共十四萬人加以應戰，然而不僅沒有制空、制海權，就連糧食、彈藥也十分缺乏，化為太平洋戰爭中最痛苦的戰場。

另一方面，海賽爾軍也於六月三十日在新喬治亞島對岸的倫多瓦島大軍登陸。
七月五日，在海上作軍事部署的美軍魚雷艇ＰＴ１０９，也和日軍驅逐艦天霧號互相衝撞，船員全被拋到海中，再游至鄰近島嶼。
負責指揮這艘魚雷艇的，就是日後當上總統的甘迺迪中尉。
在他當上總統之後，這座島也被命名為甘迺迪島。

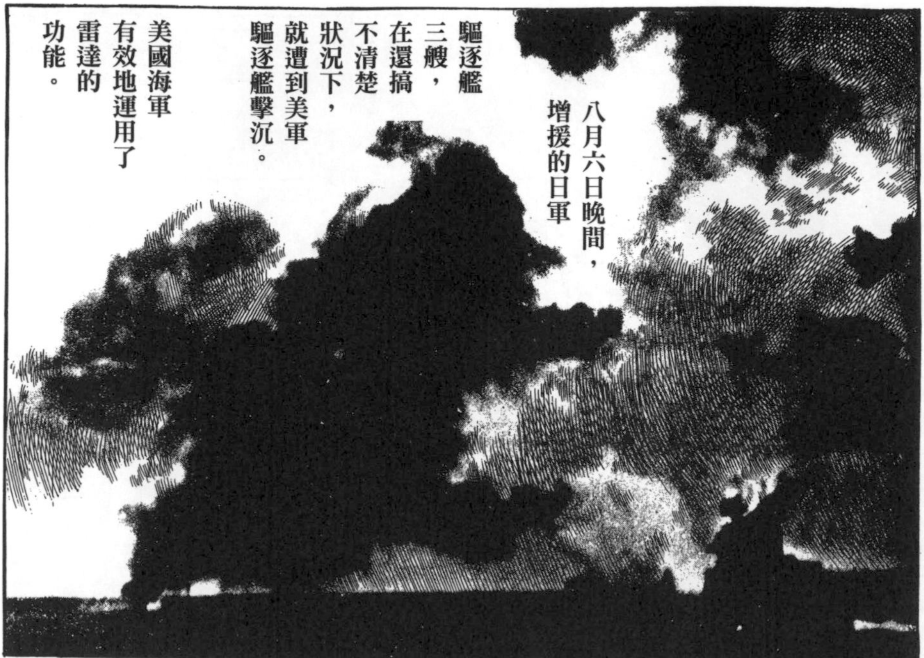
八月六日晚間，
增援的日軍
驅逐艦
三艘，
在還搞
不清楚
狀況下，
就遭到美軍
驅逐艦擊沉。
美國海軍
有效地運用了
雷達的
功能。

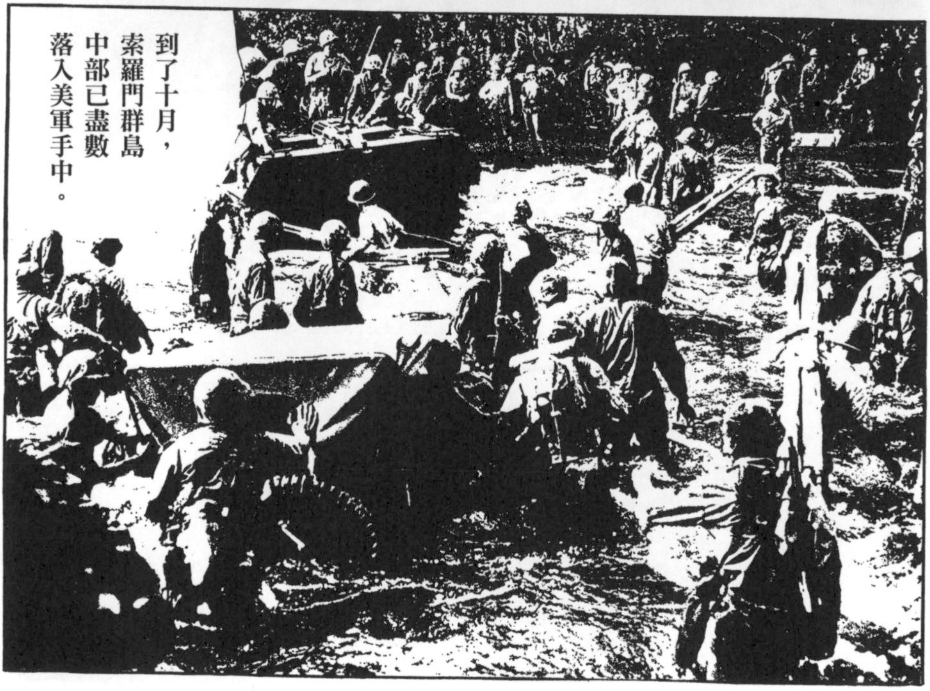
到了十月，
索羅門群島
中部已盡數
落入美軍手中。

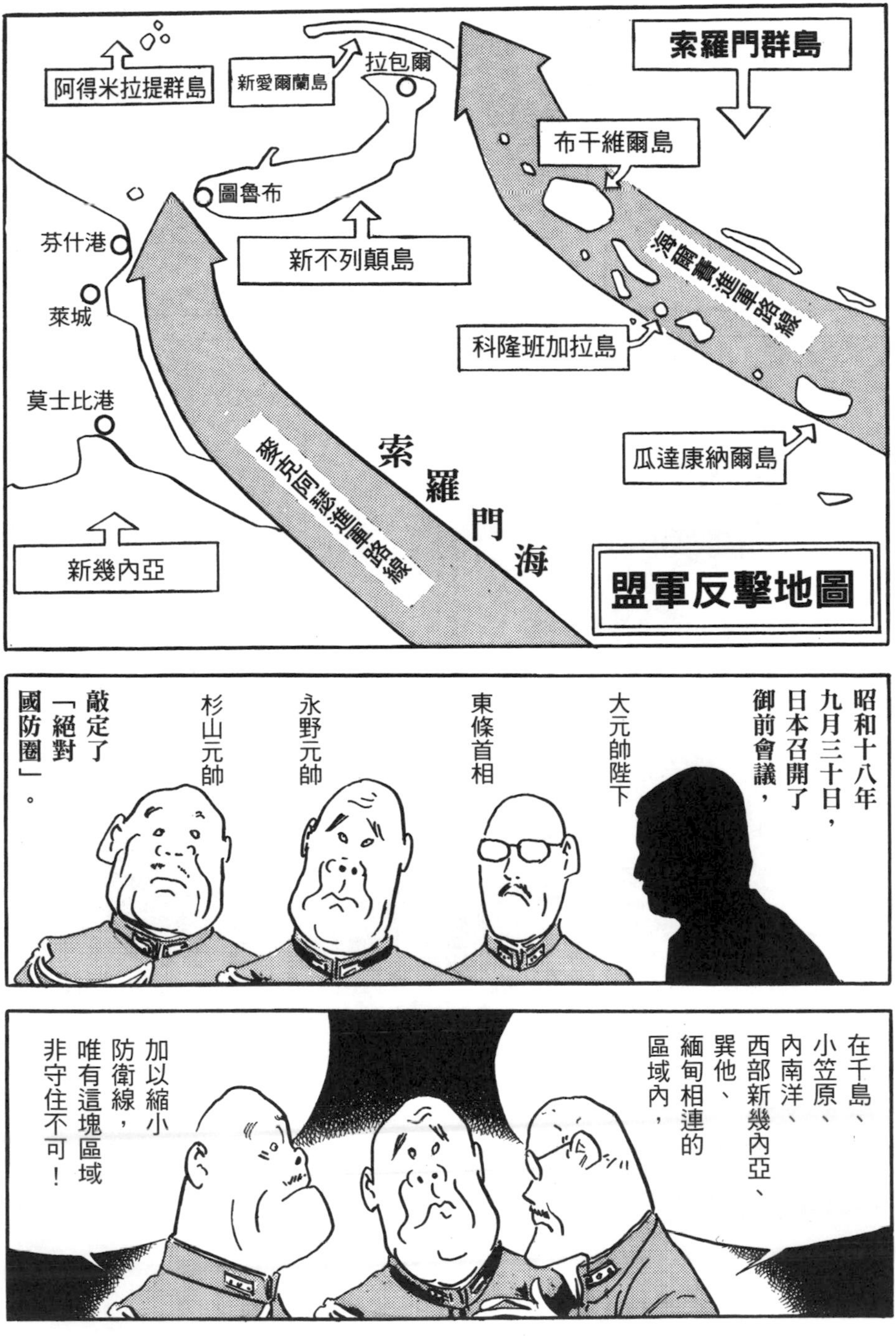
盟軍反擊地圖
索羅門群島
阿得米拉提群島
新愛爾蘭島
拉包爾
布干維爾島
圖魯布
芬什港
新不列顛島
萊城
海爾賽進軍路線
科隆班加拉島
莫士比港
麥克阿瑟進軍路線
索羅門海
瓜達康納爾島
新幾內亞
昭和十八年九月三十日，日本召開了御前會議，
大元帥陛下
東條首相
永野元帥
杉山元帥
敲定了「絕對國防圈」。
在千島、小笠原、內南洋、西部新幾內亞、巽他、緬甸相連的區域內，
加以縮小防衛線，唯有這塊區域非守住不可！

原本的構想雖是如此，但決策實在太過曖昧不清，
圈外的索羅門群島、俾斯麥群島、東部新幾內亞等戰線並沒有立即撤退。

十月二十七日，海軍為了對抗海爾賽軍的反攻，而發動了「露號作戰」。但卻在拉包爾、布干維爾失去了不少飛機船艦。

*轟隆——

當時，
哥哥從
新幾內亞
回到內地，
在館山砲術
學校擔任教官。
啊，
你升上
海軍中尉
啦。
比起這個，
快點幫我
找個新娘，
好帶回
館山。
嘻！
嘻嘻！
新娘！
沒錯。

阿茂呢？
他在拉包爾。
阿幸呢？
被學徒動員了。
新娘就找小丸家的…
不行，不行。
非美女不可。
咦，美女！
真傷腦筋。
要快一點！
快一點？
嗚哇！
我要回館山了。
這下可頭痛了。

＊碰咚

第10章 敵軍在新不列顛島登陸

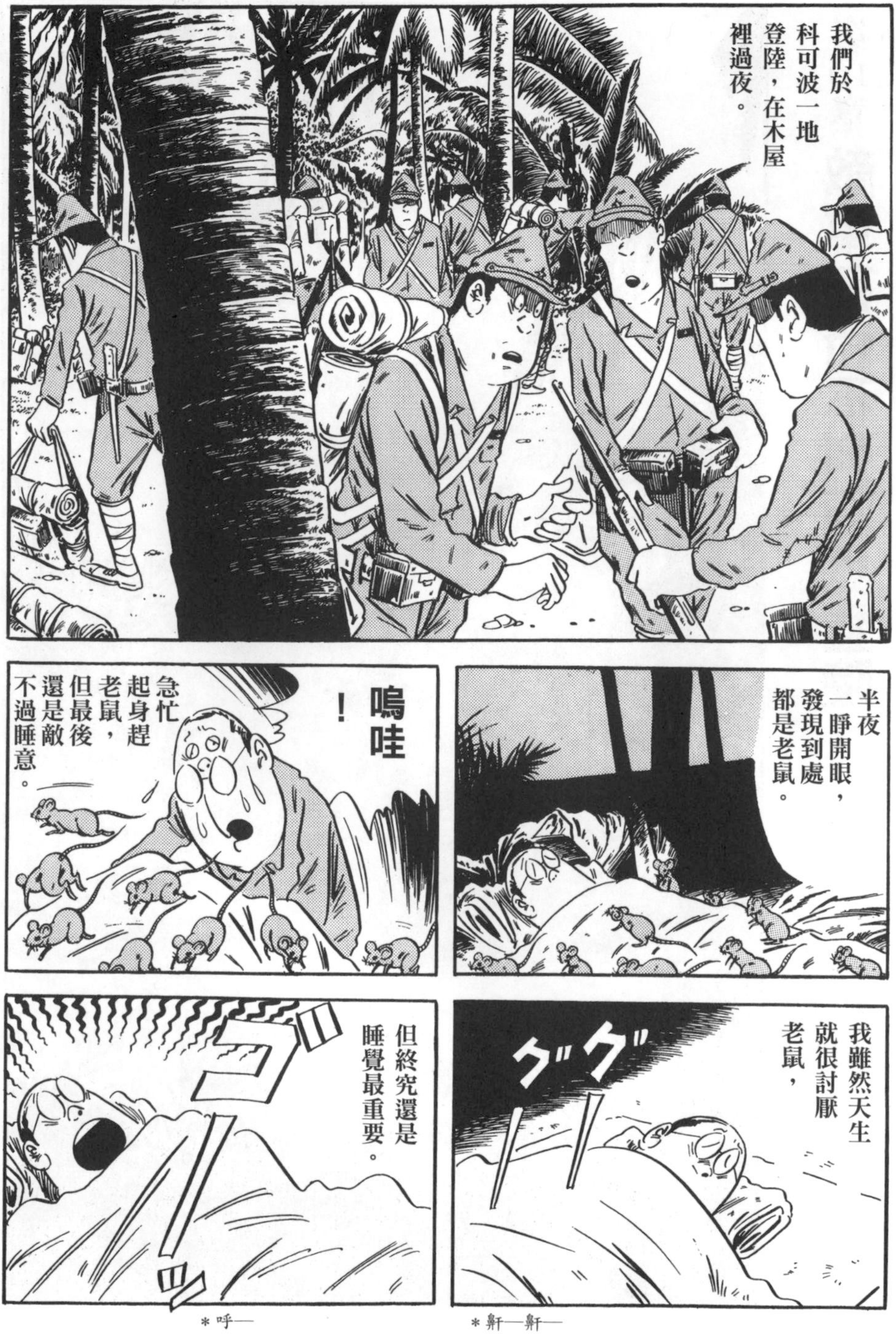
我們於科可波一地登陸，在木屋裡過夜。
半夜一睜開眼，發現到處都是老鼠。
嗚哇！
急忙起身趕老鼠，但最後還是敵不過睡意。
我雖然天生就很討厭老鼠，
グーグー
但終究還是睡覺最重要。
ゴー

＊呼—　　＊鼾—鼾—

＊啪啪啪啪
簡直吵得跟空襲沒兩樣！
也遭遇了如此讓人笑不出來的一幕。
隔天，在頭頂上展開了空戰。
＊轟——
＊咻砰——
＊磅磅磅磅磅磅

*磅噠磅噠 *砰砰— *咻嗚—

看著看著，士兵們都不知跑去哪裡了，不見人影。我自以為走運，開始洗起衣服。
空中正上演著空戰……
我還以為空中戰鬥跟陸地毫無關係。
不一會兒，機關砲的子彈便隨著巨響落在附近，還一連兩發。

*搓搓洗洗

*磅—— *磅——

*砰砰砰砰砰

*磅磅磅磅磅磅

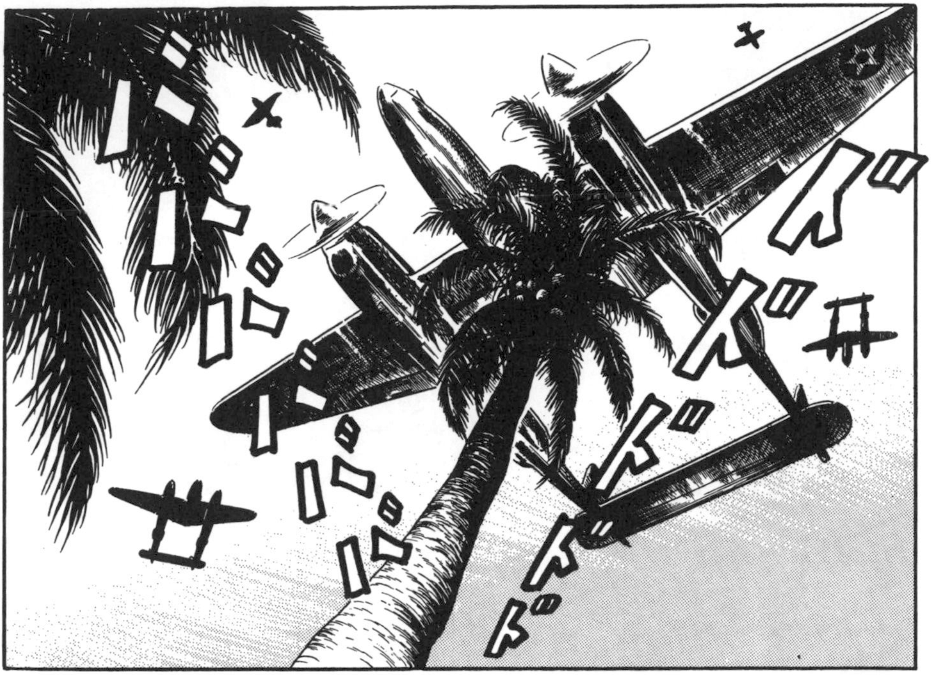

啊，大家都躲進防空壕了！

*磅——

混帳東西！
再不快進來，就會中彈而死啦！

果然空戰也跟陸地脫不了關係。

＊磅磅磅磅磅　　＊嗡——

白天打起空戰來的時候
雖然砲火轟隆、觸目驚心，
夜裡卻別有一番天地，
鳥兒啼個不停，不禁深感
自己確實來到了遙遠異鄉。

＊吱吱喳喳吱吱喳喳

＊轟—隆　＊劈啪劈啪劈啪

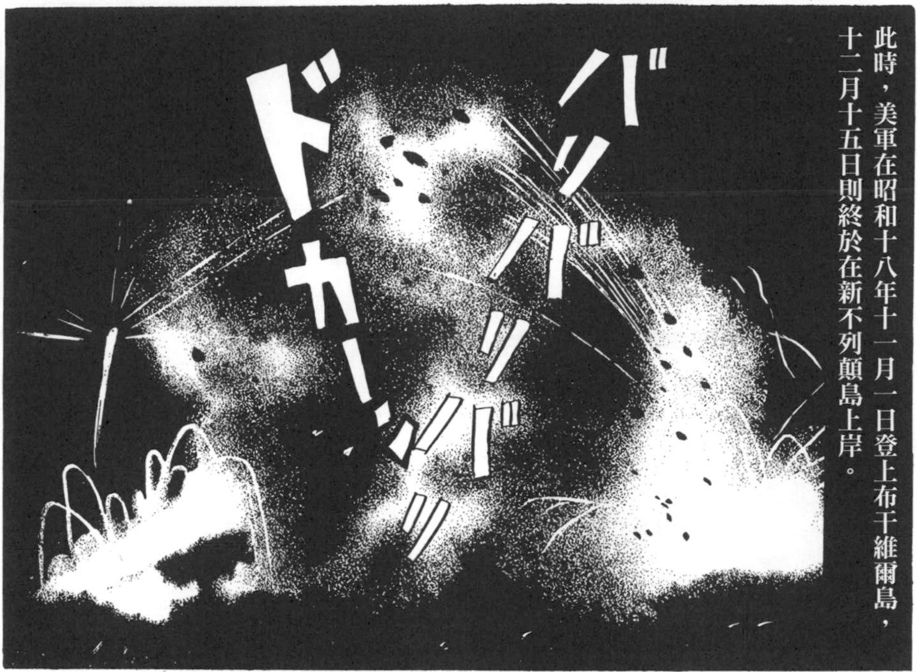
此時，美軍在昭和十八年十一月一日登上布干維爾島，
十二月十五日則終於在新不列顛島上岸。
バッバッバッ
ドカーン

＊砰隆——

緊接在砲擊之後，敵軍登上了馬克斯角。
ドカーン

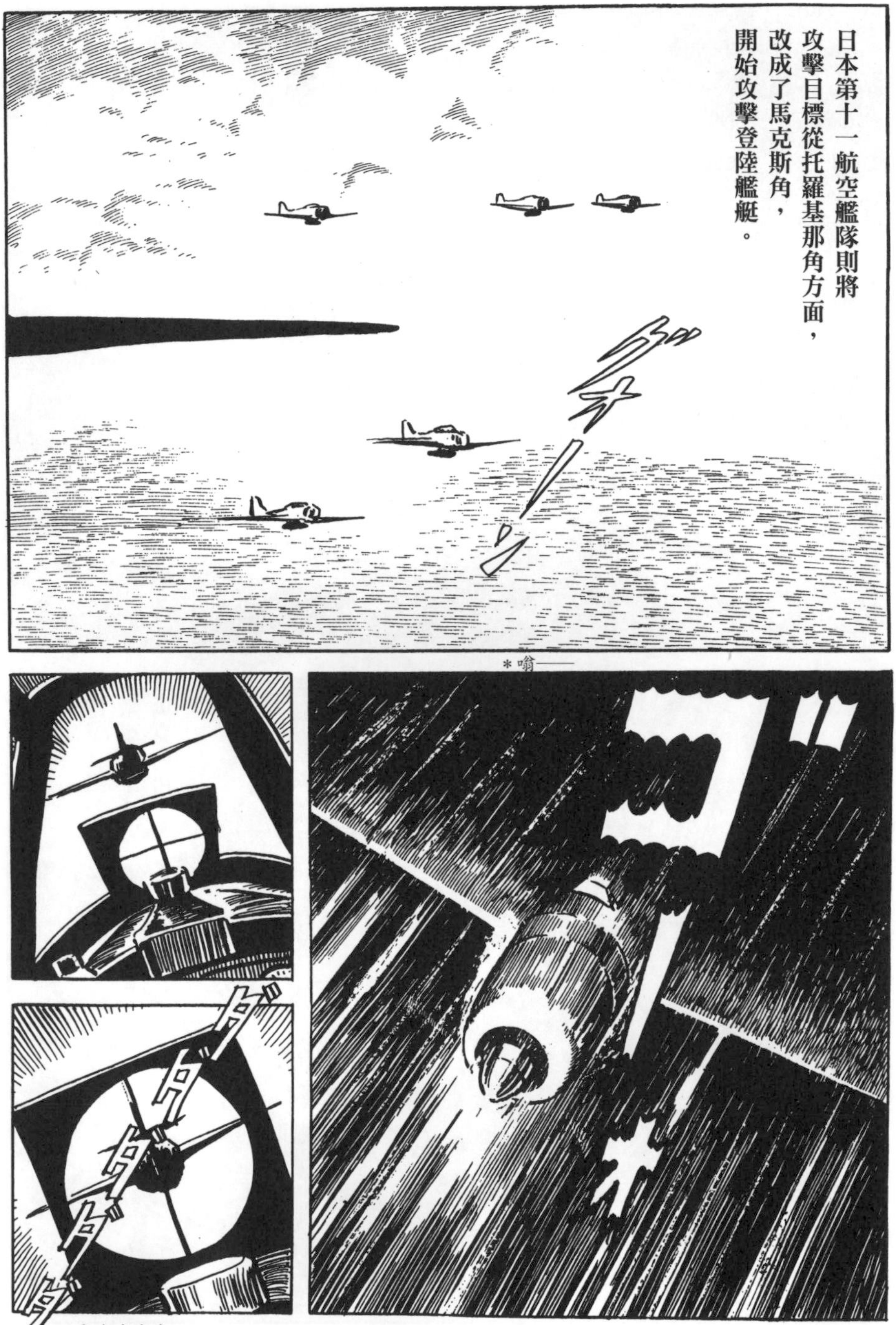
日本第十一航空艦隊則將
攻擊目標從托羅基那角方面，
改成了馬克斯角，
開始攻擊登陸艦艇。

＊嗡——

＊轟——

＊噠噠噠噠噠

＊砰砰砰砰砰

古賀聯合艦隊
司令長官下令，
讓位於楚克群島
的瑞鶴號機隊和
第五五二航空隊
前往支援
拉包爾。

位於新不列顛島
西部的十七師團，
也派出兩個大隊
前往馬克斯角，
在空陸的反擊之下，
乍看彷彿成功
奪回了馬克斯角，
但十二月二十五日，
敵軍又在
圖魯布登陸。

＊磅磅磅磅磅磅
ばばばばばばばばば

圖魯布由
松田少將率領
的七千五百名
日軍鎮守。
三十日，
圖魯布機場
遭到佔領，
陷入持久戰。

昭和十九年（一九四四）一月下旬，糧食、彈藥雙雙見底，不得不後退，讓新不列顛島西部落入盟軍的手中。
＊砰砰砰砰砰
新兵整隊！
とてちてた
＊叭啦叭啦叭—
我當時隸屬於托瑪的某個部隊⋯
這座新不列顛島已經有一半被敵軍奪去。

在這種時候，
卻還有士兵
坐在地上
編椰子葉，
當事人
給我舉手。
＊靜悄悄
シーーン
老兵手上
握著一隻
跟棋盤
沒兩樣的
椰子木屐。
很好！
每個人
都準備
吃一記
木屐吧。
是我。

＊啪噠
被這玩意兒一揍，可不只是疼痛而已。
當臉上感覺像是被閃電打中時，身體已經浮在半空中了。
＊碰咚
白天都在忙著修築陣地……
太認真做事的話，會出人命的。

＊唧唧、唧唧、唧唧——

晚上則在澡堂值勤。
新兵，水太溫了！
是！
這是蟲鳴聲。
啊，我沒地方可躺了。
啊，尿尿。
因為有人起床小便，才好不容易找到地方可以睡。
一躺下，就只有新兵睡的這塊缺了屋頂，讓月光照了進來。

每天都在搬重死人的椰子樹，
肩膀實在痛到不行。
而且每天都得吃上一頓木屐，正當不知未來會如何時，「死亡使者」就出現了。
名字被叫到的，就上前一步！
叫到名字的人，明天全副武裝去科可波報到。
不知為何，這天不用工作。
還發下十五盒香煙，以及至今從未見過的零食。

軍隊果然是個好地方呢。
搔搔抓抓
你好像要被派去布干維爾島，可能得當逆登陸的敢死隊喔。
逆登陸？
就是在敵軍登陸的地方再次登陸。
是喔？
好像要搭驅逐艦過去。
畢竟這座島已經有三分之二被敵軍佔領了呢。
我毫不間斷地連抽了三十根煙……

＊吞雲吐霧

什麼，敵軍在新不列顛島登陸！
雙親當時人在境港。
噫！
大兒子才剛結婚，正鬆了一口氣，沒想到就被調去緬甸。
這次連阿茂都要…沒命了！
我要「戒吃章魚」！
別幹這種蠢事了。

＊鏘鋃、鏘鋃、鏘鋃—

「戒吃章魚」指的是戒掉自己最愛吃的食物，
藉此向神明許願，神明便會實現你的願望，
這是一種民間信仰。水木家的媽媽最愛吃的就是章魚了，於是決定戒吃章魚。
神呀，我會戒掉自己最愛吃的食物，請保佑兩個兒子平安歸來。
我終於和神明許下約定了…
母親終於實行「戒吃章魚」了。

第11章 馬金・塔拉瓦攻防戰

＊砰砰砰砰砰砰
＊嗡——

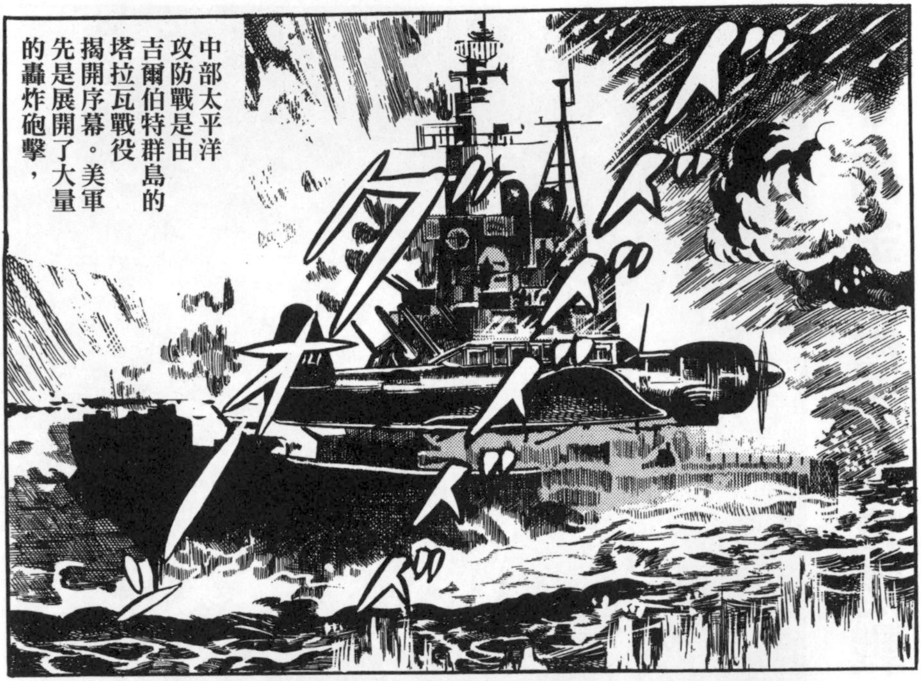
中部太平洋攻防戰是由吉爾伯特群島的塔拉瓦戰役揭開序幕。美軍先是展開了大量的轟炸砲擊，

並於十一月二十一日開始登陸。
塔拉瓦是由柴崎惠次少將指揮的海軍陸戰隊四千八百人所鎮守。

＊砰隆——

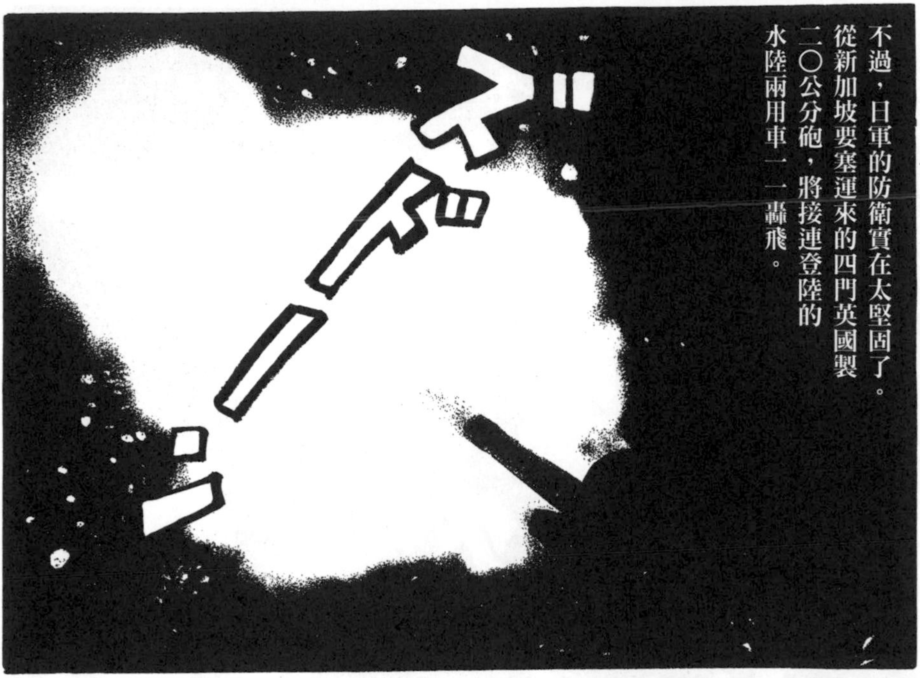

不過，日軍的防衛實在太堅固了。
從新加坡要塞運來的四門英國製二〇公分砲，將接連登陸的水陸兩用車一一轟飛。
ズドドーン

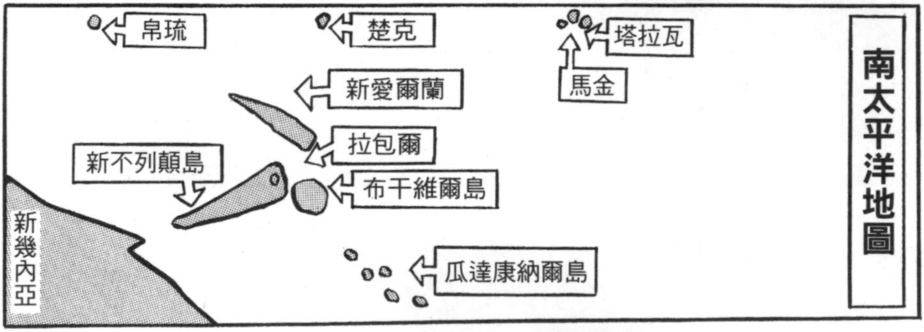

南太平洋地圖
帛琉
楚克
塔拉瓦
馬金
新愛爾蘭
拉包爾
新不列顛島
布干維爾島
新幾內亞
瓜達康納爾島

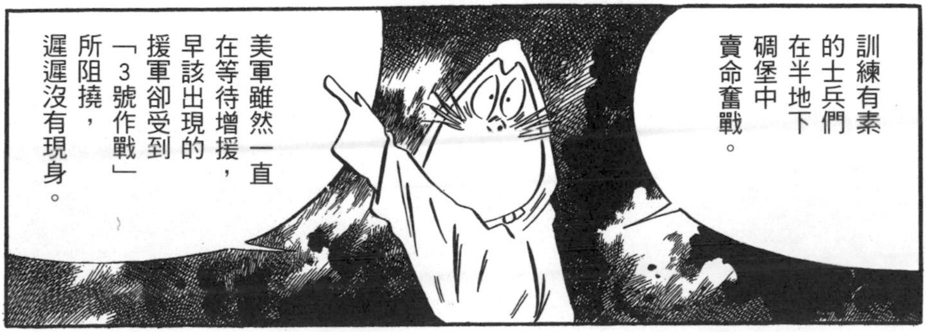

訓練有素的士兵們在半地下碉堡中賣命奮戰。
美軍雖然一直在等待增援，早該出現的援軍卻受到「3號作戰」所阻撓，遲遲沒有現身。

*砰砰砰砰砰砰

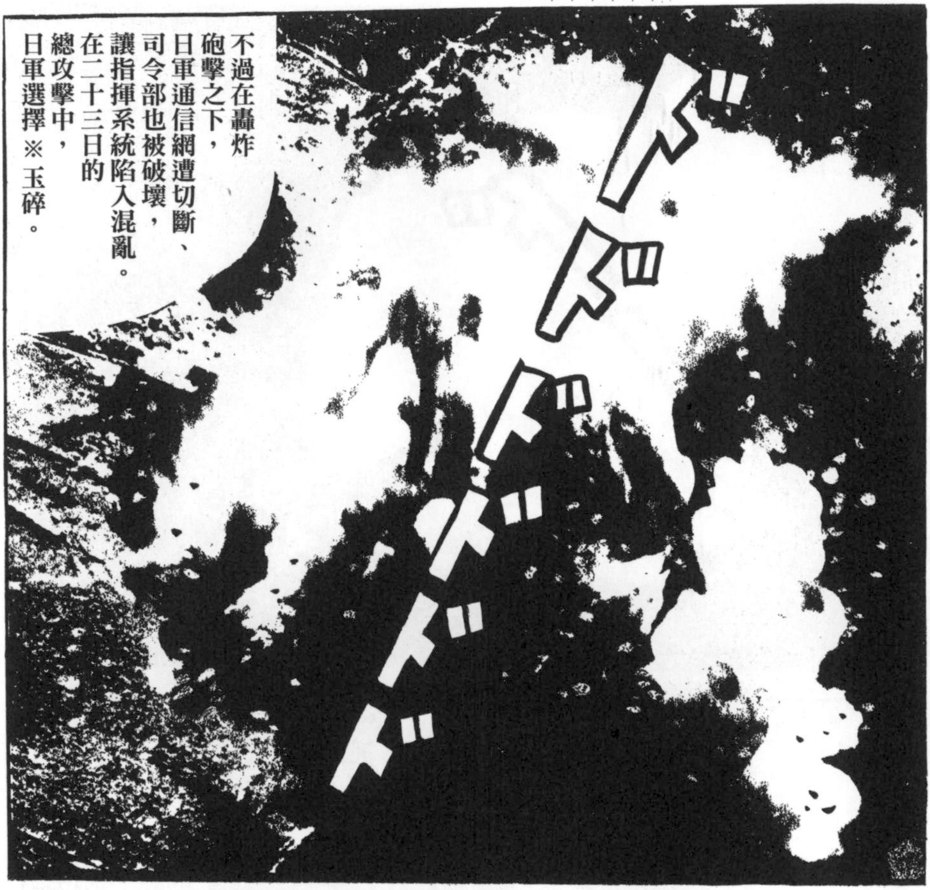
不過在轟炸砲擊之下，日軍通信網遭切斷、司令部也被破壞，讓指揮系統陷入混亂。在二十三日的總攻擊中，日軍選擇※玉碎。

日軍戰死四千七百人，美軍戰死傷三千兩百人。

*嗚哇—嗚哇—

※「玉碎」……出自「寧為玉碎，不能瓦全」，在太平洋戰爭中代表「全員犧牲捨命攻擊、勇敢赴死」的軍事命令。

此時，我來到了科可波，非但不用做苦活，也不必吃巴掌，而且還有休假。
我們接下來會被派到哪裡？
似乎是要去尊根。
尊根？
聽說是個好地方呢。
沒錯。
啊，兵長大人！
聽說啊，那裡有很多椰子樹，
是個像天堂一樣的地方。

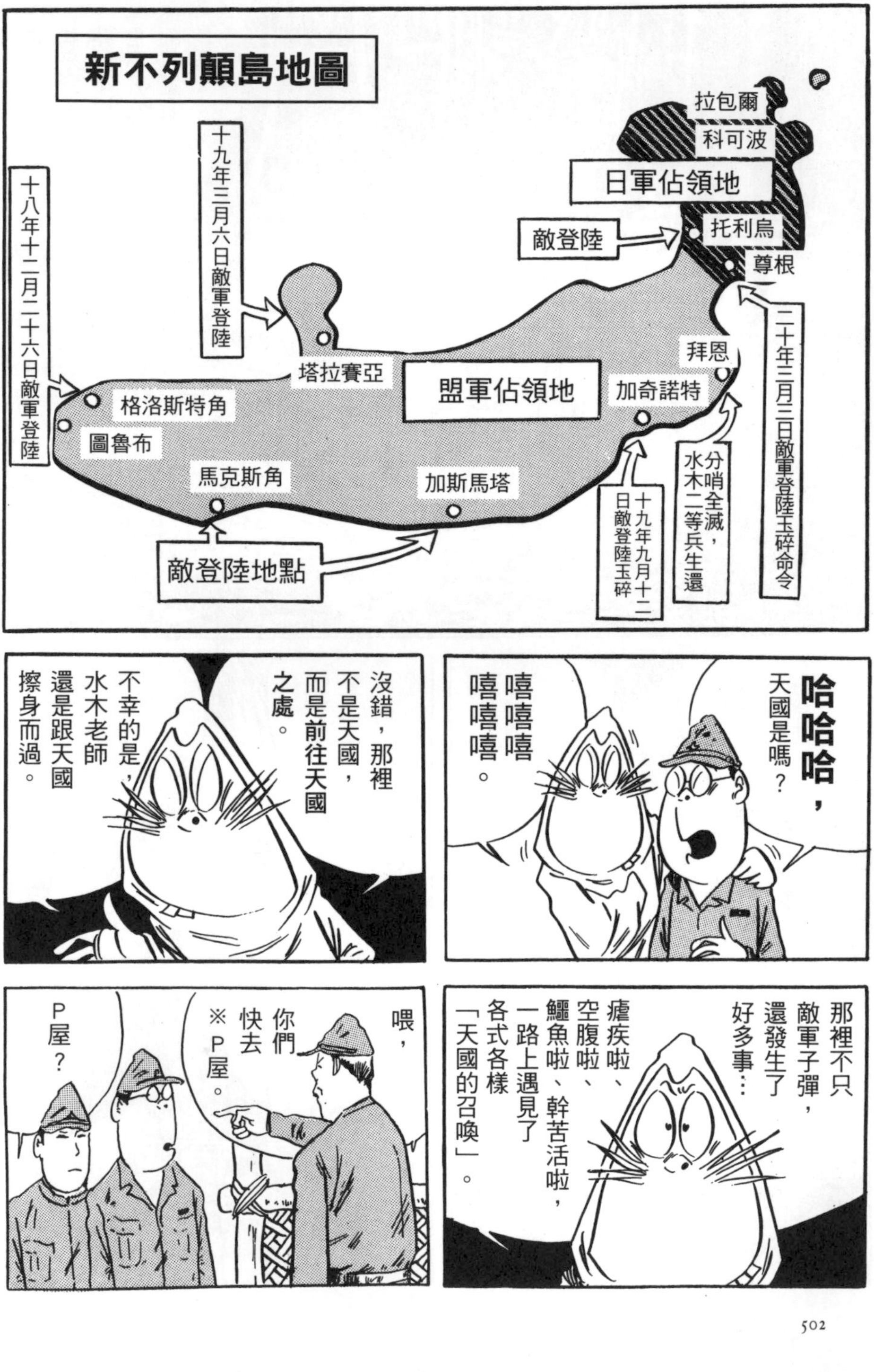

※「P屋」……即慰安所。從軍慰安婦提供服務的場所。日文中稱「P屋」，來自於英文的「piotitata（娼妓）」。

居然大排長龍！
這樣就算到了晚上也弄不完。
喂，快一點哪。
一人只有三十秒唷！
大夥們，現在已經五點，要打烊了。

妳們再過兩、三天就會坐醫療船走吧？
我們可是要留在這座島上等死。
沒錯，就是這麼一回事。在最前線當慰安婦，就跟玩命沒什麼兩樣，而且還為「即將送死的士兵們」
帶來最後的春天，簡直就是「聖人」的化身。而她們自己也是命運多舛，因為她們……
雖然不久之後便坐上醫療船撤離，卻在半途遭潛艦攻擊而全體喪命。

＊唰唰—

世間命運無常。
因為P屋擠滿了人，他只好前往原住民的聚落。
哇，好像很好玩。
他在那裡首次遇見了「世上罕見」的原住民，因此大吃一驚。
因為他一口氣就喜歡上原住民，原住民也覺得他是個「奇妙的男人」而接納了他，邀他一起用餐。
他向來好奇心旺盛，就連髒鍋子都敢伸手取食，因此深受原住民歡迎。

隔天又去了原住民的聚落。
亞啪恩卡伊卡伊。
原住民會說皮欽語，是種近似英語的語言。
他雖然只會說隻字片語，但還能溝通，
甚至還被請到家中，心情愉快地回到部隊之後，
你在幹嘛？快去寫遺書。
「遺書」？

這是識別牌。
識別牌？
沒錯，就算你死後腐爛了，
這面識別牌也不會腐朽，可以認出你的身份。
是喔，還能領到這種玩意兒。
廢話少說，快去寫「遺書」。
我只好就著月光寫起遺書。不知是因為太悠哉、太年輕，還是太笨了，我仍不以為意，絲毫沒放在心上。因此就連遺書中都寫著「如果漫步在田野之間，應該可以在某處遇見我的魂魄吧」，這種宛如科幻小說的情節。
到了隔天…

立正站好！
向支隊長大人敬禮！
朝中央行注目禮！
我是尊根支隊長成瀨大尉。
本支隊將於今天傍晚往尊根出發。
期待各位都能驍勇善戰。
向支隊長大人敬禮！朝中央行注目禮！

第12章 尊根敢死隊

＊喀鏘、喀鏘

＊喀鏘、喀鏘

＊咿軋咿軋咿軋

本小隊將擔任先遣隊，前往佔領尊根。
裝彈藥！
ガチャガチャ
上刺刀！
ガチャガチャ
出航！

班長大人，真的要打戰了嗎？
誰知道呢……

船只在夜裡航行，天亮以後在布茲布茲一地歇腳，隔天晚上抵達尊根。小隊長雖然幹勁十足地說：「終於要佔領了。」但一登陸之後，卻沒看到半個人影。

隔天就開始修築陣地。
好痛，不要一直推，會死人的。
跟沒體力的傢伙同一組還真辛苦。
對吧，小林。
啊，這不是赤崎嗎？
你也在這裡呀？
境田也在喔。
啊，又相遇了。

＊唧唧

俗話說：「好人不長命。」這群善良的戰友，
不管是小林、赤崎或境田，都不曾再踏上內地，在此地喪命。
陣地修築始終沒完沒了……
沒吃什麼東西，就幹了十二小時苦活……
真是的，正以為總算可以休息了……
新兵整隊！
你們實在太散漫了。
懂了沒！

＊啪啪啪啪

＊啪啪啪啪啪

＊啾啾啾啾啾、啾—

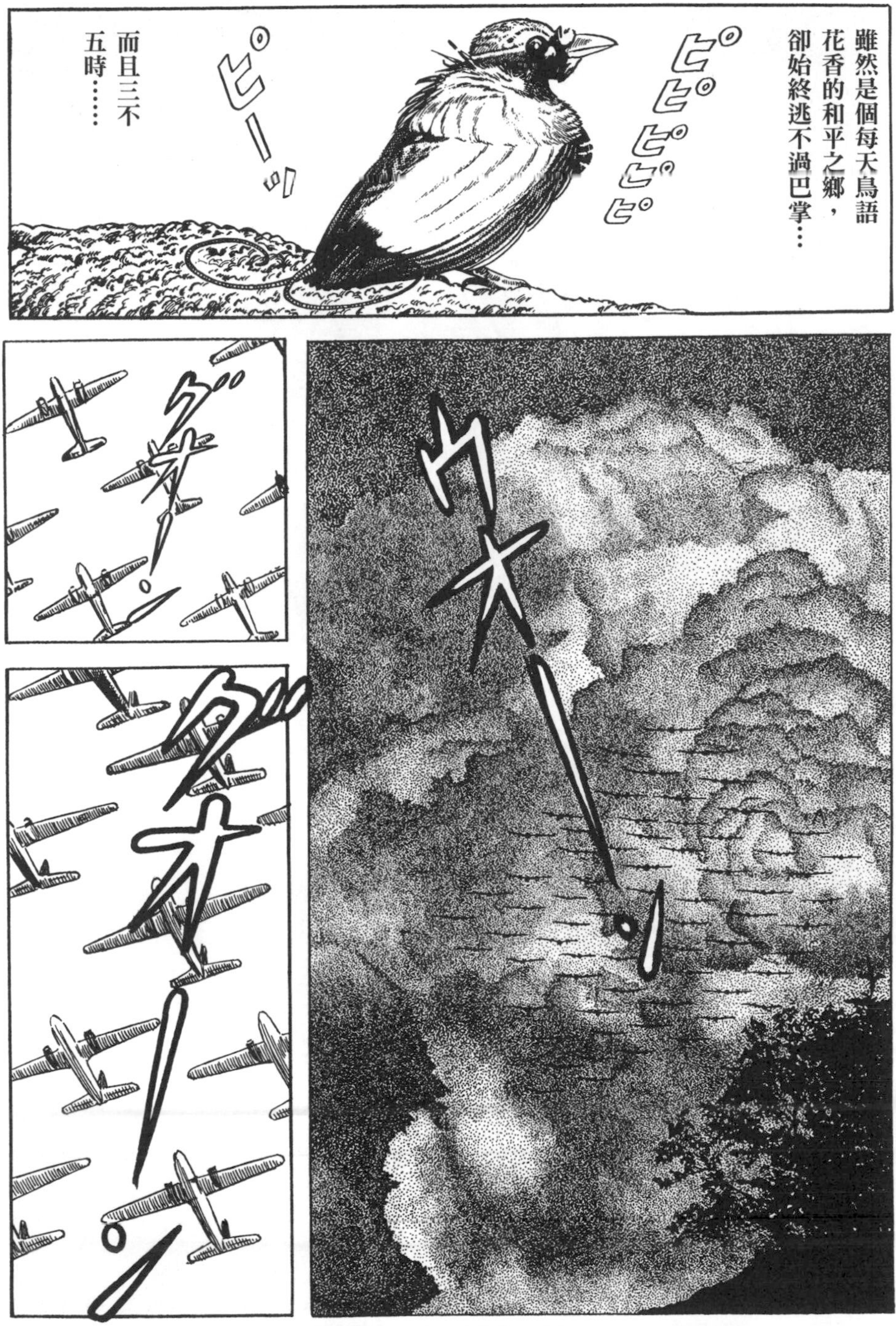
雖然是個每天鳥語花香的和平之鄉，卻始終逃不過巴掌……
ピピピピピピ
ピーッ
而且三不五時……
グオオ！
グオオーン
ウオオーン

＊嗡——嗡——嗡——

＊轟隆——

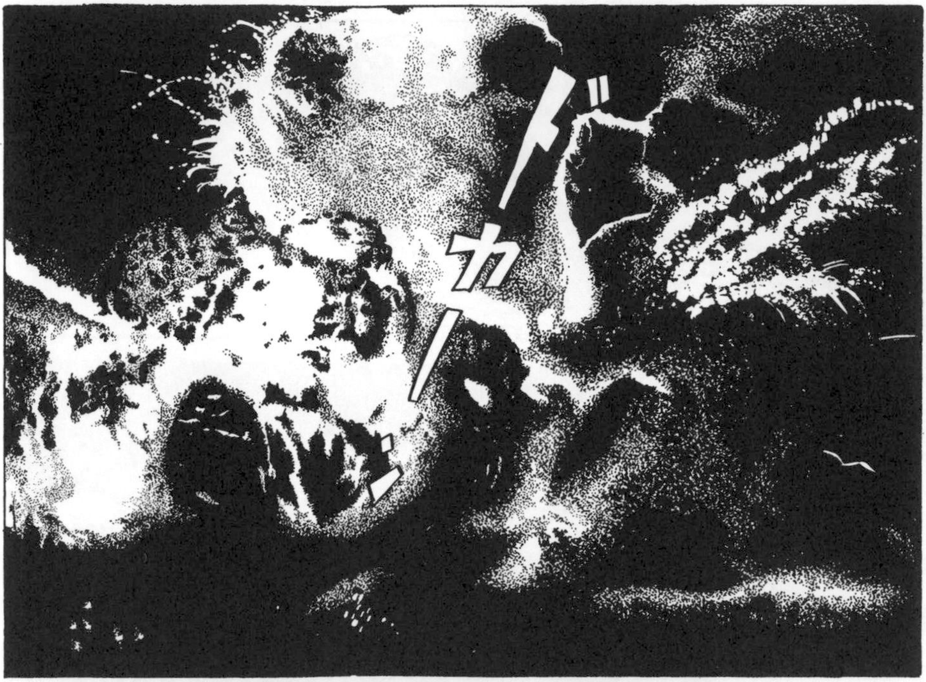

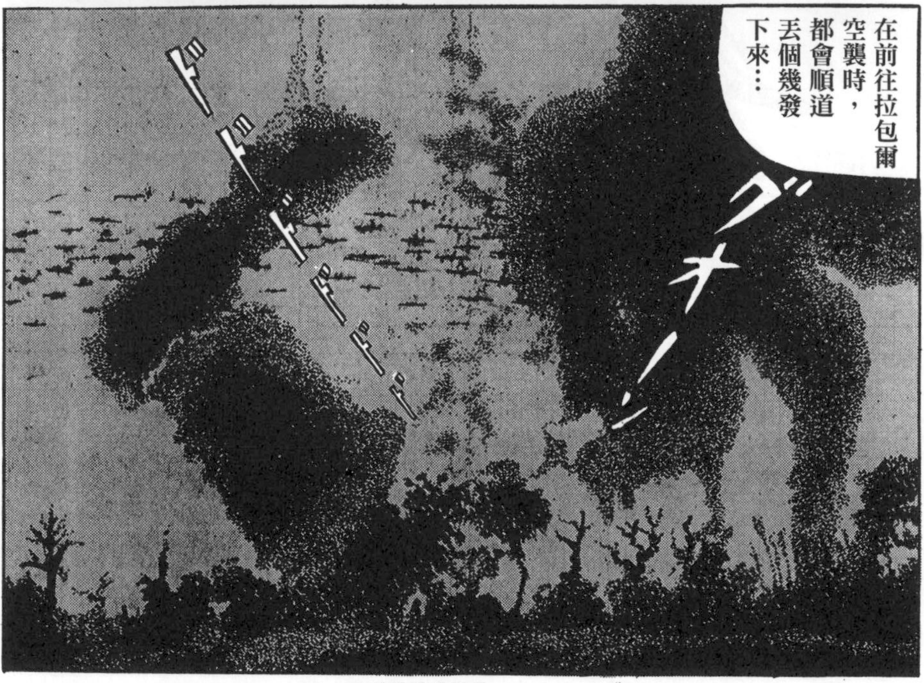

＊砰砰砰砰砰砰　＊嗡——

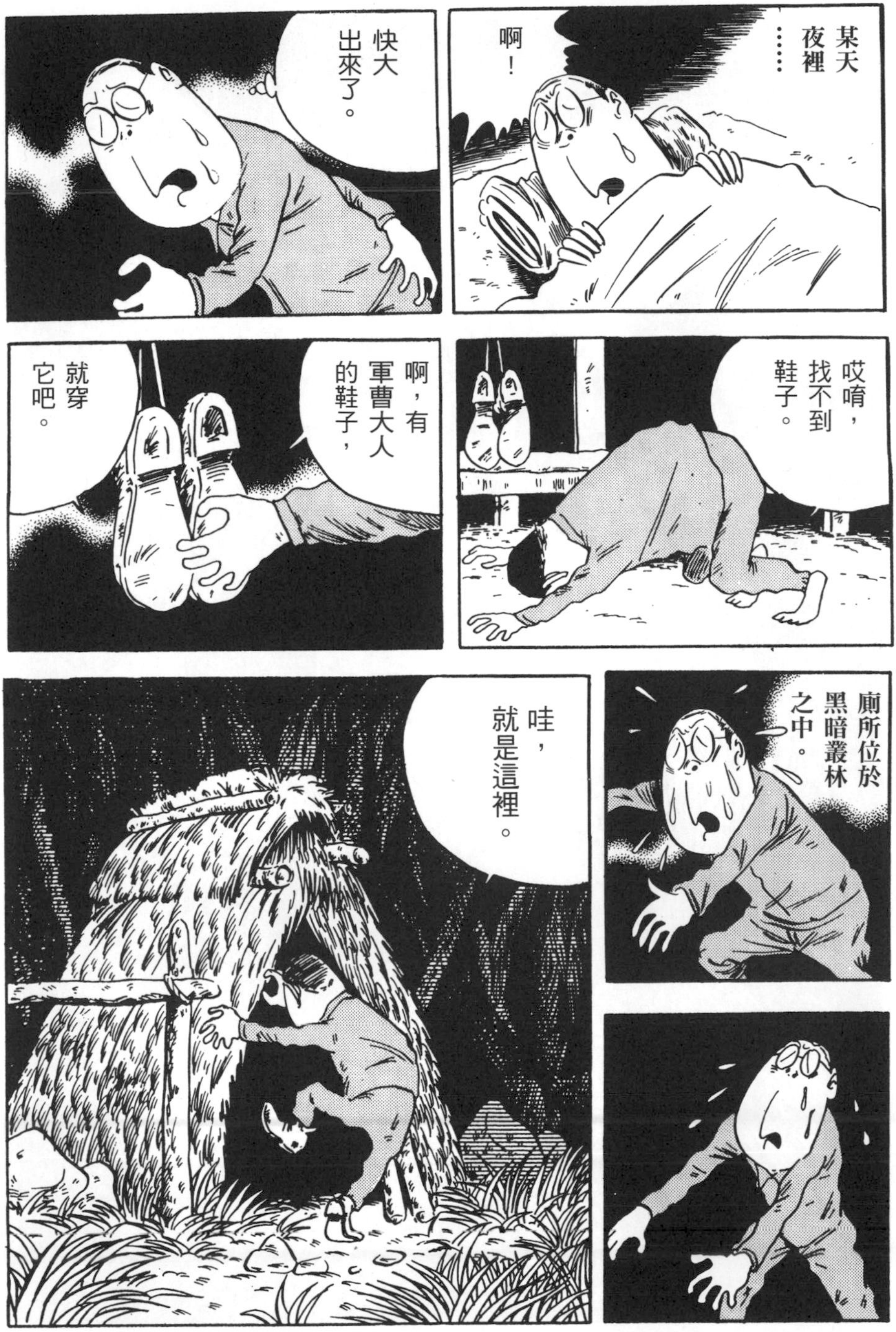
某天夜裡……
啊！
快大出來了。
哎唷，找不到鞋子。
啊，有軍曹大人的鞋子，
就穿它吧。
廁所位於黑暗叢林之中。
哇，就是這裡。

啊！
一回過神，我已經掉了進去。
因為水分蒸發，南方的糞便往往比麻糬還黏。

＊嗳—
ひ—
我這輩子從未這麼傷腦筋過…
腳一直拔不出來，這簡直就是「糞魔」。
＊使勁
＊啪啦
讓軍曹大人的鞋子沾滿糞便的話，應該會被揍個半死吧。
比起這個，更會因為掉進廁所而被痛扁吧。
搞不好會被殺掉也不一定…對了，就把鞋子扔了吧。

ガサッ
*沙沙
即便解決了鞋子的問題，要在缺水的山上除去強烈的屎味，恐怕連神仙都辦不到，實在臭到不行。對了，提到水，只能用盛飯桶裡裝的水了。雖然很過意不去，但就用盛飯桶來洗腳吧…
はあはあはあ
*呼、呼、呼——
大自然又回復一片寧靜…
點名！
啊，
你們有看到我的鞋子嗎？
我必須去中隊本部報到。

雖然不是輪到我值勤，不過就讓我來幫忙吧。
喂。
讓我來幫忙盛飯吧。
就讓軍曹吃這碗沾了糞便的米飯，我則吃中間乾淨的白飯。
哈哈，這樣就能報復軍曹老是甩我巴掌了。
哈哈哈
哇，真辛苦。
啊！
班長大人，餐點已經準備好了。

我今天已經在本部吃過了，
不然就讓給你吃吧。
咦？
我叫你吃。
嗚哇。
怎樣，我的飯是有什麼問題，你不想吃嗎？
不，且讓在下立刻開動，
班長大人。
パク
真是美味。
人實在是不能做壞事呢。
ポーク
ポーク
ポーク
鳥兒也一如往常地啼個不停。

*呼嚕嚕

*啁啾、啁啾

第13章 鱷魚和鞋子

＊啾呀啾呀

ギャギャ
明天的值班，
炊事班負責捕捉過年用的豬肉，
知道了嗎？
是。
這裡有豬嗎？
管他有沒有，這可是大隊長（支隊長）的命令。
非得抓到不可。
要捕豬是嗎…
因為船太破了，每趟只能載兩個人。

下一趟就換我們兩個吧。
嗯。
嘿咻，嘿咻。
這附近的豬可都是野生的呢。
?
我後面的士兵怎麼了？
?
發生什麼事了，我剛剛忙著挖鼻孔……
好像是帽子掉進河裡，他要去撿的樣子…
該不會是鱷魚吧…

我問原住民。
鱷魚！鱷魚！
那至少該有個水聲吧。
等到從上游漂來士兵的下半身，事情才水落石出。
哇！上頭全是泥巴！
聽說鱷魚都會把獵物埋入泥巴裡再吃呢。
全體一同浮現了對鱷魚的恐懼之情，
而渡完河的士兵們，也不得不再渡一次河。
這艘破船不太妙吧。
沒錯，改搭原住民的獨木舟吧。

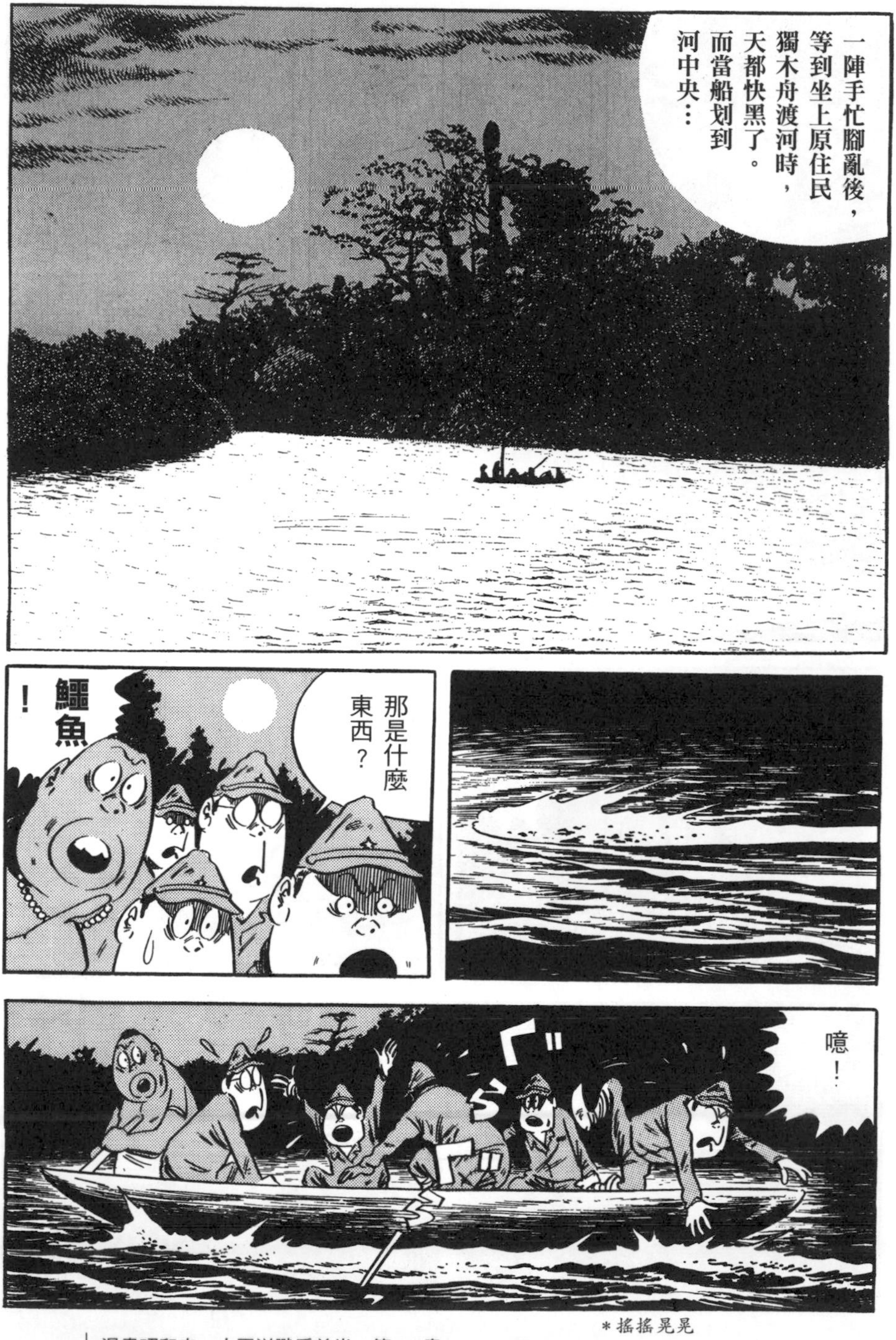
一陣手忙腳亂後，等到坐上原住民獨木舟渡河時，天都快黑了。而當船划到河中央⋯
那是什麼東西？
鱷魚！
噫！

＊搖搖晃晃

＊嘩啦、嘩啦、嘩啦

等我回過神時，自己已經游在最後頭了。
因為老兵擅自跳入河中，
獨木舟才會在河中央翻覆。
被鱷魚吃下肚究竟會是什麼感覺？
我一邊這麼想，一邊游到岸邊⋯⋯
大概是游得太拼命了，
竟然少了一隻鞋子。
怎麼辦？
在這座叢林裡，如果少了鞋子會很麻煩。
糧食補給都不足了，根本顧不著鞋子。
真傷腦筋。

*春天雖欣喜／卻一人孤孤單單／站呀站著步哨

*遇到賞完花的／女學生

鄰近的海軍把過年用的豬肉分給我們，再一路扛回來，然而滿心期待的豬肉卻是…

士兵們只能分到一塊骰子大小的肥油，浸在醬油湯裡頭。「肉」究竟跑到哪裡去了？

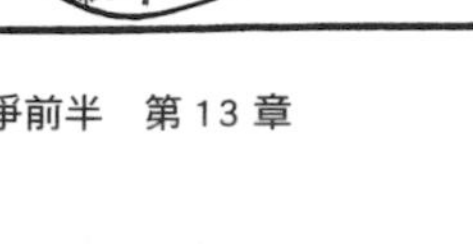

最讓我頭疼的是鞋子的問題……
鞋子的話，叢林裡找得到喔。
咦？
是澳軍屍體的鞋子，狀況還不錯呢。
正當我聞到一股屍臭時…
那裡居然躺著數百具屍體。
原來如此，鞋子的狀況還不錯。
我就收下鞋子了。
在日軍最初登陸時，澳軍從拉包爾逃至此地，再從這裡逃回澳洲。不過船太小了，載不下所有人，於是就有一些人被留了下來——留下來的士兵被日軍發現，遭到殺害。或許是因為如此，澳軍為了替戰友復仇，才會直到最後都不停攻打尊根……

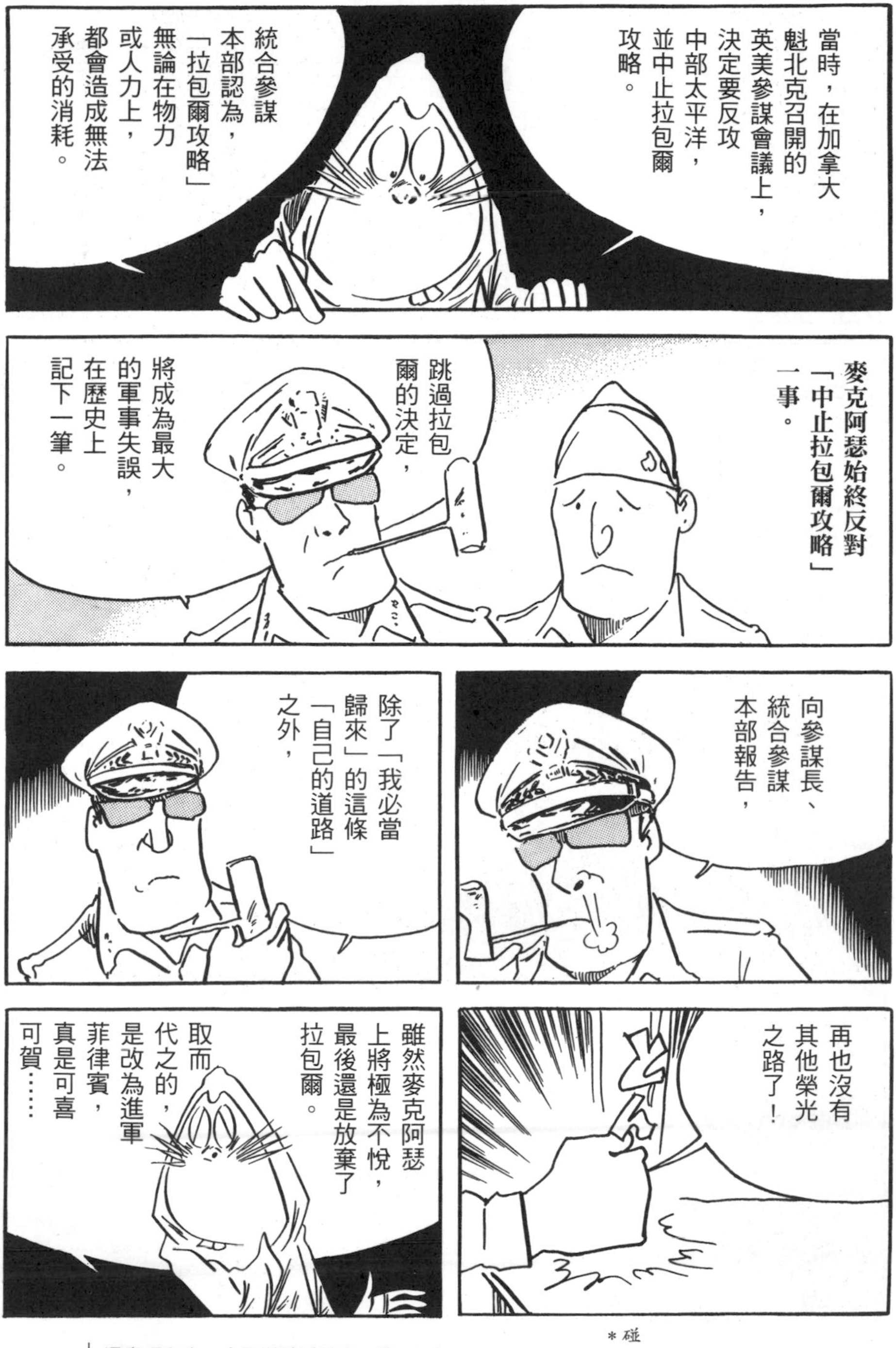
當時，在加拿大魁北克召開的英美參謀會議上，決定要反攻中部太平洋，並中止拉包爾攻略。
統合參謀本部認為，「拉包爾攻略」無論在物力或人力上，都會造成無法承受的消耗。
麥克阿瑟始終反對「中止拉包爾攻略」一事。
跳過拉包爾的決定，將成為最大的軍事失誤，在歷史上記下一筆。
向參謀長、統合參謀本部報告，
除了「我必當歸來」的這條「自己的道路」之外，
再也沒有其他榮光之路了！
雖然麥克阿瑟上將極為不悅，最後還是放棄了拉包爾。
取而代之的，是改為進軍菲律賓，真是可喜可賀……

＊碰

大家聽好了。
尊根支隊將就此撤離，只留下兒玉中隊擔任尊根守備隊。
搞什麼，大隊長（支隊長）要去拉包爾呀。
只有我們被留在「陸上孤島」
只留了兩百人下來…只有我們被棄而不顧…
沒錯，就只有我們……
從五百人變成兩百人，尊根突然寂寥了起來。日後的「尊根玉碎」之所以進行得不順利，也是由於只有一個中隊被奇妙地留下來之故。從中隊長以下，為何只有我們被丟在敵軍之中…中隊上有越來越多人對此感到不滿…

而且也沒什麼東西可吃，
每天都在幹苦活。
就在這個時候，中隊長下令要我去畫花牌。
中隊長的宿舍是在這裡嗎？
中隊長是一位老中尉，在運輸船上也是一起的。不可思議的是，他直到最後都還是中尉階級。
我來畫花牌了。
辛苦了。
不好意思，可以幫我畫肖像畫嗎？
是。

只要有朝一日能回內地，畫個肖像畫又……
你說什麼？
如果能回日本的話……
說什麼傻話，來到這裡就別想活著回去了。
？
這是我的全家福照。
中隊長大人原本是木材商嗎？
沒錯。

這些花牌已經破破爛爛，無法使用了。
這些全部都要畫嗎？
沒錯，只是修整的話會留下記號，馬上就被看出來了。
那我畫好再回來。
你要幹嘛？
吃午餐。
怎麼現在才說。
要在中隊本部用餐的話，前一天就得報備。
是。
＊啪啪啪啪啪啪啪
＊嗚
這一天沒吃到午餐……到了晚上也是巴掌甩個不停……我還以為明天就要死了。
我認為欺負新兵這種事非常要不得……
新兵整隊！
＊嘖嘖

＊啪啪啪啪啪
知道了嗎！
哼。
知—道
你在偷笑對吧？
把眼鏡摘下。
＊砰—
混帳東西。
＊碰咚
＊嗚呼—
大家知道了嗎？
接下來要給我好好打起精神。

第14章 拜恩前哨戰

在巴掌地獄
還不知自己的
命運會如何，
而在三百公里外
的加奇諾特，
雖然駐有二、三十人
的海軍，當大發動艇（海上
卡車）從加奇諾特載米
入港時，卻就此消失無蹤，
此後也毫無音訊。
因此得派十人
前往一百公里
外的拜恩，
沒想到
我也被
挑中了…

你好像
要被派到
拜恩了。
暫時先待在拜恩，
等到命令下來，
再前往
加奇
諾特。
看來
短期內
不會再見
到你了。

噫、
噫！

*吁、吁、吁

記得要在空襲地帶戴上頭盔，
出發！
在米和彈藥的重量之下，雙手不禁麻痺，幾乎失去感覺。
はあはあ
はあ
而且當時正值酷暑……
這是怎麼回事，根本連路都沒有嘛。假如死在這裡，恐怕不會有人幫忙撿遺骨。
就連貓狗都隱約知道自己會葬身何處。雖然沒有說出口，但大家心中都已經有個底了，因此拖了很久才抵達目的地。原本預計要五天，最後竟耗上了十天。

因為敵軍的飛機實在太吵，除了叢林以外都採夜間行軍。

在憲兵隊的指示之下，自稱為「阿兵哥」的當地人正在建造軍舍。
終於抵達了！

※憲兵隊在野戰中也會從事敵情偵察這一類間諜任務。

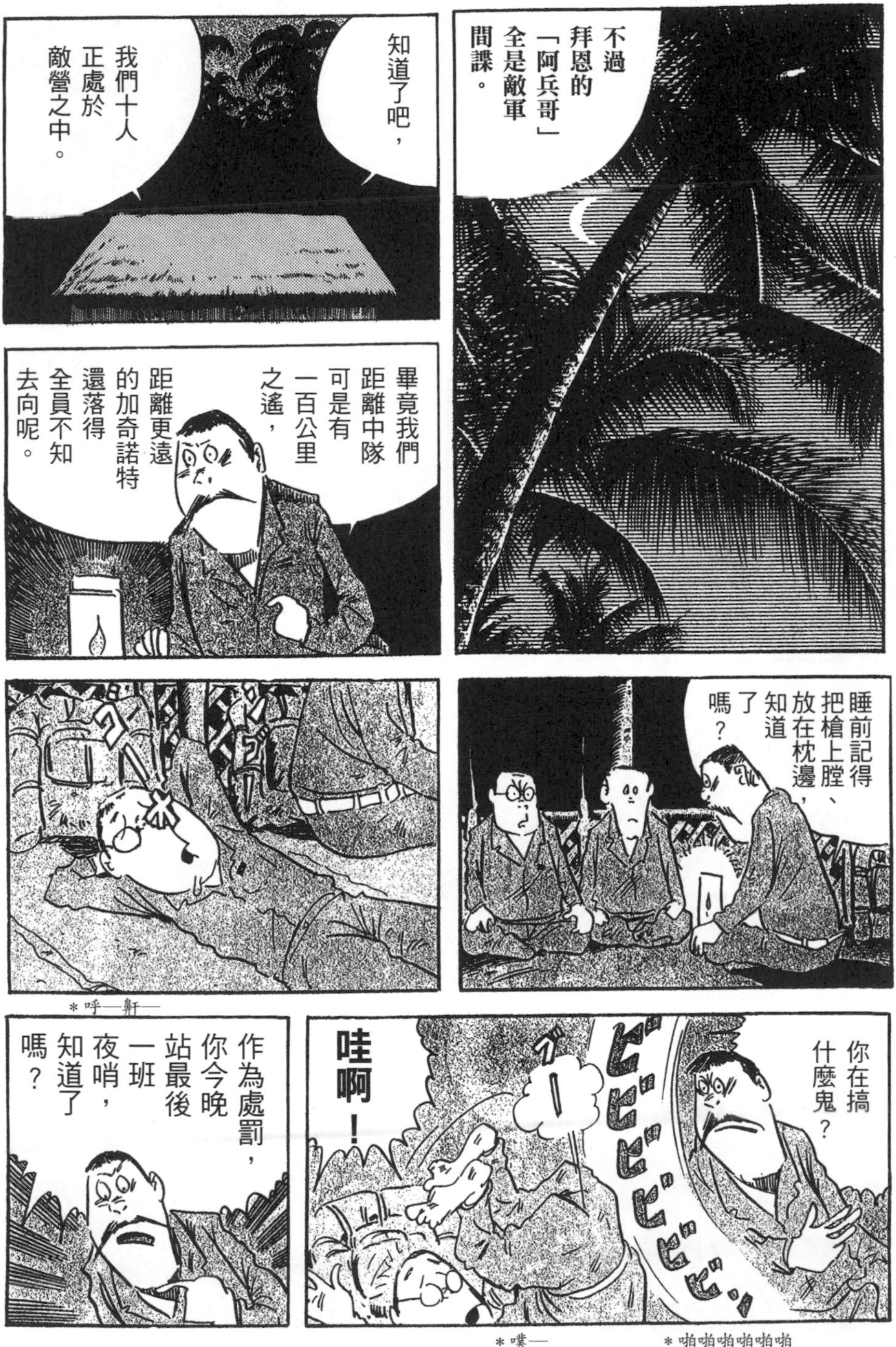

不過拜恩的「阿兵哥」全是敵軍間諜。
知道了吧，
我們十人正處於敵營之中。
畢竟我們距離中隊可是有一百公里之遙，
距離更遠的加奇諾特還落得全員不知去向呢。
睡前記得把槍上膛、放在枕邊，知道了嗎？
＊呼—鼾—
你在搞什麼鬼？
哇啊！
＊噗—
＊啪啪啪啪啪啪
作為處罰，你今晚站最後一班夜哨，知道了嗎？

＊唧唧、唧唧唧
＊鼾—鼾—
喂。
這傢伙一直叫不起來。
喂！
換你站哨啦！
啊，要站夜哨是吧。
老兵大人，辛苦了。
＊嗚嗚
＊踹、踹
＊吁—
＊抓抓
混帳東西，別再鬧了。
哇啊！
＊啊啊、啊—哈
＊啪啪啪啪啪啪
老兵大人，請問是要監視海上嗎？
明知道的事情就不要再問。
嘖。
都到了這種地方用不著欺負人吧……

啊——啊，真想睡覺。
看來今天也平安無事了。
啊，有一大群鸚鵡。
日後我才明白，當時是因為沒收到什麼情報，再加上年紀僅僅二十歲左右，當然也從未經歷過生死關頭，一般人也許很難想像，但我過得相當悠哉。（這個嘛，性格上當然也是有點問題…）
真是太美了。
如果天國真的存在，大概就是這種地方吧。
啊，糟糕，起床時間已經過了五分鐘。

＊磅噠磅噠磅噠

惡鬼般的老兵也得討歡心……
該來叫笨蛋老兵們起床了。
怎麼了，該不會是在撒豆子吧？
＊達噠噠噠噠
＊砰隆
轉眼間，分隊就全滅了！
嗚哇

＊咻咻咻

幸好我跳下了附近的懸崖。
*撲通
水底更是暗潮洶湧！
*呼哇——
生死一瞬間的好戲終於揭開序幕！接下來可不得了了！
*唰唰——

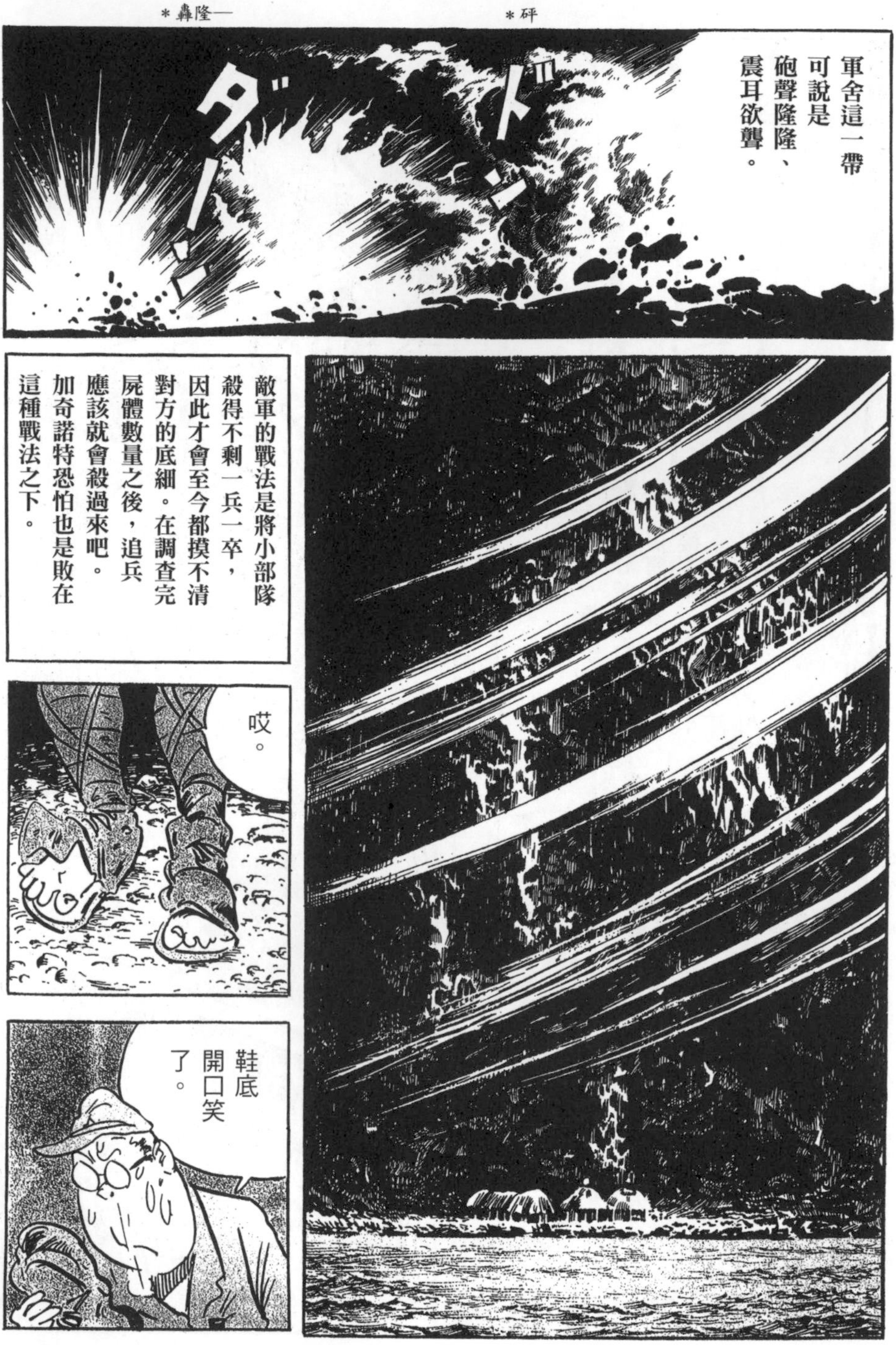
軍舍這一帶
可說是
砲聲隆隆、
震耳欲聾。
*砰
*轟隆—
敵軍的戰法是將小部隊
殺得不剩一兵一卒，
因此才會至今都摸不清
對方的底細。在調查完
屍體數量之後，追兵
應該就會殺過來吧。
加奇諾特恐怕也是敗在
這種戰法之下。
哎。
鞋底
開口笑
了。

ピュ
ガヤ ガヤ ガヤ
啊，有火炬！
前方也有追兵！
一劫未去，一劫又起。（誇張點來說，感覺像是歷經百劫，才好不容易生還。）到了「百劫」這個地步，已非人力所能影響了，也不可能靠著接連的僥倖而得救。若沒有外力的幫助，就很難逃出生天。
跟父母作最後的道別吧。
我就要沒命了……嗚嗚——
＊咻嗚—
＊騷動

人在日本的母親也收到了心電感應。
等我回到內地後才得知，當時在母親眼前，浮現了我在岩石上被敵軍追著跑的景象，這才驚醒過來：「阿茂就快沒命了。」
她搖醒了一旁的父親，
出門對著山峰大喊：
阿茂呀
阿茂呀！
阿茂呀—
你要活著回來—

主要参考文献

《1億人の昭和史》 毎日新聞社
《決定版昭和史》 毎日新聞社
《現代人名情報辞典》 平凡社
《広辞苑》 新村出・編 岩波書店
《国語辞典》 講談社
《コンビの研究》 半藤一利 文藝春秋
《最新昭和史事典》 毎日新聞社
《写真集　日本の軍艦》 福井靜夫 KKベストセラーズ
《写真週報》（昭和16年7月9日版） 内閣印刷局
《十五年戦争時代目録》（上・下） 松田光生 葦書房
《昭和史探訪》（1・昭和初期） 三國一利・井田麟太郎 角川書店
《昭和の反乱 三月クーデターから 二・二六事件まで》（上・下） 石橋恒喜 高木書房
《昭和の歴史》（文庫版1～7） 小學館
《世界地理風俗大系》 新光社

《大事典Ｄｅｓｋ》　講談社
《大東亜戦争・海軍作戦写真記録》（昭和17年12月1日版）　大本營海軍報道部編纂
《太平洋戦争》（中公新書84）　児島襄　中央公論社
《天皇陛下の昭和史》（87年版）　雙葉社
《20世紀全記録》　講談社
《日本海軍艦艇発達史》　潮書房
《日本近現代史辞典》　東洋經濟新報社
《日本軍閥暗闘史》（中公文庫）　田中隆吉　中央公論社
《日本史年表》　河出書房新社
《日本の戦史》　毎日新聞社
《日本の歴史》（週刊朝日百科）　朝日新聞社
《日本の歴史》（第24巻　中公文庫）　大内力　中央公論社
《敗因を衝く―軍閥専横の実相》（中公文庫）　田中隆吉　中央公論社
《報道写真にみる昭和の40年》　讀賣新聞社

大河 21

漫畫昭和史 (2)
コミック昭和史 (2)

作者——水木茂
譯者——酒吞童子
執行長——陳蕙慧
總編輯——李進文
責任編輯—陳柔君
編輯——徐昉驊、林蔚儒
行銷總監—陳雅雯
行銷企劃—尹子麟、余一霞
封面設計—霧室
排版——簡單瑛設

出版者——遠足文化事業股份有限公司(讀書共和國出版集團)
地址——231新北市新店區民權路108-2號9樓
電話——(02)2218-1417
傳真——(02)2218-0727
電郵——service@bookrep.com.tw
郵撥帳號—19504465
客服專線—0800-221-029
網址——http://www.bookrep.com.tw
Facebook—日本文化觀察局(https://www.facebook.com/saikounippon/)
法律顧問—華洋法律事務所 蘇文生律師
印製——呈靖彩藝有限公司

初版一刷 西元2017年11月
初版十四刷 西元2023年11月